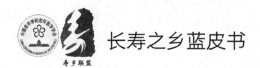

长寿之乡蓝皮书

中国长寿之乡发展报告

Development Report on the
Longevity Area in China (2023)

（2023）

长寿之乡绿色发展区域合作联盟
中国老年学和老年医学学会

中国农业出版社
北 京

图书在版编目（CIP）数据

中国长寿之乡发展报告.2023／长寿之乡绿色发展区域合作联盟，中国老年学和老年医学学会编.—北京：中国农业出版社，2024.4

ISBN 978-7-109-31918-9

Ⅰ.①中… Ⅱ.①长… ②中… Ⅲ.①区域经济发展—研究报告—中国—2023②社会发展—研究报告—中国—2023 Ⅳ.①F127

中国国家版本馆 CIP 数据核字（2024）第 078038 号

中国长寿之乡发展报告（2023）

ZHONGGUO CHANGSHOUZHIXIANG FAZHAN BAOGAO (2023)

中国农业出版社出版

地址：北京市朝阳区麦子店街 18 号楼

邮编：100125

责任编辑：刘佳玫

版式设计：王　晨　责任校对：吴丽婷

印刷：北京通州皇家印刷厂

版次：2024 年 4 月第 1 版

印次：2024 年 4 月北京第 1 次印刷

发行：新华书店北京发行所

开本：787mm×1092mm　1/16

印张：15.75

字数：374 千字

定价：108.00 元

Development Report on the
Longevity Area in China (2023)

《中国长寿之乡发展报告(2023)》

编委会

Development Report on the
Longevity Area in China (2023)

《中国长寿之乡发展报告(2023)》

主　　编　姚　远

执行主编　吴郁郁　朱雪飞

副主编　杜　鹏　王五一　赵宝华　王先益　刘光烁　虞江萍　翟静娴
　　　　　郑沁彤　齐白鸽　张　蓓　夏　辉　陈　静　朱永江　杨志业
　　　　　王迎庆　金盛标

执笔人（按章节先后排序）
　　　　　郑　度　刘维林　杜　鹏　吴赐霖　王五一　姚　远　金建君
　　　　　姜向群　李作双　蔡敏华　沈　山　李　晨　虞江萍　朱雪飞
　　　　　张伟新　郑识玉　张春龙　朱鸿辉　罗　丹　孙心逸　江　彬
　　　　　叶乐阳　张兵兵　刘光烁　周星汝　李树桂

序 一

建设美丽长寿中国
实现人与自然和谐共生的现代化

郑 度

中国科学院院士

进入新时代，我们正在走中国式现代化发展道路。中国式现代化是人口规模巨大、全体人民共同富裕、物质文明和精神文明相协调、人与自然和谐共生、走和平发展道路的现代化。我国人口规模巨大不仅是指总体数量巨大，而且是老龄人口数量巨大。长寿时代，长寿人口众多，老龄化程度加重，这是在现代化之路上我们面临的挑战。坚持共享发展，积极应对老龄化，着力增进人民福祉；坚持绿色发展，着力改善生态环境的基本发展理念，努力推进健康中国和美丽中国建设既是行动指南又是现实目标。

"中国长寿之乡"创建、发展近 20 年，各长寿之乡成为具有明显特征的地区。首先，长寿人口区域分布的聚集性特征明显；其次，自然环境的"绿水青山"特征明显；最后，长寿水平、环境状态与人文社会经济发展密切关联的特色明显，是绿色发展的典型。

根据中国生态地理区划的理论原则，我国生态环境可划分为不同的生态地理区，呈现出明显的地域分异规律，各生态地理区的特征不同，保护和利用生态资源的路径也不同。百余个长寿之乡分布在全国不同的生态地理区中，在本区域内实现了环境与人的平衡发展。大多数长寿之乡生态环境好，但经济发展相对滞后，因此，既要保护长寿生态环境，又要发展长寿经济。2023 年 7 月，习近平总书记在全国生态环境保护大会上强调，全面推进美丽中国建设，今后 5 年是建设的重要时期，要加快推进人与自然和谐共生的现代化。这是在新的形势下，全国发展的战略性目标，也是对长寿之乡建设与发展提出的更高要求。

要进一步提高认识。人类是自然的产物,大自然是人类赖以生存发展的基本条件,人的健康受自然环境的影响,也受人类社会发展的影响,人与自然长期和谐发展才会有美丽健康的结果。推进现代化必须站在人与自然和谐共生的高度谋划发展;要坚持可持续发展,坚持节约优先、保护优先、自然恢复为主的方针,以高品质生态环境支撑高质量发展。

要进一步总结长寿之乡的发展经验,把经验推广到各个地区。长寿之乡体现了高质量发展,是绿色发展的重要组成部分,也是实现共享健康的重要途径。要以发展长寿之乡为契机促进建设美丽健康的中国。

要坚持人与自然和谐的文化价值观、生态系统可持续发展的前提下的生产观、满足人类自身需求又不损害自然的消费观,进一步牢固树立和践行"绿水青山就是金山银山"的理念。保护自然并不意味着丝毫不能利用自然界的各类资源,而是在现代化建设中要尊重自然、顺应自然、保护自然,要按自然规律办事,实现人与自然和谐共生的现代化。

愿各长寿之乡在美丽中国和健康中国建设的进程中取得更大的成绩,作出新的贡献。

序 二

长寿时代的长寿之乡发展

刘维林

中国老年学和老年医学学会会长

中国长寿之乡认定和助推其发展是中国老年学和老年医学学会的一项品牌性工作。十七年来，长寿之乡认定和建设已经成为地方发展长寿经济、特色产业以及融入国家发展大局、实现中国式现代化的一种发展模式。为全面总结我国长寿之乡发展经验，推动长寿之乡高质量发展，中国老年学和老年医学学会与长寿之乡绿色发展区域合作联盟（简称联盟）共同编辑出版了《中国长寿之乡发展报告》（长寿之乡蓝皮书）。2021 年出版了第一册，主要论述了长寿之乡认定活动的来龙去脉和基本理论、基本经验。本书是第二册，重点论述基于第七次全国人口普查数据我国长寿水平变化，以及长寿时代对长寿之乡发展的影响。

本书以《中国长寿时代的新格局和新发展》为题的总论由中国人民大学原副校长、老年学研究所所长杜鹏教授撰写。分报告则邀请了几位专家分别对长寿时代长寿之乡发展的品牌建设、特色产业、文化旅游、康养产业、特色养生产品、长寿之乡区域协作以及长三角地区长寿之乡发展案例研究、广西推动大健康产业的做法等进行了论述。最后附录记载了联盟 2022 年主要工作、活动成果以及部分长寿之乡的老年户籍人口数据等。

通过总论和分报告的相关研究，我们获得了几点新的认识。

第一点，长寿时代是以寿命提升为特质的社会发展阶段。百岁老人作为最长寿人群为判断中国的长寿水平提供了独特的分析内容。从我国古代对长寿的描述、国家提供高龄津贴的年龄界定、世界卫生组织规定等可知，长寿标准是在不断提升变化的。

第二点，我国长寿时代呈现新的格局。具体表现为：东部地区是百岁老人最集中的地区，更多的百岁老人生活在东部城镇地区，70%的百岁老人都是女性，各民族间百岁老人数量和比例存在较大差异。东南沿海地区的长寿水平和潜力更高，区域内部的均衡性更强。从国际对比角度看，我国已经成为全世界百岁老人最多的国家，但与发达国家相比，我国每十万人中百岁老人数量的比例仍然较低，距离成为长寿强国的目标还有不少距离。

第三点，实现从长寿大国到长寿强国的跨越，需要以中国式现代化目标为引领推动中国长寿时代的新发展，而实施积极应对人口老龄化国家战略是实现中国式现代化的重要保障。

第四点，长寿之乡是百岁老人聚集地，也是提升人口寿命各要素的聚集点。长寿时代的发展变化，将对长寿之乡发展带来影响，这种影响是广泛的、多方面的。长寿时代为长寿之乡建设和发展带来新契机，长寿时代反映了长寿、长寿之乡、长寿时代的递进关系，长寿时代是推进长寿之乡高质量发展的新动力，为长寿之乡的建设和发展确立了新目标和新方向。

第五点，从地方发展角度看，长寿时代的新发展、新格局将会加强"长寿生态—长寿经济—长寿文化"整体协调优化发展，强化包括知名产品、产业、事业和地域在内的一种具体而广泛的长寿品牌建设。随着经济社会发展，特别是老年人健康水平和收入的提高，新的老年群体的形成，对长寿健康的需求也会不断提升，旅游、康养、科学养生、品质生活、文化追求等都已经融入人们的日常生活。长寿之乡的绿水青山、特色养生产品、优质的生活环境不仅是地方经济和社会发展的需要，更是长寿之乡人们生活的必然要求。

第六点，长寿时代的长寿之乡发展还表现在长寿之乡作为一种发展模式，产生了越来越大的影响。广西的大健康产业、浙江的全域长寿之乡建设、长三角地区长寿之乡一体化发展等都是基于长寿之乡模式的社会治理和社会发展水平的提升。

长寿之乡的发展还存在着不平衡、不充分的情况，要在对长寿之乡品牌的认识、长寿资源的挖掘、养老健康事业和康养产业发展、老年友好型社会建设等方面不断努力，创造出更多的经验模式，长寿之乡要走在长寿时代发展的前面。

长寿时代将推动长寿之乡的高质量发展，推动美丽中国建设，使人们的生活越来越好！

目 录

中国长寿时代的新格局和新发展

杜　鹏　吴赐霖*

随着人均预期寿命的不断提高，中国已经进入长寿时代。作为长寿代表的百岁老人的数量也在不断增长，越来越多的百岁老人出现在人们的视野中。2023 年 7 月 20 日，国家主席习近平在北京会见美国前国务卿基辛格，习近平在会见中指出基辛格此次访华具有两个"一百"的特殊意义，即基辛格刚刚度过百岁生日和访问中国超过一百次。中国也有杨振宁、张香桐、沈善炯、邹沧萍等一大批科学家和学者在各自领域作出卓越贡献的同时到了百岁高龄。

得益于物质条件和医疗条件的极大进步，如今的中国人比过去任何时期都更长寿，百岁老人作为最为长寿的人群为判断中国的长寿水平提供了独特的分析视角。中国幅员辽阔，民族众多，不同地域和民族，在自然环境、社会经济发展水平和文化习俗等方面存在诸多差异，因此中国的长寿水平不是均衡统一的，而是根据地域、性别和民族等呈现总体水平高、内部差异大的长寿时代新格局。

长寿时代的新格局和新发展为银发经济的发展提供了新的机遇。2023 年中国已经进入老龄社会新阶段，2024 年 1 月国务院办公厅发布了《关于发展银发经济增进老年人福祉的意见》，提出加快构建新发展格局，着力推动高质量发展。根据国家统计局数据，2023 年中国人口为 140 967 万人，其中 60 岁及以上人口为 2.97 亿人，占比为 21.1%，65 岁及以上人口 2.17 亿，占比达 15.4%。而根据联合国《世界人口展望 2022》的预测数据，2023 年全世界发达地区（More Developed Regions）的总人口为 12.76 亿，其中 65 岁及以上人口约为 2.58 亿，占比为 20.24%；60 岁及以上人口约为 3.41 亿，占比为 26.75%。中国 14 亿人口，超过现有发达国家人口的总和，预计到 2029 年，中国 60 岁及以上老年人口达到 3.73 亿，超过发达国家的 3.71 亿。2034 年中国 65 岁及以上老年人口规模达到 3.17 亿，也将超过发达国家的 3.10 亿。从时间维度来看，中国式现代化发展和中国人口老龄化的速度在世界范围内都位居前列。与此同时，中国已经进入长寿时代，长寿经济和银发经济将相互影响、共同发展，日益成为中国经济社会高质量发展的新亮点。

总论报告将首先讨论长寿时代与百岁老人的关系，其次从历史发展和国际比较两个维

---

* 作者：杜鹏，中国人民大学人口与发展研究中心教授，吴赐霖，中国人民大学老年学研究所博士研究生。

度论述中国的长寿水平进入了新阶段，再次，利用历次全国人口普查数据，从百岁老人的角度分析中国长寿时代呈现的新格局，最后基于中国式现代化和新发展理念，从经济、政治、文化、社会和生态文明建设方面提出推动中国从长寿大国向长寿强国发展的政策建议。

一、长寿时代与百岁老人

长寿时代是一个被广泛讨论的概念，其定义与人均预期寿命息息相关，一般认为，当一个国家或地区的人均预期寿命超过可以称之为长寿的年龄的阈值，那么就可以认定该国家或地区进入了长寿时代。早在 1998 年 "国际老年人年" 启动大会上，时任联合国秘书长的安南就在发言中指出 "人类目前已经进入长寿时代"，国内也有诸多学者表示中国已进入长寿时代（陆杰华，2022；杨菊华，2022；原新等，2022）。要更好地理解什么是长寿时代，需要先厘清何为个体的 "长寿"。

"长命百岁" 历来是中国人的美好祝愿和朴素追求，历史中追求长生不老的帝王权贵屡屡不绝，在大部分历史时期中，社会长期处于生产水平低下、卫生条件极差的条件下，没有什么比活得长更能体现个体的追求与愿望。那么活得多长才算得上长寿呢？

中国古代关于何为 "长寿" 并没有一个固定的量化标准，但古籍中有一些模糊的描述。《庄子》中说，"上寿百岁，中寿八十，下寿六十"；杜甫有诗《曲江二首》写 "人生七十古来稀"。在死亡率较高、人均预期寿命较短的古代，活到六七十岁已经能够称之为长寿，按照这样的标准，新时代的中国人人皆算长寿，国家卫健委公布的《2021 年我国卫生健康事业发展统计公报》显示，中国居民人均预期寿命已达到 78.2 岁。也有学者认为若能达到人类最长理论寿命（120 岁）的 60%，即 70 岁就能称之为长寿，如此来看，早在 1996 年，中国人均预期寿命超过 70 岁时就已进入长寿时代（杨菊华，2022）。

从中国官方的视角来寻找长寿的定义，"高龄津贴" 政策能提供一些参考。"高龄津贴" 是民政部提出的一项面向高龄老年人的福利制度，目前已经实现省级层面的制度全覆盖，在部分省份直接叫 "长寿津贴"，其发放的最低年龄标准可以视为官方层面对长寿老年人的判断标准。除部分经济较为发达省份将高龄标准降低到 70 岁外，大部分省份的发放标准定在 80 岁，依照目前中国的预期寿命水平，这样的标准是较为合理的，即活到超过人均预期寿命才可称为高龄或长寿。中国老年学学会制定的中国长寿之乡的团体标准就将 80 岁及以上高龄老人占总人口的比例作为区域长寿持续性的衡量标准。

2002 年，世界卫生组织（WHO）规定，45 岁以下为青年人，45～59 岁为中年人，60～74 岁为年轻老年人，75～89 岁为老年人，90 岁及以上为长寿老年人，100 岁及以上被称为寿星。根据这一标准，90 岁及以上才能称之为长寿，许多学者在计算长寿水平时也将 90 岁作为重要的标准（樊新民，2013；萧振禹等，2015；郝乐，2017；侯彦敬等，2020）。

从上述三种关于长寿定义的讨论来看，随着人均预期寿命的不断增长，关于长寿的标准在不断提升变化，更有研究人员指出如果平均预期寿命的增长趋势继续保持，在预期寿命较高的国家，大多数 2000 年以后出生的孩子未来都将成为百岁老人（Vaupel 等，2021）。但这是以最乐观的态度预测社会经济水平的发展、医疗水平的提升和人类寿命潜力的挖掘所得出的结论，因此无论是在过去还是未来，百岁老人都是具有极高信服度和代表性的长寿人群。

《礼记·曲礼上》中说，"百年曰期颐"。古时政府往往予以百岁老人嘉奖，称其为"人瑞"，将其视为社稷繁荣和百姓安康的象征。百岁老人是老年人中最为长寿的人群，个体层面的百岁老人是生物学、医学的重要研究对象（Sato 等，2021；Luan 等，2020），而宏观层面对一个国家和地区的百岁老人数量和比例进行分析则对于判断一个地区的长寿水平具有重要参考价值（Teixeira 等，2017；Robine 等，2017），但总体上针对个体长寿的研究更加丰富，区域长寿相关的研究仍相对较少（毛凡等，2022）。根据上述的其他几个长寿标准，学者们对于中国已经进入长寿时代已经取得广泛共识，那么从百岁老人的视角出发，中国是否已经进入长寿时代？呈现怎样的长寿格局？这些都是亟需回答的问题。

1953 年第一次全国人口普查时，政府就对百岁老人的数量进行了统计，与此同时学者们也开始对百岁老人的相关问题展开调查研究。有学者对新疆的百岁老人进行了专门的实地调研，指出新疆百岁老人男多女少性别失衡反常现象背后的社会经济因素，新中国成立前新疆的社会制度深刻影响了女性的健康寿命（邹继超等，1960）。改革开放之后，社会经济快速发展，百岁老人也随之增长，学者对广西巴马的百岁老人聚集现象进行研究，发现社会进步对长寿存在积极影响（肖振禹等，1996）。2000 年以后，研究者们从人口分布、长寿标准评价体系、环境机制、健康指标、死亡风险影响因素等视角对中国百岁老人进行了研究（樊新民，2006；杜鹏等，2008a；翟德华，2012；樊新民，2013；王五一等，2015；龚胜生等，2016；陆杰华等，2019，2020）。进入新时代以来，中国社会经济发展取得巨大成就，现阶段对中国百岁老人的发展趋势、分布特征进一步进行研究有助于衡量中国的长寿水平和探索未来中国从长寿大国向长寿强国发展的实现路径。

二、中国的长寿水平进入新阶段

进一步分析中国的长寿水平时需要介绍两个新的概念：长寿大国和长寿强国。长寿大国与人口大国的定义相似，取决于长寿人群绝对数量的多少，人口在 5 000 万以上的国家被称为人口大国，本文将百岁老人超过 5 000 的国家称为长寿大国，根据这一标准全世界只有 18 个国家能称得上长寿大国。长寿强国则更强调长寿的均衡性，衡量的指标是长寿人群的比例，本文将联合国划分的发达国家及地区①的平均水平作为判断长寿强国的标准，即百岁老人占总人口比例达到发达国家及地区平均水平的国家可以称之为长寿强国。

（一）历史发展的视角

从历史发展的角度看，由于百岁老年人数量的快速增长，中国的长寿水平已经进入了新阶段。随着中国经济水平和人口老龄化的不断发展，具有长寿代表意义的百岁老年人数量在 20 世纪 80 年代后迎来增长，在 2010 到 2020 年的十年间出现跨越式增长。从绝对数

---

① 根据联合国定义，发达国家级地区包括：欧洲、北美、澳大利亚和新西兰以及日本。

量上来看，全国百岁老年人数量从约3.6万增长到11.9万，从比例上来看，每十万人百岁老人数量从2.7增长到8.43。联合国预测到2050年中国百岁老人数量将接近50万，每十万人百岁老人数量将达到37.18，但根据第七次人口普查数据和联合国预测数据的对比，该预测极有可能低估了中国未来百岁老人的增长。具体变化趋势见图0-1。

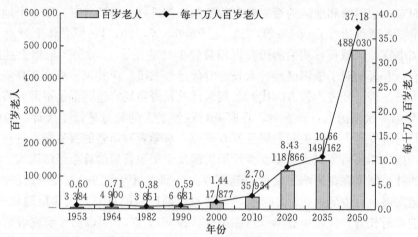

图0-1　中国百岁老人数量及占比发展变化（1953—2050年）①

资料来源：历次人口普查；United Nations, Department of Economic and Social Affairs, Population Division (2022). World Population Prospects 2022。

（二）国际对比的视角

从国际对比的角度来看，中国已经成为全世界百岁老人最多的国家，对美国和日本实现了历史性的超越。根据联合国《世界人口展望2022》的数据，2020年全世界约有百岁老人54.7万，中国的百岁老人数量占全世界的五分之一。此前美国是世界上百岁老人数量最多的国家，根据美国统计局的数据，2020年美国约有超过10万百岁老人，但已经呈现下降趋势，2021年下降为约9.8万人，预期在将来很长一段时间内无法接近中国的水平。同样是长寿大国的日本，2020年的普查数据显示其国内百岁老人数量为7.95万，2022年的最新数据显示日本百岁老人数量突破9万人，已经连续52年增长②。世界上主要国家的百岁老年人数量对比见图0-2。

中国已经成为世界上百岁老人最多的国家，是世界第一的长寿大国，但这很大程度上得益于中国庞大人口带来的规模效应，从比例上来看中国同发达国家依然存在一定差距，距离成为长寿强国还有很大的进步空间。

国际上常用于计算百岁老人比例的指标是每十万人中百岁老年人数量，根据联合国的数据，2020年全世界平均每十万人中有约7位百岁老人，中国该项指标是8.43，超过了世界平均水平，但离发达国家还有较大差距。整体上，发达地区（More Developed

----

① 2035和2050数据为联合国World Population Prospects2022中方案预测数据。

② https://cj.sina.com.cn/articles/view/1699432410/654b47da020010vkb? display＝0&retcode＝0.

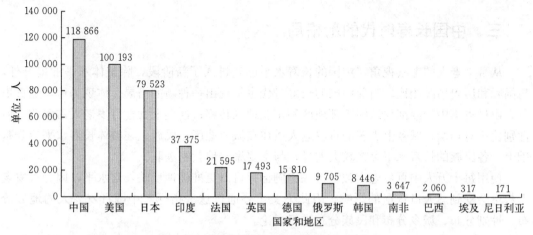

图0-2 主要国家百岁老人数量（2020年）

注释：白色为联合国数据，黑色斜线为根据中国、美国和日本统计局发布的数据调整后的数据。

资料来源：World Population Prospects 2022；第七次全国人口普查；2020 Population Census（Japan）；United States Census Bureau。

Regions）每十万人中有25.33位百岁老人，在几个主要的发达国家中，日本的长寿水平最高，每十万人中有63.04位百岁老人，远超法国的33.49位和美国的30.22位，韩国也是中国的近两倍，达到16.29位。而欠发达地区（Less Developed Regions）每十万人中仅有2.95位百岁老人，俄罗斯、南非和印度的每十万人中百岁老人数量都低于中国，巴西、埃及和尼日利亚这几个人口大国每十万人百岁老人数量更是不足1人，与中国20世纪90年代以前的水平相当。总的来说，按百岁老人占比的标准，中国的长寿水平已经达到世界中等偏上级别，可以称得上进入了长寿时代，不过依然有巨大的进步空间。详细情况见图0-3。

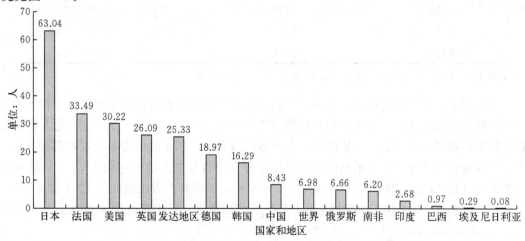

图0-3 主要国家每十万人百岁老人数量（2020年）

注释：白色为联合国数据，黑色斜线为根据中国、美国和日本统计局发布的数据调整后的数据。

资料来源：World Population Prospects 2022；第七次全国人口普查；2020 Population Census（Japan）；United States Census Bureau。

三、中国长寿时代的新格局

从百岁老人的考察视角，中国的长寿水平已经进入了新阶段，除整体水平的提升外，与国际和历史情况相比，当前中国的长寿时代也呈现出一种新的格局。体现为地域上百岁老人由过去集中于西部地区向东部地区和东北地区转移；性别上女性百岁老人占多数，但性别比相对均衡；城乡上更多的百岁老人居住在城镇地区；民族上在整体长寿水平上升基础上，各民族的长寿水平存在较大差异，与主要聚居地紧密关联。

使用每十万人中百岁老人数量这一比例指标可以更准确地反映长寿水平，因为百岁老人数量会受到总人口数量的影响，因此下文主要通过这一指标对中国百岁老人的地域分布、性别分布、城乡分布和民族分布进行讨论。

（一）地域分布

关于中国长寿老人的地域分布格局有许多学者从不同视角进行了研究。有学者通过研究古代文献典籍中关于长寿点区地域分布的论述，总结了三种彼此联系的寿命地域分异观，指出中国古代以西北方为长寿区、东南方为短寿区的宏观分异（龚胜生，1997）。根据最新的第七次人口普查数据，在百岁老人数量分布上格局已经出现较大变化（表0-1），近40％的百岁老人居住在东部地区，东三省占比超过12％，中部地区（22.7％）和西部地区（25.25％）百岁老人数量占比较为接近。

表0-1　中国分地区百岁老人数量及占比（2020年）[①]

地区	人数	占比（％）
东北地区	14 477	12.18
东部地区	47 393	39.87
中部地区	26 979	22.70
西部地区	30 017	25.25

资料来源：根据《2020中国人口普查年鉴（上册）》表1-5整理形成。

以百岁老人比例作为标准，整体上中国长寿水平较高的省份集中在东部地区和东北地区，西部和中部地区的长寿水平相对较低（图0-4）。2020年，每十万人百岁老人数量超过全国平均水平8.42的13个省份中，东部地区占5个，东北地区占3个，西部地区占3个，中部地区占2个。其中最高的海南，每十万人中百岁老人数量达到27.2人，远超第二名黑龙江的19.24，显示出一枝独秀的长寿水平。百岁老人占比最低的10个省份中，6个位于西部地区，3个位于中部地区，1个位于东部地区，其中最低的宁夏每十万人中仅

---

① 　东部包括：北京、天津、河北、上海、江苏、浙江、福建、山东、广东和海南。
中部包括：山西、安徽、江西、河南、湖北和湖南。
西部包括：内蒙古、广西、重庆、四川、贵州、云南、西藏、陕西、甘肃、青海、宁夏和新疆。
东北包括：辽宁、吉林和黑龙江。

有 2.04 个百岁老人，甘肃和青海也不足 3 人，这三个省份均位于西北地区。

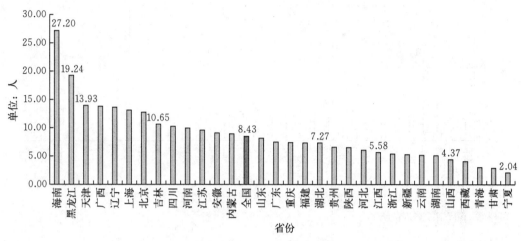

图 0-4　中国各省份每十万人百岁老人数量（2020 年）

资料来源：根据《2020 中国人口普查年鉴（上册）》表 1-5 整理绘图。

从历史发展的角度来看，中国百岁老人的地域分布存在较大的变化，中国百岁老人占比的高地，逐渐从西部地区转移到经济更为发达、城镇化水平更高的东部地区和东北地区，具体发展变化情况见图 0-4 至图 0-8。根据 1982—2000 年的三次全国人口普查数据计算，新疆都是中国百岁老人占比最高的地区，且是异乎寻常的高，结合以往对普查数据质量的评估研究，基本可以认定早期新疆、西藏等地过高的百岁老人占比应该是年龄误报的缘故。该时期中国尚处于改革开放的初期，受限于社会经济发展状况和医疗健康水平，百岁老人数量极少，各地的水平变化大，代表性不强。到 2010 年第六次人口普查时，新疆、西藏等百岁老人占比异常高的地区该指标出现了明显下降，可以解释为普查技术提高，年龄误报减少后回归正常水准的一种表现，2020 年的数据显示这些地区百岁老人占比已经呈现稳定上升的趋势，佐证 2010 年时的数据相比之前应该更为准确。

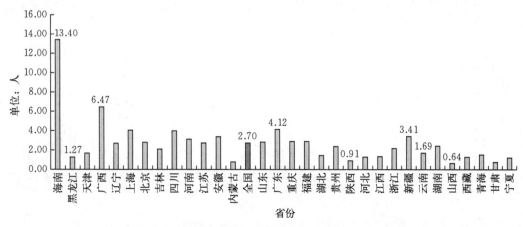

图 0-5　中国各省份每十万人百岁老人数量（2010 年）

资料来源：第六次全国人口普查。

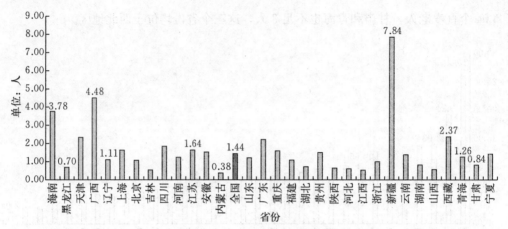

图 0-6 中国各省份每十万人百岁老人数量（2000 年）

资料来源：第五次全国人口普查。

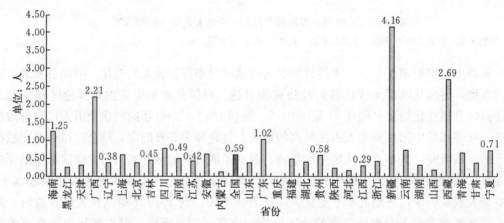

图 0-7 中国各省份每十万人百岁老人数量（1990 年）

资料来源：第四次全国人口普查。

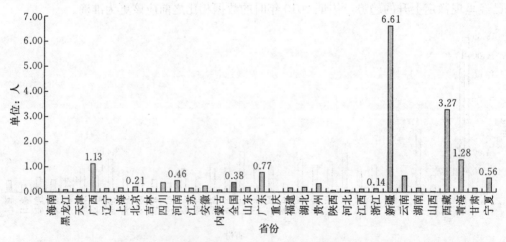

图 0-8 中国各省份每十万人百岁老人数量（1982 年）

资料来源：第三次全国人口普查。

从 2010 年开始，海南的百岁老人占比指标就很高，是第二名广西的两倍有余，除海南和广西以外其他省份每十万人百岁老人数量普遍较低，全国平均水平为 2.7，2010 到 2020 年的十年间各地区的长寿水平都极大提升，2020 年全国除宁夏之外所有省份每十万人百岁老人数量都超过了 2010 年的全国水平。

（二）性别分布

中国百岁老人中女性占多数，是男性百岁老人的两倍多。根据以往的研究，女性的平均寿命一般高于男性，在百岁老人这一极端高寿人群中表现为极为失衡的性别比，女性百岁老人往往远多于男性百岁老人。美国 75.9％的百岁老人都是女性，百岁老人性别比为32。日本百岁老人的性别差异更大，88.6％的百岁老人都是女性，性别比仅为 13。2020年中国女性百岁老人 8.37 万，占比 70.4％，男性百岁老人 3.51 万，占比 29.6％，百岁老人的性别比相对而言较高，2020 年为 42，相较 2010 年的 33 有所上升（表 0 - 2）。这一现象有两种解释，一种可以解释为中国的长寿水平在性别维度的公平性更高，更多的男性可以活到百岁以上；另一种则解释为女性老年人的寿命优势未能充分发挥，因此未能拉大与男性百岁老人的差距。但根据后一解释的逻辑，随着社会经济水平的提升，女性的社会地位和生活条件不断提高，更利于其发挥寿命优势，因而随着社会的发展百岁老人的性别比应该逐渐下降，但历次普查数据显示，1990 年以来中国百岁老人的性别比呈现上升趋势，在不考虑数据准确性的情况下，现实发展与这一解释的逻辑相悖，因此笔者更偏向于第一种解释。在此只对中国百岁老人性别比异于外国的情况作简单分析，更具体的原因解释，有待更深入研究。

表 0 - 2　中国各省份百岁老人性别比（1982—2020 年）

地区	2020 年	2010 年	2000 年	1990 年	1982 年
全国	42	33	35	30	42
北京	65	36	19	8	19
天津	61	59	47	17	33
河北	55	24	43	15	26
山西	45	29	75	29	50
内蒙古	70	61	**132**	**117**	**129**
辽宁	71	56	56	45	65
吉林	78	75	73	**104**	**173**
黑龙江	75	66	**102**	50	57
上海	38	27	15	10	18
江苏	36	27	21	18	16
浙江	43	35	27	31	13
安徽	30	20	28	21	22
福建	33	26	14	13	18

（续）

地区	2020 年	2010 年	2000 年	1990 年	1982 年
江西	42	37	19	25	43
山东	26	31	31	23	15
河南	25	30	29	18	14
湖北	43	31	23	30	23
湖南	34	32	24	27	27
广东	33	25	18	10	16
广西	29	26	25	19	28
海南	30	28	27	22	—
重庆	47	32	55	—	—
四川	50	40	29	24	23
贵州	51	41	42	31	30
云南	47	37	32	35	40
西藏	39	81	38	23	22
陕西	55	48	91	31	40
甘肃	49	43	**118**	41	82
青海	62	62	65	32	32
宁夏	47	36	56	**106**	**100**
新疆	73	93	**112**	**179**	**165**

资料来源：根据历次全国人口普查资料整理形成。

　　2020 年中国各省份百岁老人性别比存在较大差异，但均低于 100。性别比最高的吉林（78）比最低的河南（25）高了 53。中国百岁老人的性别分布存在一定的南北差异，性别比最高的 10 个省份（均高于 50）都位于北方地区，而性别比最低的 10 个省份中 8 个都位于南方地区，其中中国百岁老人占比最高的海南省百岁老人性别比仅为 30，这为之前提出的第二种解释提供了一些佐证。进一步考察各年龄和老年人群的性别比发现，各省份性别比的差异仅体现在百岁老人群体中，在各年龄和 60 岁及以上老年人群维度上各省份的性别比差异并不大，因此百岁老人性别比的差异在未来预期也会逐渐缩小。

　　历史上中国百岁老人的性别比变化幅度不大（表 0-2）。百岁老人性别比最高是 2020 年和 1982 年的 42，最低是 1990 年的 30，但受当时人口普查技术的限制，可能存在误报情况。在省级层面，百岁老人性别比的变化更加剧烈，新疆在 1982—2010 年期间百岁老人性别比长期接近甚至超过 100，但也可能是受误报影响，不合常理的高值和剧烈变化可能是误报的证明。除新疆之外，内蒙古、吉林、黑龙江、甘肃、宁夏都曾在历史上出现过性别比破百的情况，但大多数情况下百岁老人数量较少不具备代表性，不过这些地区在 2020 年仍属于百岁老人性别比较高的地区。从队列的角度考虑各省份百岁老人性别比的差异（表0-3和图0-9）可以发现，性别比的差异主要是受队列的影响，从1990年到2020年，百岁老人所属年龄队列的性别比差异是持续存在的，且基本保持稳定。

表0-3 百岁老人队列的性别比变化情况（1990—2020年）

地区	2020年（100＋）	2010年（90＋）	2000年（80＋）	1990年（70＋）
全国	42	50	61	75
北京	65	66	73	83
天津	61	72	79	91
河北	55	48	64	84
山西	45	59	72	91
内蒙古	70	81	98	119
辽宁	71	73	86	98
吉林	78	84	96	109
黑龙江	75	79	91	105
上海	38	49	59	70
江苏	36	41	52	65
浙江	43	53	63	77
安徽	30	40	51	61
福建	33	42	51	63
江西	42	49	58	71
山东	26	42	58	74
河南	25	38	51	66
湖北	43	48	55	71
湖南	34	53	65	79
广东	33	43	48	58
广西	29	45	59	73
海南	30	41	50	56
重庆	47	57	66	—
四川	50	54	62	74
贵州	51	55	67	80
云南	47	53	62	75
西藏	39	62	56	62
陕西	55	65	79	98
甘肃	49	73	82	91
青海	62	64	75	79
宁夏	47	88	102	114
新疆	73	105	121	128

资料来源：根据历次全国人口普查资料整理形成。

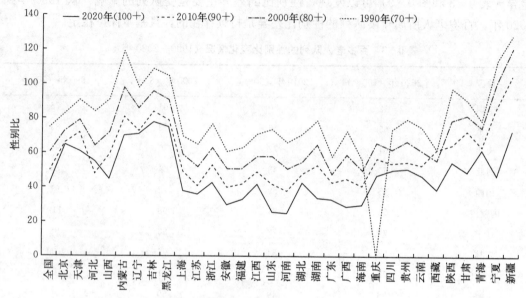

图 0-9　百岁老人队列的性别比变化情况（1990—2020 年）

资料来源：根据历次全国人口普查资料整理绘图。

（三）城乡分布

中国更多的百岁老人生活在城镇地区，打破了一直以来农村多城市少的格局，但城乡差距较小。2020 年中国有 6.3 万百岁老人生活在城镇地区，占比 53.3%，5.5 万百岁老人生活在农村地区，占比 46.7%。百岁老人的城乡分布与老年人整体的城乡分布比较接近，受中国城镇化的影响，2010—2020 年期间城镇老年人数量超过农村老年人，百岁老人同样遵循这一趋势，但仍落后于总人口的城镇化水平。中国百岁老人城乡分布的具体情况见表 0-4。

表 0-4　中国百岁老人的城乡分布（2000—2020 年）

年份	城乡	总人口	总人口占比（%）	老年人口	老年人口占比（%）	百岁老人	百岁老人占比（%）
2020 年	城镇	899 991 162	63.8	142 661 924	54.0	63 306	53.3
	乡村	509 787 562	36.2	121 356 294	46.0	55 560	46.7
2010 年	城镇	670 005 546	50.3	78 291 143	44.1	15 811	44.0
	乡村	662 805 323	49.7	99 303 297	55.9	20 123	56.0
2000 年	城镇	458 770 983	36.9	44 409 774	34.2	6 195	34.7
	乡村	783 841 243	63.1	85 568 096	65.8	11 682	65.3

资料来源：第五次、第六次和第七次全国人口普查资料整理形成。

各省份百岁老人的城乡分布存在差异，中西部地区更多的百岁老人生活在农村（表 0-5）。虽然中国整体上生活在城镇地区的百岁老人更多，但在西部和中部的很多省份情况并不一致，17 个省份呈现百岁老人城镇多于乡村的局面，14 个省份则是乡村多于城镇，其中 12 个位于中西部地区，西藏 78.9% 的百岁老人生活在乡村，新疆、广西、安徽和河南都有超过 60% 的百岁老人生活在乡村。从总人口、老年人口和百岁老人三个维度的城乡分布进行综合考虑，可以分为四种情况：

第一种情况是城镇化水平极高的地区，总人口、老年人口和百岁老人都更多地生活在城镇地区，包括北京、天津、上海等 17 个地区；第二种情况是总人口城镇占比高，但老年人群还是更多生活在乡村地区，百岁老人的城乡分布整体上与老年人的城乡分布保持一致，即老年人更多生活在乡村的地区百岁老人也更多生活在乡村，包括山西、安徽、河南、湖南、广西、四川、贵州、云南、甘肃 9 个地区；第三种情况是老年人口和百岁老人的城乡分布形成错位，即使整体上城镇老年人已经多于乡村老年人，但在百岁老人上依然是乡村多于城镇，包括山东、广东、宁夏和新疆 4 个地区，其中新疆的这种错位体现得最为明显，其他 3 个地区城乡百岁老人数量基本持平；第四种情况是总人口、老年人口和百岁老人均为乡村多于城镇，体现出较低的城镇化水平，仅有西藏 1 个地区。

表 0-5 各地区百岁老人城乡（占比）分布（2020 年）

单位：%

地区	总人口		60 岁及以上		百岁老人	
	城镇	乡村	城镇	乡村	城镇	乡村
全国	63.8	36.2	54.0	46.0	53.3	46.7
北京	87.5	12.5	85.5	14.5	86.5	13.5
天津	84.7	15.3	82.2	17.8	85.2	14.8
河北	60.1	39.9	50.8	49.2	55.5	44.5
山西	62.5	37.5	48.9	51.1	49.9	50.1
内蒙古	67.5	32.5	56.0	44.0	50.6	49.4
辽宁	72.1	27.9	65.5	34.5	71.8	28.2
吉林	62.6	37.4	56.3	43.7	52.1	47.9
黑龙江	65.6	34.4	62.0	38.0	58.6	41.4
上海	89.3	10.7	88.3	11.7	88.1	11.9
江苏	73.4	26.6	61.3	38.7	61.6	38.4
浙江	72.2	27.8	57.9	42.1	60.1	39.9
安徽	58.3	41.7	46.4	53.6	39.6	60.4
福建	68.7	31.3	56.5	43.5	50.2	49.8
江西	60.4	39.6	50.3	49.7	55.2	44.8
山东	63.1	36.9	50.9	49.1	49.3	50.7
河南	55.4	44.6	44.0	56.0	40.0	60.0
湖北	62.9	37.1	52.8	47.2	60.3	39.7
湖南	58.8	41.2	48.8	51.2	42.7	57.3
广东	74.1	25.9	62.3	37.7	49.7	50.3

（续）

地区	总人口		60 岁及以上		百岁老人	
	城镇	乡村	城镇	乡村	城镇	乡村
广西	54.2	45.8	44.3	55.7	37.4	62.6
海南	60.3	39.7	53.5	46.5	51.0	49.0
重庆	69.5	30.5	55.5	44.5	57.6	42.4
四川	56.7	43.3	45.5	54.5	48.6	51.4
贵州	53.2	46.8	41.3	58.7	44.3	55.7
云南	50.1	49.9	44.0	56.0	43.3	56.7
西藏	35.7	64.3	31.0	69.0	21.1	78.9
陕西	62.7	37.3	51.2	48.8	59.0	41.0
甘肃	52.2	47.8	42.9	57.1	40.8	59.2
青海	60.1	39.9	59.5	40.5	58.3	41.7
宁夏	65.0	35.0	57.0	43.0	48.3	51.7
新疆	56.5	43.5	59.8	40.2	36.7	63.3

资料来源：根据《2020 中国人口普查年鉴（上册）》表 1-5a、1-5b 和 1-5c 整理形成。

（四）民族分布

中国各民族百岁老人的比例存在一定差异。中国百万人口以上的 19 个民族中有百岁老人 11.84 万，占全部百岁老人的 99.6%。其中汉族百岁老人占比达 93.6%，每十万人百岁老人数量为 8.66 超过全国平均水平。少数民族间百岁老人的分布存在较大差异，壮族、黎族和朝鲜族的长寿水平最高，每十万人中百岁老人数量分别达到 11.94、9.92 和 9.87，高于汉族和全国平均水平。哈萨克族、彝族和白族的长寿水平相对较低，每十万人百岁老人数量仅为 1.22、1.99 和 2.1。中国百万人口以上民族的百岁老人分布的具体情况见表 0-6。

中国各民族百岁老人的分布情况与各民族的主要分布地区紧密相关。汉族作为人口主体散布于全国各地，因此百岁老人水平与全国水平基本一致，壮族、黎族和朝鲜族主要分布于中国广西、海南、东北三省等长寿水平较高的地区，因此该民族的百岁老人数量也更多、占比也更高，哈萨克族、彝族和白族这三个百岁老人占比最低的民族则主要分布于新疆、四川、云南等长寿水平较低的地区。

表 0-6 中国百岁老人百万人口以上民族分布（2020 年）

民族	总人口	百岁老人	每十万人百岁老人数量
汉族	1 284 446 389	111 261	8.66
壮族	19 568 546	2 337	11.94
维吾尔族	11 774 538	773	6.57

（续）

民族	总人口	百岁老人	每十万人百岁老人数量
回族	11 377 914	752	6.61
苗族	11 067 929	543	4.91
满族	10 423 303	537	5.15
彝族	9 830 327	196	1.99
土家族	9 587 732	422	4.40
藏族	7 060 731	312	4.42
蒙古族	6 290 204	161	2.56
布依族	3 576 752	180	5.03
侗族	3 495 993	137	3.92
瑶族	3 309 341	258	7.80
白族	2 091 543	44	2.10
哈尼族	1 733 166	85	4.90
朝鲜族	1 702 479	168	9.87
黎族	1 602 104	159	9.92
哈萨克族	1 562 518	19	1.22
傣族	1 329 985	82	6.17

资料来源：根据第七次全国人口普查资料整理形成。

从发展趋势来看，2010 到 2020 年中国百万人口以上的 19 个民族的百岁老人都呈现出数量增多和比例提高的趋势（表 0-6 和表 0-7）。每十万人中百岁老人数量提升较多的有朝鲜族（8.83）、壮族（6.98）和汉族（5.98），朝鲜族较为特殊，人口老龄化程度较高，新增的百岁老人数量较多，使得其百岁老人比例出现大幅度提高，与之类似的还有满族，表现为较少的总人口增长和较多的百岁老人数量增加。

表 0-7　中国百岁老人百万人口以上民族分布（2010 年）

民族	总人口	百岁老人	每十万人百岁老人数量
汉族	1 220 844 520	32 709	2.68
壮族	16 926 381	840	4.96
回族	10 586 087	304	2.87
满族	10 387 958	128	1.23
维吾尔族	10 069 346	523	5.19
苗族	9 426 007	262	2.78
彝族	8 714 393	71	0.81
土家族	8 353 912	165	1.98
藏族	6 282 187	189	3.01

（续）

民族	总人口	百岁老人	每十万人百岁老人数量
蒙古族	5 981 840	35	0.59
侗族	2 879 974	50	1.74
布依族	2 870 034	51	1.78
瑶族	2 796 003	154	5.51
白族	1 933 510	15	0.78
朝鲜族	1 830 929	19	1.04
哈尼族	1 660 932	25	1.51
黎族	1 463 064	98	6.70
哈萨克族	1 462 588	12	0.82
傣族	1 261 311	53	4.20

资料来源：根据第六次全国人口普查资料表2-1整理形成。

（五）县域长寿水平和潜力分布

百岁老人是人口中最为长寿的群体，是健康老龄化和积极老龄化的典型代表（Borras 等，2020；Motta 等，2005），是一个地区老年人整体健康长寿水平的集中体现，百岁老人是健康长寿老人的金字塔尖，其下是大量高龄老人作为地基，因此老年人中高龄老年人的占比能够一定程度上反映当地的长寿水平和潜力。

从中国县域级别60岁及以上人口占比分布来看，中国人口老龄化的地区分布特征呈现"东高西低，北高南低"的特征，其中川渝地区和内蒙古中部是西部地区老龄化的两个高点，东北地区和东部沿海是中国老龄化程度最高的地区。百岁老人数量和比例位居前茅的北京、天津、上海、内蒙古等地区属于人口老龄化水平本身较高的地区，而广东、广西和海南这些在百岁老人数量或比例上同样位居前列的地区其老龄化水平并非特别高，其长寿水平和潜力就体现在高龄老人的占比上。

从老年人中85岁及以上占比指标的县域分布来看，中国县域的长寿水平呈现出"东高西低，南高北低"的特征，东南沿海地区的长寿潜力最大。与偏低的人口老龄化水平不同，广东、广西和海南等东南沿海地区老年人中高龄老年人的占比较高，体现出其百岁老人数量和比例上的优势由高比例高龄老年人梯队作为支撑。深圳、东莞和中山等几个高龄老年人占比偏低的地区，主要是由于建市时间短、人口流动频繁导致人口年龄结构偏年轻。西北、东北三省等地区普遍高龄老人占比相对较低，虽然北京、天津、大连、沈阳、哈尔滨、长春等几个大城市辖区内部分区县的高龄老年人占比相对较高，百岁老人也可能主要居住在这些区县中，但整体上区域内各区县之间的长寿水平和潜力差异较大、均衡程度不高。

从高龄老年人占比所代表的长寿潜力推断，东南沿海地区百岁老人更可能均匀地分布于各区县中，而东北三省等北方地区的百岁老人则更可能聚集于经济发达、基础设施完善的区县中。

四、中国长寿时代的新发展

中国已进入长寿大国的新时代，但中国距离长寿强国依然存在差距。根据前文的数据分析，在百岁老人的维度中国成为长寿强国意味着每十万人百岁老人比例应当接近发达地区国家平均水平。当前我国人口已经进入负增长态势，而老年人口特别是高龄老年人数量在持续增长，比例的持续上升是可以预期的，但这并不意味着成为长寿大国可以"按兵不动""坐享其成"。要实现从长寿大国到长寿强国的跨越，需要以中国式现代化为引领推动长寿时代的新发展。党的二十大报告提出以中国式现代化全面推进中华民族伟大复兴，并强调中国式现代化的重要特征是人口规模巨大的现代化，在实现第二个百年目标的征程中，中国巨大的人口规模还伴随着人口老龄化这一重要国情，到 2050 年中国的老年人口将增长几乎一倍，超越发达地区老年人口总数，进入超老龄社会的新阶段，届时百岁老人数量预计将超过 50 万，实施积极应对人口老龄化国家战略是实现中国式现代化的重要保障。中国式现代化的另一特征是人与自然和谐共生的现代化，人与自然和谐共生最直接的体现就是人的寿命的延长和经济的持续稳定高质量增长，百岁老人数量的持续性增长是社会经济发展的成果，是人民幸福感和获得感上升的体现。百岁老人数量的增长不是独立的个体事件，而是各年龄段人民获得感、幸福感普遍提升，生活品质提高到一定水平的必然结果。

以高质量绿色发展推动长寿强国建设。整体长寿水平的提升与社会经济的发展密切相关（杜鹏等，2008b）。中国以百岁老人为代表的长寿水平的大幅提升是经济社会发展的巨大成果，从 20 世纪 80 年代到如今，中国的自然环境相对稳定，人种基因也并未发生变化，发展是最大的自变量。二十大报告将高质量发展列为全面建设社会主义现代化国家的首要任务，长寿强国建立在高质量发展的基础之上。高质量发展的内涵包括：一是在推进经济发展的同时，注重提高全要素生产率，推动技术创新和管理创新，加强知识产权保护，优化资源配置，提高劳动生产率；二是推进城乡融合和区域协调发展，加强基础设施建设和公共服务，促进人口和资源的合理流动，优化城乡空间布局，推动城市和农村协同发展，提高区域经济发展水平，缩小城乡差距，实现城乡一体化发展；三是加快经济增长和社会发展动力由要素驱动为主向创新驱动为主转变，加强科技创新和人才培养，推动产业转型升级，提高企业竞争力和核心技术自主创新能力，以创新推动经济发展和提升社会发展水平；四是注重改善民生，关注自然资源存量与发展的关系，充分考虑人民的获得感和幸福感，注重生态文明建设，推进可持续发展，加强社会保障和民生事业建设，为实现高质量发展提供良好的社会环境和基础支撑。绿色发展理念是 20 世纪以来人类发展观从"以经济增长为核心"向"以人为中心"和"可持续发展"演进的成果，党的二十大报告要求必须完整、准确、全面贯彻新发展理念，其中绿色发展理念以人与自然和谐共生为价值取向，以绿色低碳循环为主要原则，以生态文明建设为基本抓手。

基于上述理念，深入贯彻中共中央、国务院《关于加强新时代老龄工作的意见》，加强党对老龄工作的全面领导，坚持以人民为中心，将老龄事业发展纳入统筹推进"五位一体"总体布局和协调推进"四个全面"战略布局，实施积极应对人口老龄化国家战略，把积极老龄观、健康老龄化理念融入经济社会发展全过程，加快建立健全相关政策体系和制度框架，大力弘扬中华民族孝亲敬老传统美德，促进老年人养老服务、健康服务、社会保障、社会参与、权益保障等统筹发展，推动老龄事业高质量发展，走出一条中国特色积极应对人口老龄化道路。具体可以从以下五个领域着手。

（一）经济维度

全面贯彻《关于发展银发经济增进老年人福祉的意见》，推动有效市场和有为政府更好结合，促进事业产业协同，加快银发经济规模化、标准化、集群化、品牌化发展培养高精尖产品和高品质服务模式。一是以高质量绿色发展推动经济社会可持续发展，坚持创新、协调、绿色、开放、共享的新发展理念，实现经济增长与资源节约、环境保护的协调发展。二是全面推进乡村振兴战略，加强农村基础设施建设，推进产业转型升级和城乡一体化发展，提高农民收入水平，推动乡村现代化和可持续发展。三是完善分配制度，注重公平和效率的统一，促进收入分配公平。四是促进老龄产业发展，政府可以制定支持老龄产业发展的政策，鼓励和引导社会资本投资老年人服务业，包括养老院、居家养老服务、健康管理等领域，扩大产品供给，提升质量水平。同时，建立老年人技能培训和就业机制，提供更多的就业岗位和创业机会，促进老年人的经济活动和社会参与。五是推动科技创新与数字化转型。强化老年用品创新，推进适老化改造，打造智慧健康养老新业态。政府可以加大对老年人科技创新和数字化转型的支持力度，鼓励研发智能化养老设备、健康监测技术、远程医疗服务等，提升老年人的生活质量和健康管理水平。同时，推广数字技术应用，提供便捷的信息服务、在线社交平台和远程教育，促进老年人与社会的互动和交流。

（二）政治维度

一是加强党对老龄工作的领导。各级党委和政府要高度重视并切实做好老龄工作，坚持党政主要负责人亲自抓、负总责，将老龄工作重点任务纳入重要议事日程，纳入经济社会发展规划，纳入民生实事项目，纳入工作督查和绩效考核范围。二是全面落实积极应对人口老龄化国家战略，积极制定健康老龄化政策。政府可以制定全面的健康老龄化政策，包括推动健康促进、疾病预防与控制、医疗保健服务改革等方面的措施。这些政策应该注重长期可持续发展，鼓励投资于老年人的健康和福祉，提供全面的养老保障和医疗服务，以及支持老年人积极参与社会活动。三是加强老龄权益保护。政府应加强对老年人权益的保护，包括社会保障、医疗保健、就业和福利等方面。建立健全的法律法规和监管机制，进一步完善老年人权益保障法，严厉打击老年人权益侵害行为，保障老年人的合法权益。四是强化国际合作与经验交流。政府可以加强与其他国家和国际组织的合作，分享经验和最佳实践，学习和借鉴其他国家在老龄化方面的成功经验。通过国际交流与合作，推动跨国老龄化问题的解决，共同建设健康、幸福和可持续的老龄社会。

（三）文化维度

一是进一步加强人口老龄化国情教育，切实将积极老龄观和健康老龄化理念融入社会经济发展全过程，增强应对人口老龄化自信自强。二是弘扬尊老孝老等优秀传统文化观念，推动形成孝亲敬老的社会文化氛围，政府和社会可以积极宣传、传承和弘扬尊老敬老的传统文化，如孝道、敬老、友善等价值观，通过各种文化活动、教育课程、宣传媒体等方式，培养社会各界对老年人的尊重和关爱。三是建设老年人友好城市。建设适老化的城市环境，提供老年人友好的公共设施、交通、医疗等服务，营造便利、安全、舒适的城市空间，让老年人能够更好地融入社会，享受生活。四是开展尊老敬老宣传活动。开展各种形式的尊老敬老宣传活动，如老年人表彰、老有所为示范、敬老月活动等，借助媒体、社交平台等渠道，强调老年人在社会中的价值和作用。五是推广敬老尊老的礼仪和行为准则。推动敬老尊老的行为规范，鼓励人们在日常生活中多关心、多帮助老年人，培养孩子从小学习尊敬老人的礼仪，促进代际传承。六是推动老年文化创意产业。鼓励老年人参与文化创意产业，如书法、绘画、音乐、手工艺等，这不仅可以丰富老年人的生活，还可以传承和发展传统文化。七是加强家庭教育和家风建设。通过教育体制、家庭教育和社会引导，培养家庭成员对老年人的尊重和关爱，加强家风建设，使孝亲敬老的价值观融入家庭生活。

（四）社会维度

一是逐步健全多层次社会保障体系。推动基本养老保险、医疗保险、失业保险等制度的完善和发展，多渠道保障老年人物质文明和精神文明。二是推动养老保险改革。针对人口老龄化趋势，政府可以推动养老保险制度的改革，延长退休年龄、逐步提高养老金支付标准等，以保障养老金的可持续性。三是加快提升基本公共服务均等化水平。完善老年人综合能力评估制度和基本养老服务清单制度，推动社区养老、家庭养老和机构养老协调发展，助推老年人享受共同富裕成果。四是提供长期护理和支持。继续深化和扩大长期护理保险制度试点，为失能老年人提供居家护理、机构照料等服务，支持家庭照料者，减轻照料负担，提高老年人的生活质量。五是打造多元共治的老龄社会治理格局，促进跨部门合作和社会参与。各部门、社会组织和企业应共同合作，共同推动长寿强国发展，政府、企业和民间组织可以共同提供老年人服务和支持，实现资源共享、合作共赢。六是鼓励志愿服务和亲情关怀。鼓励社会各界积极参与老年人志愿服务，为他们提供关爱和支持，同时，加强家庭教育，培养家庭成员之间的亲情关怀和沟通。七是促进老年人社会参与。建立老年人活动中心和社区，为老年人提供社交、文化、娱乐等活动场所，通过集体活动，增进老年人的社交互动和幸福感；鼓励老年人就业和创业，制定就业和创业支持政策，为老年人提供灵活的就业机会和创业平台，发挥他们的经验和技能，实现老有所为、老有所乐。

（五）生态文明维度

一是充分认识"绿水青山就是金山银山"的重大理论和实践意义，加强生态环境理论宣传，坚守生态环境红线，推动自然保护区建设和生态修复，保护生态多样性和生态平衡。二是推进美丽中国建设，推进城乡人居环境整治，严格执行生态环境保护法律法规，落实各项环保政策。三是加快发展方式绿色转型，加强绿色技术研发和应用，加强污染治理和环保监管，建立绿色金融和绿色信用体系；提供可持续的农业和食品供应，支持农业可持续发展，鼓励有机农业和生态农业，减少化肥、农药的使用，促进农村地区的食品安全和多样化；发展绿色交通和能源，鼓励绿色交通方式，如电动车辆、公共交通工具等，减少汽车尾气排放，推广可再生能源的使用，减少对化石燃料的依赖；提倡循环经济，减少资源浪费，推动废物减量、回收再利用，减少垃圾产生，改善环境质量。四是推广低碳生活方式，鼓励社会采取低碳、环保的生活方式，减少能源消耗和碳排放，倡导健康饮食生活方式，推动健康饮食，减少高糖、高盐、高脂食物的摄入。政府可以制定食品营养标准，鼓励食品生产商提供更加健康的产品，开展生态教育活动，提高公众对生态环境保护的意识。增强人们对生态健康和自然保护的重视。

参考文献

[1] 翟德华，2012. 中国区域长寿现象与区域长寿标准评价体系 [J]. 人口与经济 (4)：71-77.

[2] 杜鹏，尹尚菁，2008a. 如何认识积极老龄化——中国对长寿的政策支持度有多少 [J]. 中国社会导刊 (32)：17-20.

[3] 杜鹏，尹尚菁，2008b. 长寿与社会经济发展 [C] //长寿与发展高峰论坛论文选. 广西桂林：1-8.

[4] 樊新民，2006. 中国长寿人口分布研究 [J]. 人口学刊 (3)：19-23.

[5] 樊新民，2013. 中国第六次人口普查长寿人口研究 [J]. 人口学刊，35 (4)：14-20.

[6] 龚胜生，1997. 中国古代长寿点区的地理分布及其环境背景的初步研究 [J]. 中国历史地理论丛 (3)：227-251.

[7] 龚胜生，葛履龙，张涛，2016. 湖北省百岁人口分布与长寿区自然环境背景 [J]. 热带地理，36 (5)：727-735.

[8] 郝乐，2017. 长寿指数及其统计测量 [J]. 统计研究，34 (6)：79-84.

[9] 侯彦敬，赵目，2020. 长寿指数统计测量的改进 [J]. 统计与决策，36 (17)：33-37.

[10] 陆杰华，2022. 完善长寿时代社会治理体系 [N]. 中国社会科学报，2022-04-01：006.

[11] 陆杰华，刘柯琪，2019. 长寿时代我国百岁老人健康指标变化趋势探究——基于 CLHLS 数据的验证 [J]. 人口与社会，35 (3)：3-16.

[12] 陆杰华，刘柯琪，2020. 长寿时代中国百岁老人死亡风险影响因素探究 [J]. 人口与经济 (5)：60-71.

[13] 毛凡，张伟伟，周脉耕，2022. 区域长寿水平评价研究进展 [J]. 中华流行病学杂志，43 (7)：1147-1153.

[14] 王五一，李永华，李海蓉，等，2015. 中国区域长寿的环境机制 [J]. 科学决策 (1)：1-12.

[15] 萧振禹，何新华，李永华，等，2015. 关于构建科学合理的区域人口长寿评价指标体系的尝试 [J]. 科学决策 (5)：1-14.

[16] 肖振禹，徐勤，原野，1996. 巴马百岁老人状况及长寿原因探讨 [J]. 中国人口科学 (3)：27-32.

[17] 杨菊华，2022. 长寿时代与长寿红利 [J]. 山东大学学报（哲学社会科学版）(4)：103-111.

[18] 原新，王丽晶，2022. 中国长寿红利：人口机会、政策环境与开发方向 [J]. 中国特色社会主义研究 (2)：57-63.

[19] 邹继超，赵增翰，徐镇东，等，1960. 新疆百岁老人调查报告 [J]. 动物学杂志 (2)：81-88.

[20] BORRAS C，et al，2020. Centenarians：An excellent example of resilience for successful ageing [J].

Mechanisms of Ageing and Development，186.

［21］LUAN Z，et al，2020. Metagenomics Study Reveals Changes in Gut Microbiota in Centenarians: A Cohort Study of Hainan Centenarians ［J］. Frontiers in Microbiology，11.

［22］MOTTA M，et al，2005. Successful aging in centenarians: myths and reality ［J］. Archives of Gerontology and Geriatrics，40（3）: 241 – 251.

［23］ROBINE J M，CUBAYNES S，2017. Worldwide demography of centenarians ［J］. Mechanisms of Ageing and Development，165: 59 – 67.

［24］SATO Y，et al，2021. Novel bile acid biosynthetic pathways are enriched in the microbiome of centenarians ［J］. Nature，599（7885）: 458 – 464.

［25］TEIXEIRA L，et al，2017. Centenarians in Europe ［J］. Maturitas，104: 90 – 95.

［26］VAUPEL J W，VILLAVICENCIO F，BERGERON – BOUCHER M P，2021. Demographic perspectives on the rise of longevity ［J］. Proceedings of the National Academy of Sciences，118（9）: e2019536118.

加强长寿品牌建设*

我们进入新时代，创新、协调、绿色、开放、共享是发展的基本理念。关于绿色的内涵是：坚持绿色发展，着力改善生态环境；绿色发展包括事业发展和产业发展，但绿色产业不同于通常所说的产品、商品；绿色发展需要以品牌建设为抓手，事业和产业均衡发展。关于共享的内涵是：坚持共享发展，着力增进人民福祉；推进健康中国和美丽中国建设。长寿品牌建设是绿色发展的重要组成部分，也是实现共享健康的重要途径，它是高质量发展的集中体现。

一、长寿品牌的概念和体系

长寿品牌是指以促进长寿为标志的知名产品、产业、事业和地域。我们常说的长寿产品如某种食品，长寿产业如农业，长寿事业如养老，长寿地域如县、市，都可以成为长寿品牌；从更广泛的意义上来说，以促进长寿为主要目标，生态环境、事业和产业均衡发展的模式也可归入长寿品牌。

（一）长寿品牌的核心体系与价值

长寿生态、长寿经济、长寿文化整体协调优化发展是长寿品牌的核心体系与价值。

长寿生态是指长寿与健康存在的物质基础与地理环境系统。长寿经济主要指以长寿与健康和谐发展为目标的产业结构、增长方式和社会结构。长寿文化主要指长寿与健康所负载的全部生活方式与价值观。

我们需要全面理解长寿生态、长寿经济、长寿文化整体协调优化发展的意义。长寿产品、长寿产业及其发展方式集中在的区域就是"中国长寿之乡"，它是人与自然和谐共生的典型。对于"中国长寿之乡"的发展来说，面临的最大挑战就是如何实现生态环境保护与经济发展的和谐双赢。各地在自身的发展过程中，已经积累了丰富的经验，但还需要进一步总结提高。同时还需要制定长寿生态环境保护与康养产业发展规划，发掘和培育长寿

　　* 作者：王五一，长寿之乡绿色发展区域合作联盟理事长、中国科学院地理科学与资源研究所研究员；姚远，中国老年学和老年医学学会副会长、中国人民大学老年所教授；金建君，北京师范大学地理科学学部教授；姜向群，中国人民大学老年学研究所教授；朱雪飞，浙江省丽水市卫生健康委原副主任、长寿之乡绿色发展区域合作联盟常务副秘书长；刘光烁，浙江省丽水市卫生健康委老龄健康与人口家庭发展处处长。

文化品牌和各类优质特色产品，促进长寿养生、老年照料、旅游休闲、现代农业、生态保护、乡村振兴、社会服务等多方面的产业与事业发展。

（二）以"中国长寿之乡"为典型代表的长寿品牌具有鲜明的独特性

"中国长寿之乡"不同于国内外其他地区，其具有鲜明的独特性，除长寿人口区域分布的聚集性特征外，还体现在自然环境的"绿水青山"与人文社会经济环境发展的高度协调，而不是单纯依靠高投资的医疗条件来实现健康长寿。"中国长寿之乡"是绿色发展的典型，其独特性主要体现在以下几点。

（1）"三高"：人口平均预期寿命比全国平均值高；长寿指数高，即指 80 岁（或 90 岁）及以上人口占 60 岁（或 65 岁）及以上人口的比例高；百岁及以上老人在十万人口中的比例高。统计发现，我国人口平均预期寿命与经济发展（以 GDP 为指标）的相关性显著，说明经济越发达，人口平均预期寿命越长。另一方面，研究统计还发现，长寿指数与经济发展（GDP）没有显著的相关性。这表明我国长寿具有自己的特点，特别是我国与世界发达国家不同，"长寿之乡"大多数是经济欠发达地区，除经济因素外，长寿与其他因素有关。

（2）根据全国多次人口普查数据分析，长寿现象的地理环境特征表现出明显的区域性。百岁老人多分布于我国南方，基本沿"秦岭—淮河"我国南北气候分界线以南呈条带集中分布，多在长江三角洲、珠江三角洲、东南沿海、川渝等地区聚集；多沿大江大河流域分布；多分布于海拔 1 500 米以下，中、低山丘陵及冲积、洪积平原地区；多分布于大的岛屿，如海南岛、崇明岛；多为地方病较少流行或没有流行的地区。

（3）我国"长寿之乡"气候条件多属于相对适宜的温暖型，多年平均气温均在 8.6 ℃～24.9 ℃之间。降水较丰沛，大部分地区河网密布，空气相对湿度均较高，大多在 68％以上，年均日照时数均较高，大部分地区在 821.5 小时以上。

（4）植被覆盖率高，空气清新，没有环境污染，土壤质量好，绿水青山指数高，当地居民通过饮水、食物摄入的有益营养物质多。

（5）大多数老人不仅长寿，而且身体健康。他们爱劳动，多活动；生理健康、睡眠充足；生活自理及日常活动能力强；心理状态积极；饮食和生活方式合理。这些与优越的社会环境因素包括传统文化、家庭和睦、儿孙孝顺等多方面有密切关系。

（6）"中国长寿之乡"不仅仅单纯表示一个区域长寿人口数量的多少，而是区域环境、社会、经济、健康和谐发展的综合体现。

（7）"中国长寿之乡"是长期形成的。因为人的长寿是长期保持着健康状态的结果，是数十年甚至上百年处于良好自然环境、社会家庭条件下长期积累形成的。

（8）"中国长寿之乡"是多因素、多条件相互作用的结果。长寿是遗传、心理、自然环境和社会环境共同作用的结果，是政府、机构、乡镇、家庭、个人等共同努力不断完善社会保障、经济发展、医疗覆盖、教育普及、文化提高、环境保护等才得以形成的。

"中国长寿之乡"是人与物质世界和谐关系的最集中体现。长寿是我们每一个人的愿望。人类的生存、健康、长寿离不开我们所处的环境，包括自然的、社会的、经济的环境。我们为发展经济、保护自然、社会和谐所做的一切努力，都是为了人的全面发展与健康长寿。客观物质世界的状况最集中地体现在人的健康长寿上。

（三）长寿品牌建设的主要特征

"中国长寿之乡"是含金量很高的品牌，它不同于其他品牌或企业产品的品牌。其品牌建设的不同之处主要体现在：①它是政府主导产生的，而不是政府所属单一行政部门主办得来的，也不像企业自己培育的产品品牌；②它是政府、学者、社会组织、企业、公众共同参与的结果；③它所适应的人群是全社会的，不像某种产品仅针对特定的人群；④它所提供的产品涉及各个门类，包括生态环境、农产品、民居、民俗、文化、旅游等，比其他的产品丰富，特别是健康长寿是品牌的核心体现；⑤它是累积数百年以上的发展才出现的，但发掘出品牌又是在不长的时间内实现的；⑥它具有社会学价值、经济学价值、文化价值和生态价值，影响和效应是全方位的，而不像某一种产品品牌主要具有经济价值；⑦它具有明显的地方性，也就是说，不同的地方所具有的特色不同，让人们得到差异化的亲身体验是关键。

长寿品牌建设与其他品牌的共同之处主要是都需要推陈出新，它不仅关乎养老保健方面的问题，而且它对社会可持续发展会带来新的影响，需要与时俱进，不断增加新的内容和体现新的价值，并持续不断地建设。也就是说长寿品牌是环境、经济、社会发展等多种要素的综合体现，需要在新形势下创新，加强品牌建设。

当前，实现新时代高质量中国式现代化，要求我们更要做好健康长寿促进工作，搞好老年宜居环境建设。这是各地获得"中国长寿之乡"称号后品牌建设的新方向，其重要意义不亚于创建"长寿之乡"。

我们进一步认识长寿品牌建设的意义，总结经验，要着眼于生态环境保护，发展产业，打造老年宜居环境，搞好医养结合，这是"2030健康中国实施行动"明确提出的要求。老年宜居环境应该是怎样的，如何才能适应当今和未来的需要，如何在实际工作中闯出新路，创出新经验，是需要深入思考的问题，这也是把长寿品牌建设融入绿色发展和生态文明建设的新机遇。

二、长寿品牌建设的基本情况

截至目前，"中国长寿之乡"已有百余个，各地在创建、培育、申报过程中和获得认证后，推动着长寿品牌的建设取得了重要进展。本节首先从总体上概括"中国长寿之乡"品牌建设的共性，然后以浙江省丽水市为典型案例，讨论、分析"中国长寿之乡"认定之前和认定以后的长寿生态环境保护、长寿经济、长寿文化发展的状况，以及推进品牌建设的价值体现。

（一）"中国长寿之乡"品牌建设的"五彩之路"

1. 全面发展成为"中国长寿之乡"品牌建设的主要目标

进入新时代，各个长寿之乡都在生态环境、经济、文化、长寿健康、传承精神等五个主要方面大力建设发展，不断为"中国长寿之乡"品牌增色。

为了形象地刻画"中国长寿之乡"品牌建设的内容，我们可用五种颜色来展现。

青绿色——绿水青山，是各个长寿之乡生态环境的本色，显示了长寿生态环境的主要特征，是长寿与健康存在的地理环境系统。要让山更绿、天更蓝、水更洁、土更净，坚持绿色发展。

银白色——长寿健康老人的银发颜色，代表了各长寿之乡人口平均预期寿命长、长寿指数高、百岁老人多的显著特征。要顺应人口老龄化发展的要求，通过创建宜居城市，提高适老化水平，提升医疗卫生和养老服务水平，让老人更长寿、更健康、更高兴、更幸福。

金黄色——金山银山，是长寿经济的主色，各长寿之乡所拥有的绿水青山本身就具有天然的生态价值，无需价值转换就具备了巨大经济价值。同时，各长寿之乡以此为资源基础大力发展以长寿与健康和谐发展为目标的产业结构转型，优化增长方式。要积极培育康养产业，结合实际促进健康产业链的形成，提供更多样、更适老、更智能、更优质的产品，加快银发经济的发展。

亮橙色——长寿文化的代表色调，体现长寿与健康所负载的全部生活方式与价值观。特别是根植于各长寿之乡的深厚传统文化与规范，包括人的行为、心态与孝敬老人、互助和睦等传统习俗。要加强慈孝文化的建设，传承敬老孝亲的文明家风，让敬老行为更规范、养老社会服务更便利、老年权益保障更有效。

赤红色——许多长寿之乡历史上曾是革命根据地、抗日战地，在革命先辈曾经战斗过的地方镌刻、保留着流血牺牲的纪念遗迹，红色意味着不怕牺牲、勇于斗争精神的传承。要继续发扬奋斗精神，勇于担当重任和使命，做好工作。

这五种颜色既代表了"中国长寿之乡"品牌建设的各个方面，又是"中国长寿之乡"品牌建设的目标和要求，更是"中国长寿之乡"品牌建设高质量发展的必由之路。

2. 以"中国长寿之乡"品牌建设为抓手推动绿色发展成为一种新模式

自从中国老年学和老年医学学会制定了"长寿之乡认证标准和方法"并实施后，"中国长寿之乡"就成了一个规范化的科学概念。得益于此，获得"中国长寿之乡"称号的地区经济社会文化快速发展，其后，"长寿之乡"又从一个科学概念演变成一种发展模式和品牌。与其他模式、品牌相比，只有"中国长寿之乡"是人们最容易接受，而且是已经通过了长期实践验证的品牌。由于各"中国长寿之乡"的形成和发展与生态环境、经济、社会、文化等要素密切相关，所以它既是发展的抓手，又成为发展的成果体现。可以说以"中国长寿之乡"品牌建设为抓手推动生态环境、社会经济、文化发展已经成为一种新的发展模式，是绿色发展的重要标志。

3. 以"长寿之乡绿色发展区域合作联盟"为依托推进品牌建设

2016年，在中国老年学和老年医学学会认定"中国长寿之乡"活动还在进行之中，全国其他县、市还在申报认定之时，各长寿之乡就联合起来，成立了"长寿之乡绿色发展区域合作联盟"，在"努力成为促进绿色产业发展的高水平的合作平台、宣传窗口、服务智库和共享网络"的目标基础上，跨上新的台阶。联盟从成立到各项建设的推进和今天的全面进取，成果显著：一是联盟的品牌效应越加明显，"养生名优产品""特色服务业示范城市""乡情体验基地"等品牌，产生了良好的社会效益和经济效益；二是联盟的队伍越加壮大;三是联盟的平台越加发达,各县(区、市)政府部门、企业界、农业合作社、宣传出版、媒体、央视、文化、旅游、展览等多部门合作,微信发布平台、年会平台、博览会平台,以及跨界跨地域的项目合作平台,活跃度不断增强;四是联盟的知名度越加提高,增强了凝聚力;五是联盟的运行机制越加完善;六是长寿之乡在国家重大战略发展中的榜样作用越加凸显。可以说,"长寿之乡绿色发展区域合作联盟"是长寿之乡集体的新品牌。

联盟大力推进品牌建设,推出了多类品牌,颁布了这些品牌的团体标准,使各类产品的品牌有了定量的评估标准。截至目前,联盟已经认定了近 200 个品牌,产生了很好的社会效益和经济效益。联盟的这些品牌是各长寿之乡的各类品牌的优中之优。

我们称其为优中之优的理由主要有:一是优质品牌产品的产生是依托于广泛的数量、种类基础和高质量特性,它们是在各个长寿之乡原有的全部品牌中优选出来的;二是这些产品是经过联盟的团体标准检验和严格程序认定的。通过让人们体验吃到好的食品、呼吸清新的空气、饮用清甜的水、居住适宜的环境,这些品牌产品得到普遍认可,也有了更广泛的市场。

(二)"中国长寿之乡"品牌建设的典型——丽水

2018 年 4 月 26 日,习近平总书记在深入推动长江经济带发展座谈会上提出了"丽水之赞":"浙江丽水市多年来坚持走绿色发展道路,坚定不移保护绿水青山这个'金饭碗',努力把绿水青山蕴含的生态产品价值转化为金山银山,生态环境质量、发展进程指数、农民收入增幅多年位居全省第一,实现了生态文明建设、脱贫攻坚、乡村振兴协同推进",这是对丽水"中国长寿之乡"建设的充分肯定。

我们以丽水市为典型案例,通过模型和定量分析,揭示"中国长寿之乡"品牌对生态环境、经济发展的正向影响,证明"中国长寿之乡"的品牌效应非常显著。

从 2004—2018 年丽水市的统计年鉴提取各类数据。利用 15 年的统计数据,定量描述分析丽水市历年的生态环境、经济和产业的发展状况。同时,以县(区、市)级行政单元为基础,构建了相关指标体系,采用统计检验和计量分析方法探索和检验所选取指标在"长寿之乡"评定前后的差异。为了更好地探讨"中国长寿之乡"的品牌效应,选定生态环境、经济方面的指标,采用独立样本 T 检验的方法来检验丽水市评定为"中国长寿之乡"前后这三方面指标的差异性。独立样本 T 检验,亦称 Student t 检验(Student's t test),主要用于样本含量较小(例如 n<30),总体标准差 σ 未知的正态分布,用 t 分布理论来推论差异发生的概率,从而比较两个平均数的差异是否显著。由于丽水市是在 2013 年 5 月被评定为"中国长寿之乡",将 2003—2012 年作为评定前组,2013—2017 年作为评定后组,检验评定前后两期,丽水市生态环境、经济方面指标的差异和性,进而分析"中国长寿之乡"的品牌效应。

构建双重差分模型(Difference-in-difference,DID):

$$Y_{ijt} = \beta_0 + \beta_1 \, time \times treat + \gamma_t + \mu_i + \varepsilon_{ijt} \tag{1}$$

在回归模型中分别检验丽水市"中国长寿之乡"评定对生态环境、经济方面的影响。其中,将丽水市所辖的 9 个县(区、市)作为模型的处理组(分别为莲都区、龙泉市、青田县、云和县、庆元县、缙云县、遂昌县、松阳县、景宁畲族自治县）；将与丽水市社会经济发展趋势具有较强相似性的衢州市所辖 5 个县（区、市）作为对照组（分别是柯城区、衢江区、龙游县、江山市、常山县、开化县）。公式（1）中 i 表示县（区、市），t 为年份。如果一个县（区、市）是属于丽水市，$treat$ 等于 1，否则等于 0。$time$ 是取值为 0 和 1 的虚拟变量，前者在评定前取 0，评定后取 1，这里将 2013 年也划入为评定后组，也就是 2013 年丽水市的 $time$ 取值为 1。Y_{ijt} 表示 i 县（区、市）j 指标在 t 年的指标值，$time \times treat$ 的系数 β_1 即"中国长寿之乡"评定的影响作用。例如，某个经济指标的 β_1 显著为正值，则可以推断评定后对经济的发展具有正向的影响。年份固定效应 γ_t 控制的是所有县（区、市）共有的时间因素。地区固定效应 μ_i 控制的是各县（区、市）不随时间变化的特征，如气候、地理特征和自然禀赋等。ε_{ijt} 为随机误差项。

1. "中国长寿之乡"评定以来生态环境发展更好

选取的指标主要有两方面：一是农药、化肥的使用量变化，以此反映丽水市生态环境保护的成效。因为过度使用农药化肥会导致耕地质量下降、农业面源污染、水体富营养化等农业生态环境恶化等问题，化肥减量提效和农药减量控害对生态环境保护有着重要的作用。二是人均公园绿地面积，以此来反映丽水市生态环境发展状况。同时，用全社会用电量、工业用电量、工业废水排放量、工业产值耗电量和工业产值废水排放量来表征丽水市生态环境的发展状况。

（1）历年丽水市生态环境发展的状况分析。如图 1-1 和图 1-2 可知，丽水市农药、化肥的使用量有减量使用的变化趋势，尤其是 2013 年 5 月被评定为"中国长寿之乡"之后，农药、化肥的使用量呈现更加明显的下降趋势。这表明"中国长寿之乡"的评定有助于城市生态环境的保护。此外，由图 1-3 可以看出，丽水市自 2013 年开始，人均公园绿地面积保持较大的增长幅度。

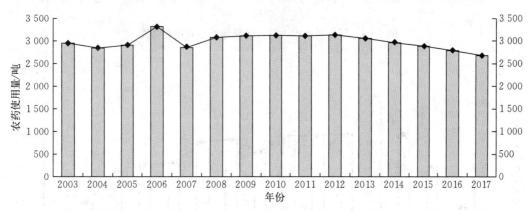

图 1-1　历年丽水市农药使用量对比趋势图

从图 1-4 工业废水排放量的变化趋势来看，2003 年到 2006 年，丽水市工业废水排放量长期保持较大的增长，2006 年开始，呈现出负增长的趋势，尤其是 2013 年开始，丽水市工业废水排放量呈现出较大的下降趋势。这说明"中国长寿之乡"评定以后，工业废水减排，这是丽水市生态环境良性发展的重要体现。

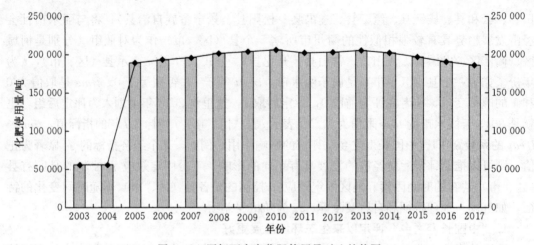

图1-2 历年丽水市化肥使用量对比趋势图

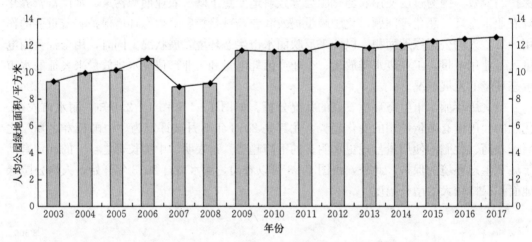

图1-3 历年丽水市人均公园绿地面积对比趋势图

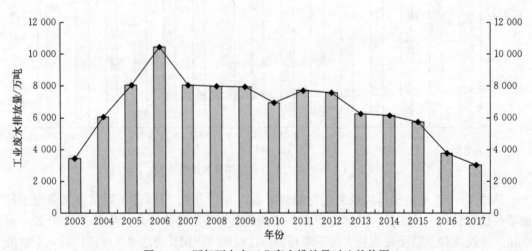

图1-4 历年丽水市工业废水排放量对比趋势图

（2）"中国长寿之乡"评定前、后生态环境状况的差异分析。为了更好地认识丽水市成为"中国长寿之乡"以后生态环境的发展情况，采用独立样本 T 检验来验证分析。本研究选择农药使用量、化肥使用量、人均公园绿地面积和工业废水排放量，共计 4 个指标来检验差异性。

由表 1-1 可知，"中国长寿之乡"评定对丽水市的生态环境保护产生了重要的影响。具体来看，丽水市的农药使用量均值呈现出减少的趋势，评定前的均值为 3 043.90 吨，评定后下降到 2 876.60 吨。同样，从化肥使用量也看到相同的趋势。说明丽水市成为"中国长寿之乡"以后更加注重化肥、农药的减量使用，这对于生态环境保护具有重要意义。从人均公园绿地面积的检验结果可知，评定后人均公园绿地面积高于评定前，这说明丽水市在评定为"中国长寿之乡"后，更加注重生态环境的保护，努力打造生态宜居城市。

表 1-1 "中国长寿之乡"评定对丽水市生态环境指标的差异性

类别	均值		标准差		显著性
	评定前	评定后	评定前	评定后	
农药使用量/吨	3 043.90	2 876.60	149.37	145.43	0.059 8*
化肥使用量/吨	170 869.20	196 401.60	60 569.41	7 811.93	0.373 5
人均公园绿地面积/平方米	10.54	12.24	1.18	0.34	0.008 5***
工业废水排放量/万吨	7 416.38	4 970.56	1 782.21	1 484.66	0.020 7**

注：***、**、*分别表示在1%、5%与10%的水平下显著。

工业废水排放量结果显示，丽水市在"中国长寿之乡"评定后，工业废水排放量明显比评定前低。这说明丽水市"中国长寿之乡"的评定，对于降低工业废水的排放总量具有显著影响，可以促使废水排放量减少。

（3）"中国长寿之乡"评定对丽水市生态环境的正向影响。利用丽水市 2004—2018 年统计年鉴，从县（区、市）层面选择指标，采用 DID 模型来计量分析"长寿之乡"评定对丽水市生态环境保护的影响。基于数据的可获得性，选择了农药使用量、化肥使用量和工业废水排放量三个指标来进行 DID 模型分析，结果如表 1-2 所示。

表 1-2 "中国长寿之乡"评定对丽水市生态环境的影响

变量	农药使用量		化肥使用量		工业废水排放量	
	系数	标准误	系数	标准误	系数	标准误
$time \times treat$	−201.52	127.51	−10 005.3**	3 512.32	−599.32	1 101.91
常数项	750.05***	122.33	32 103.98***	3 859.51	1 089.46	1 269.61
地区固定效应	是		是		是	
年份固定效应	是		是		是	
样本数	225		225		225	
R^2	0.919 9		0.935 9		0.713 8	

注：***、**、*分别表示在1%、5%与10%的水平下显著。

从表 1-2 可知，三个模型中 $time×treat$ 的估计系数均为负数，这说明丽水市被评定为"中国长寿之乡"后，丽水市减少了农药、化肥的使用量和工业废水的排放量，这对于丽水市的生态环境保护具有重要的影响。其中，在化肥使用量模型中 $time×treat$ 的估计系数为负，且通过了 5% 的显著性检验，这说明"中国长寿之乡"评定对丽水市化肥使用量具有显著的负向效应。此外，在农药使用量和工业废水排放量的模型中，$time×treat$ 虽未通过显著性检验，但结合描述性统计和差异性检验结果可知，丽水市历年农药的使用量和工业废水排放量总体呈现出明显的逐年递减趋势，尤其是丽水市成为"中国长寿之乡"后更是如此。总而言之，"中国长寿之乡"评定促进了丽水市减量使用农药和化肥，并减少了工业废水的排放量，更加注重生态环境的保护。

通过定量分析得到主要结论：第一，丽水市历年生态环境保护朝向良性发展，同时经济发展也呈现出逐年递增的趋势，充分体现了"绿水青山就是金山银山"的内涵；第二，丽水市被评定为"中国长寿之乡"以来，以品牌带动发展，生态环境和经济的和谐发展更加显著，在绿色发展之路上取得了扎实的进展。

2. "中国长寿之乡"评定后经济发展更好

选取财政总收入、地方财政收入和财政总支出作为指标来衡量丽水市经济发展状况。财政收支情况可以很好地反映出经济发展状况。财政收入表现为政府部门在一定时期内所得的货币收入，是衡量政府财力的重要指标。政府在社会经济活动中提供公共物品和服务的范围和数量，在很大程度上都决定于财政收入的充裕状况。此外，财政对社会经济的影响作用还通过财政支出来实现，财政支出的规模和结构可以反映出政府为实现其职能所进行的活动范围和政策选择的倾向性。居民的储蓄存款额和可支配收入，可以反映居民的生活水平状况。居民的储蓄存款额或可支配收入大，则认为居民具有较强的消费能力，在满足最基本的物质需求后，居民有更好的能力去追求更加高品质的生活。

同时，还选择城乡居民储蓄存款年末余额、城镇居民人均可支配收入、农村居民人均可支配收入和社会消费品零售总额来描述丽水市历年经济的发展状况。社会消费品零售总额可以很好地表征人们的消费情况，社会的繁荣昌盛可以带动经济的发展，拉动内需。社会消费品零售总额的提高可以从侧面反映出人们生活水平的改善，人们会有更多的收入用于各项经济活动。

（1）历年丽水市经济发展的状况分析。由图 1-5、图 1-6 和图 1-7 可知，丽水市历年财政总收入、地方财政总收入和财政总支出均呈现出明显的逐年递增趋势。这说明丽水市在 2003—2017 的 15 年间财政收入提高的同时，财政支出也在增加，有更多的资金支持建设丽水市的发展。

由图 1-8 可知，丽水市的城乡居民储蓄存款额呈现出逐年递增的趋势。这说明丽水市城乡居民的生活水平得到了很好的提高，人们的年存款量越来越多，并在 2013 年突破了 800 亿元。由图 1-9 和图 1-10 可知，丽水市居民的可支配收入表现出逐年递增的趋势，在 2013 年接近 3 万元，居民的消费能力也在日益增强。值得注意的是，丽水市的农村居民可支配收入在 2013 年，即丽水市刚被评定为"中国长寿之乡"当年，突破 1 万元，得到了较大的增长，反映出"中国长寿之乡"的评定给人们的可支配收入带来提高，尤其是农村居民的可支配收入。此外，由图 1-11 可知，丽水市社会消费品零售总额呈现出逐年增长

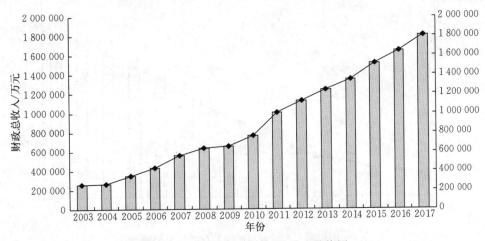

图 1-5　历年丽水市财政总收入趋势图

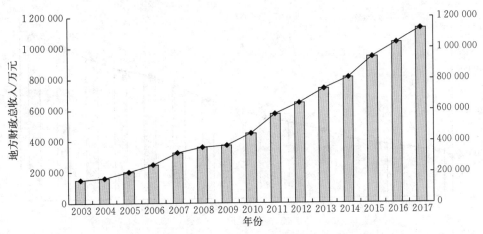

图 1-6　历年丽水市地方财政总收入趋势图

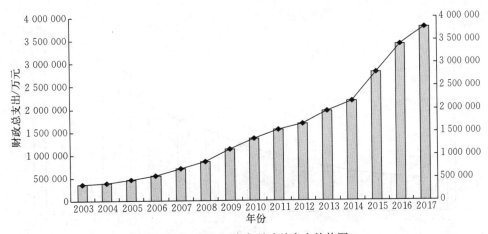

图 1-7　历年丽水市财政总支出趋势图

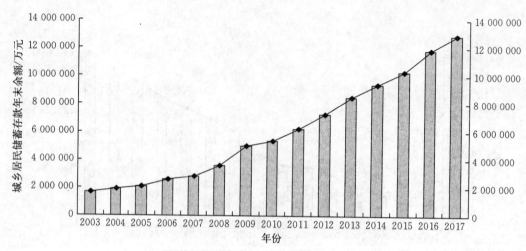

图1-8　历年丽水市城乡居民储蓄存款年末余额趋势图

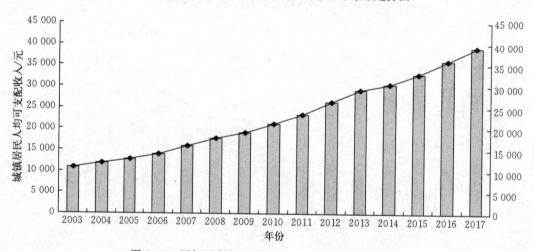

图1-9　历年丽水市城镇居民人均可支配收入趋势图

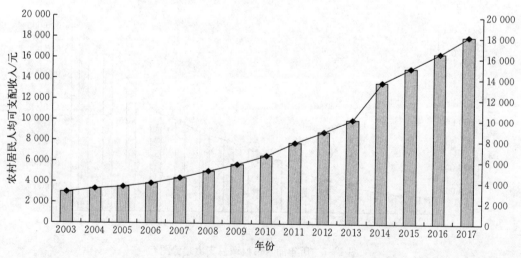

图1-10　历年丽水市农村居民人均可支配收入趋势图

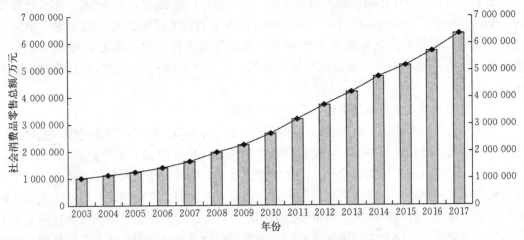

图 1-11　历年丽水市社会消费品零售总额趋势图

的发展趋势，而且在成为"中国长寿之乡"的当年，突破了 400 亿元并一直维持较大的年增长率。社会消费品零售总额可以反映出人们消费的总体能力，也能看出城市经济的发展情况。这说明近 15 年来丽水市的经济发展态势良好，人们的生活水平得到了很好的改善。

（2）"中国长寿之乡"评定对丽水市经济影响的差异分析。在前面分析的基础上，通过独立样本 T 检验来对比丽水市成为"中国长寿之乡"前后的经济发展情况。将 2003—2012 年定为评定前组，将 2013—2017 年定为评定后组。从表 1-3 的检验结果可以看出：丽水市成为"中国长寿之乡"后财政总收入、地方财政总收入、财政总支出、城乡居民储蓄存款年末余额、城镇居民人均可支配收入、农村居民人均可支配收入和社会消费品零售总额均在评定后明显增长，差异性非常显著。这说明，丽水市在评定为"中国长寿之乡"后，经济发展呈现出更加明显的增长趋势。

表 1-3　中国长寿之乡评定对丽水市经济的差异性

类别	均值		标准差		显著性
	评定前	评定后	评定前	评定后	
财政总收入/万元	604 577.30	1 512 342.80	297 267.01	225 430.74	0.000 0***
地方财政总收入/万元	349 075.10	931 271.20	169 201.24	160 281.06	0.000 0***
财政总支出/万元	902 434.80	2 824 576.20	493 262.38	784 208.26	0.000 1***
城乡居民储蓄存款年末余额/万元	3 840 472.30	10 568 480.40	1 977 059.49	1 793 306.15	0.000 0***
城镇居民人均可支配收入/元	17 292.70	33 459.40	5 166.17	4 063.74	0.000 0***
农村居民人均可支配收入/元	5 213.70	14 638.00	1 985.93	3 063.27	0.000 0***
社会消费品零售总额/万元	2 020 072.40	5 248 068.20	923 489.25	832 823.55	0.000 0***

注：***、**、*分别表示在 1%、5% 与 10% 的水平下显著。

丽水市历年的经济正朝向稳步前进的发展方向前进,特别是在近些年经济增长速度变缓的全国大趋势下,丽水市的经济增长趋势也没有受到很大影响。尤其被评为"中国长寿之乡"后,更注重生态环境的保护而非单纯经济的增长速度。面对双重挑战,丽水市实现了生态环境和经济发展协调发展。显然,这与"中国长寿之乡"的品牌效应密不可分。

3. "中国长寿之乡"品牌建设推动了文化发展

文化是人类社会创造的所有物质成果和精神成果的总和。但在一般表述中,文化往往侧重在非物质的精神成果方面,包括价值观、审美观、伦理道德、思维方式、生活习惯、行为模式、制度政策、历史文化等。文化发展体现在物质成果变化和精神成果变化两个方面,两者的载体都是人,所以文化发展的核心就是人的发展。文化建设是对这些成果的挖掘、维护、继承、提升和发展。习近平总书记指出,传统优秀文化是中国特色社会主义文化的三大基础之一,也是中华民族的基因,决定我们的思想和行为。丽水市的长寿文化发展取得了显著成效。

(1)提升了对文化建设重要性和价值的认识,发挥了品牌的统领作用和引导作用。以政府主导、制度保障、政策引领、持续投入为抓手,长寿之乡发展促进了文化建设,融入了地方经济社会发展大局。将长寿之乡建设置于当地发展大局中,从大局看长寿之乡建设,长寿之乡建设助推发展大局,既有利于长寿之乡发展,也拓展了发展视野,形成了以长寿之乡建设引领当地发展的新格局。

以长寿之乡品牌为龙头统辖、整合、推动、提升、联络各发展要素和多种产业,长寿文化成为发展健康长寿产业的重要创新驱动力,锻造了长寿之乡文化产品品牌,形成了精品品牌意识、大品牌意识、国际品牌意识。挖掘出了特色历史文化资源,如缙云的黄帝文化,庆元的"唐朝古语""宋代古桥""香菇之乡",景宁的畲族风情,松阳的叶法善文化遗产,遂昌的汤显祖文化,还有地方婺剧、摄影文化等。建立了多元文化资源价值实现机制,探索出了"+旅游""+摄影""+书画""+诗词""+地方曲目""+产品""+产业""+农家乐""+休闲""+老年宜居""+养老""+养生""+大健康""+特色小镇""+乡村建设""+历史考察""+老年研修""+道家文化""+孝文化""+百岁老人访谈"等机制。扩大了对长寿之乡特色文化产品的设计和宣传,如"丽水山耕"商标的提出和运用、长寿之乡产品的标志等,均扩大了丽水市长寿之乡的影响。

加强对文化产品的保护、延续、开发和科学利用。丽水市在市区街道建立了百岁老人墙,在高速公路丽水沿线以及市区出入口设立了中国长寿之乡标识,组织了最美百岁老人评比。编印出版了《百人万岁》百岁老人画册,在报纸、电视、网站开设百岁老人专栏,讲述百岁老人故事,宣传敬老爱老事迹,弘扬长寿文化。对百岁老人故事进行选编,探寻长寿奥秘,出版了《中国长寿之乡百岁老人传奇故事》,这是全国首部此类书籍。开展情系长寿之乡征文比赛,引导关注长寿之乡,挖掘长寿之乡,讲好长寿之乡故事。配合省旅游委、省老龄办开展省老年养生旅游示范基地评定活动,至今已有龙泉市兰巨乡仙仁村等12个单位获评。在全市开展了十大长寿养生村、十大长寿村等评定。开展了长寿之乡摄影比赛，对接丽水摄影节，举办长寿之乡摄影展。按市委市政府关于"中国长寿之乡理应是老年友好城市"的要求，于2015年至2016年积极创建省老年友好城市，并于2017年成功创建全省第一个省"老年友好城市"。

（2）重视挖掘和提升长寿之乡元素，以品牌扩大知名度和对外影响力。提升对文化建设重要性和价值的认识，发挥品牌的统领作用和引导作用，以品牌为龙头统辖、整合、推动、提升、联络各发展要素和多种产业。

丽水市编制了长寿之乡品牌推广利用规划，积极探索把品牌优势转化为产业优势。由市老龄办、市气象局牵头，和市发改委一起编制了《丽水市"中国长寿之乡""中国气候养生之乡"品牌推广利用规划（2016—2020)》（以下简称《规划》）。这是全国各长寿之乡中率先编制的"中国长寿之乡"品牌推广利用规划。《规划》遵循习近平总书记"绿水青山就是金山银山，对丽水来说尤为如此"重要嘱托，深入践行"两山"理论，打开"两山"通道，确保与全省同步高水平全面建成小康社会，勇当绿色发展探路者和模范生，就如何加强"中国长寿之乡""中国气候养生之乡"品牌带动效应，提高丽水知名度和影响力，促进农、林、水等传统产业的转型升级，提高其诸多产品的附加值，大力发展生态养生旅游等产业，努力培育健康养生、养老服务、文化休闲等产业，加快绿色产业发展，为丽水经济社会更快更好发展开辟新的空间，进行了积极探索。

长寿元素有力地助推了丽水的高质量绿色发展，也加强了丽水的长寿之乡建设，使丽水市成为"中国长寿之乡"的明星城市。

三、提升长寿品牌高质量建设水平

"中国长寿之乡"品牌建设取得了瞩目的进展，但在建设过程中还存在一些问题和不足，还不能满足现实的需要，也还不能适应实现中国式现代化发展的更高要求。因此，发现主要问题，分析原因，提出对策建议很有必要。同时，提出今后建设的重点，以此为抓手，将有利于把工作落到实处。

（一）应对挑战，加强组织协调和统筹

"中国长寿之乡"是独具魅力的好品牌，但就其在当今经济社会发展中应该而且能够发挥的效益来说，还是不够，它的意义还未被充分认识，它的潜力和作用有待进一步挖掘和提升。

当前品牌建设存在的问题和面临的挑战主要有：①部分同志对"中国长寿之乡"及品牌建设认识还不够，各地重视程度不一，表现在创建品牌的区域不平衡，有的省份"中国长寿之乡"的数量虽然不多，但各类长寿品牌多，而有的省份被认定的"中国长寿之乡"的数量多，但长寿品牌却较少；②各地内有的企业、产业取得了达数亿的经济效益，但大多数企业的获得感不够强，同时面临近期和今后一段时期国际国内经济形势不振等问题，难以尽快摆脱发展困境；③政府助力小微企业还不够精准，部门统筹谋划整合结合不够，各自为政，各取所需，较简单粗浅地停留在只利用长寿之乡之名发展，缺乏将其与产业发

展有机结合，统筹安排；④政府主导的品牌产业培育和建设缺乏长远规划和近期实施路径安排；⑤2018年随着机构变动，长寿品牌建设的主管部门老龄办归并到卫健系统，当时卫健系统部分同志接手老龄、长寿之乡工作，但对工作和产业事业不了解不熟悉，对品牌建设不知怎么着手、从何着手，对长寿品牌建设工作与健康工作不知如何结合融合。几年来，随着工作的开展，卫健系统同志们认识逐渐提高，品牌建设工作成效不断显现。但现在老龄办又从卫健委调整回民政部门，从机构到人员又面临着再次适应、重新了解等问题。同时，工作机构的重组、工作人员的重新调整都需要稳步落实，组织保障面临巨大挑战。

（二）创建以"生态环境优质＋特色品牌丰富＋全方位、全过程健康"为主要特征的新"中国长寿之乡"

如果说各个长寿之乡是在生态环境优美、民俗民风优良、长寿老人健康等条件下经过上百年的发展自然形成的，那么进入新时代就更加需要自觉地发掘自然、社会条件优势，特别是要更加自觉地保育环境、保护人民健康，把长寿之乡的建设提升到新的更高水平。

做到生态环境优质，就不但要保护好绿水青山的自然环境，还要更加精准地在城镇、乡村行政区内减少生产、生活中污染物的排放，高效处置各种不利于环境和人民健康的物质，达到更高的环境保护标准。

做到特色品牌丰富，就需要依据各自原有的产业优势，在农业、中药、康养等多种门类充分发挥品牌的特色，在食品、药品、民居、民俗、文化、旅游等多方面不断提供更多的高质量产品。

全方位、全过程健康，是世界卫生组织、粮农组织、环境规划署、动物保护组织等联合国机构共同提出的 One Health 行动计划，它倡导的目标在中国的具体实施就是全方位、全过程健康。全方位健康不仅指防治各类传染病，还关系到各种慢性病以及癌症等多种疾病，疾病预防与控制不能仅依靠卫生部门，而是要由政府多部门、多学科学者、社会组织、企业、公众共同参与才能实现的，对老年群体来说更离不开全方位的健康照护；全过程健康的意义在于老年健康是"婴孩—幼年—少年—青年—老年"全部生长过程良性发展的结果，因此不仅要关照老人，还要关注青少年的健康，从青少年阶段做起才能实现老年健康长寿。全方位、全过程健康是由政府各部门、各管理机构一直到村镇、家庭、个人等共同努力，持续发展经济，不断完善社会和医疗保障，提高教育和文化水平，加强生态环境保护等多种措施才得以实现。

在新时代要把创建以"生态环境优质＋特色品牌丰富＋全方位、全过程健康"为主要特征的新"中国长寿之乡"作为品牌高质量建设的发力点，做到四个"着力"。

1. 着力生态环境保护与产业协同发展

大部分的"中国长寿之乡"生态环境保护与发展都能良性发展，特别是获得称号以后，生态环境更好，产业呈现出增长的发展趋势，但产业的年增长幅度呈现减缓的态势。这虽然有国内外经济大形势影响的因素，但也表明发展经济和保护生态环境实现双赢实属不易，是对保护生态环境与经济协调发展提出的严重挑战，这就要求要更加坚定地走可持续发展的道路，保持定力，在发展经济的同时，始终不渝地保护好生态环境。

为此，应进一步保护好生态环境，发挥绿水青山的优势，以环境与产业发展为抓手，实现生态环境与产业协同的高质量发展。

2. 着力长寿文化发展工作

目前，长寿文化建设存在的不足主要有：①对长寿元素、长寿文化挖掘不够，对表现长寿元素、长寿文化的载体形式研究开发不够，没有长寿元素、长寿文化展示的平台、窗口；②宣传力度待加强，社会上对长寿之乡价值认识不足；③缺乏把长寿理论文化和产业培育发展相结合的人才，长寿之乡品牌对社会各界影响力、吸引力不足，社会资本、社会力量对此积极性还不高；④对长寿养生经济内涵、概念、范畴缺乏共识，标志性项目、代表性产业不多。

要挖掘、培育长寿文化的核心价值，充分发挥带动作用：①加强对百岁老人等高龄老人保护和服务的同时，挖掘他们的长寿秘诀，讲好他们的故事，要总结提炼相应的规律，提升其为可以倡导借鉴的养生经验和理论，形成各自的养生文化；②要整理、开发传统的养生文化以及民间养生经验、做法，结合对高龄老人长寿奥秘的研究，推陈出新，丰富长寿文化和养生理论的内涵，进行提升、推广；③要加强对特有的中医药养生资源的调查、研究，推动中医药和长寿、长寿之乡研究的结合，以及长寿现象与食养、药养、体养、水养等的结合研究；④要加强对长寿品牌和产业培育发展的研究，研究长寿文化的专家、学者要突出加强对长寿品牌影响力和产业带动力的研究，要引导企业、产业重视长寿品牌利用，总结经验，努力发挥长寿文化对产业的带动作用。

3. 着力养老服务和医养结合工作

党的十九大、二十大要求积极开展应对人口老龄化的行动。2019 年 11 月，中共中央、国务院印发了《国家积极应对人口老龄化中长期规划》（以下简称《规划》），提出积极推进健康中国建设，建立和完善包括健康教育、预防保健、疾病诊治、康复护理、长期照护、安宁疗护的综合、连续的老年健康服务体系。《规划》要求健全以居家为基础、社区为依托、机构充分发展、医养有机结合的多层次养老服务体系，多渠道、多领域扩大适老产品和服务供给，提升产品和服务质量。

目前存在的主要问题有以下几点。①养老机构结构性矛盾较为突出，在供给和需求关系上，能够满足中低收入的大多数老年人入住需求的养老机构不足，特别是基层社区居家养老服务发展不够平衡；社区居家养老服务需求大，存在供给缺口较大和结构不平衡的问题。如在床位设置上，一方面床位总量不足，一方面现有床位空置率较高，床位结构性矛盾突出。②现行政策精准度和有效性不够明确，各级财政扶持养老服务业及医养结合工作发展的资金总量不足，扶持政策标准不够高、力度偏小、精准度不足、执行到位偏低，且现行养老及医养结合扶持政策偏向补建设、补设施，项目建成后长效运营和扶持资金保证不够。③专业人才队伍比较缺乏，加上养老护理职业待遇较低、工作强度大、社会地位低等原因，很难吸引高素质人才进入。普遍存在年龄偏大、学历偏低、流动性大等情况。同时，目前养老专业人才的标准、培训体系尚处于起步阶段，行业人员素质总体偏低，职业成就感普遍缺乏。④健康医疗服务的基础仍相对薄弱，医养结合差距较大，最突出的就是相关、法规不健全。在医养结合方法中，部分责任划分不明确，缺乏医养结合方面明确的规范。此外，制度、工作机制不健全，可持续的运行模式仍在探索阶段。

要进一步推进和创新养老服务及医养结合工作。加快"医养结合"工作模式的探索，提升实践效果。"医养结合"是指将医疗资源与养老资源相结合，实现医疗和养老服务资源利用的最大化。其中，"医"包括医疗康复保健服务，具体有医疗服务、健康咨询服务、健康检查服务、疾病诊治和护理服务、大病康复服务以及临终关怀服务等。"养"包括的生活照护服务、精神心理服务、文体活动服务。利用"医养一体化"的发展模式，集医疗、康复、养生、养老等为一体，把老年人健康医疗服务放在首要位置，将养老机构和医院的功能相结合，把生活照料和康复关怀融为一体的新型模式。

目前，全国各地区正积极发展"医养结合"。医养结合的模式大致分为三种类型：一种类型是在养老机构实现医养结合。养老机构不仅提供日常生活照料、精神慰藉和文娱活动，还提供包括治疗、康复、护理、临终关怀等医疗服务。通过整合医疗与养老方面的资源，提供全类型医疗服务，满足养老机构内老人的"养老"与"医疗"需求。养老机构实现医养结合的形式有：内设医疗机构，在养老服务的基础上提供养老机构的医疗支持；通过社区医院实现医养结合；与周边医疗机构合作。另一种医养结合的类型是以医院为主导开展医养结合。医院开展"医养结合"，首先定位于"医治"，继而进行养老。与普通养老院提供衣食住行和娱乐活动相比，医院可以更加注重老年人的身心健康，建立老年病诊疗——医养结合医联体。第三种类型是发展社区——居家养老型的医养结合。社区居家医养结合是在依托社区资源的基础上，将医疗和养老资源整合，就近解决老年人的医疗康复问题。加强社区医疗基础设施的投入，整合医疗和养老服务的资源，开展社区居家养老的一体化运作，包括合理规划社区医疗养老的场所，构建社区养老服务信息系统，建立老年人需求的网络，为其供给多样化、快捷式的求助途径和服务选择，建立整体协作的服务路径。这样既可以方便有治疗和康复需求的老年人在社区安心养老，也可以整合政府及社会资源，降低不必要的消耗。在村居基层社区建立上门医养服务平台，对于病后、术后或失能半失能老人提供上门康复服务、上门护理服务，通过行为监护、体征监护和场景监护等多种形式应对突发状况。主动上门开展医养结合工作，着重解决好养老服务的"最后一公里"问题。

要处理好政府与市场的关系，厘清养老的保障性需求和市场化需求的区别；建设好乡镇（街道）示范型居家养老服务中心，发展社区嵌入式养老服务机构，建设康养联合体；要强化政策引导和支持养老服务人员队伍建设，突出养老管理骨干和机构护理员、家庭护理员的系统性、常态化培训，切实提升养老服务质量；鼓励和引导志愿者积极参与各类为老服务，弥补专业护理员不足的矛盾。

"中国长寿之乡"品牌既是对生态优势和人口长寿水平的充分肯定，也凝聚了社会经济发展及其社会福利事业的成就，对于社会经济和老龄事业的发展具有强大的引领和推动作用。加快养老服务事业的发展，实现老年人及全体人民对美好生活的向往，是"中国长寿之乡"建设的长期任务。

4. 着力培育高质量康养品牌

高质量康养品牌的价值和意义主要在于当今社会人们对健康生活的日益追求，在于它独一无二的影响力和魅力。创新康养品牌是一项综合系统的工作，多方努力实现是关键。

第一，要将康养品牌建设作为政府工作的重要组成部分，从政策等多个层面着眼，设定共同的目标，制定长期发展规划和近期实现路径。编制品牌建设、大健康、大养生产业"十四五"和长远规划，进一步提高认识，明确目标，提出重点任务和工作，制订推进计划，提升品牌建设的水平和效益。

第二，建立由分管领导牵头的康养品牌建设联席会议制度，统筹谋划和推进康养品牌建设和相关产业培育，实现有效管理。就目前的状况来看，管理涉及多个部门，民政、卫健、林业、水利、文旅、工商、资源、环保、建设、贸易、发改等多个领域的几十个部门都需参与管理，建立管理的新体制与决策机制，多部门综合、协调，加强各方面、跨部门的密切协作，加强政府各级决策部门、行业、民众利益相关者之间的沟通，将管理的政策、措施、行动有机地联系起来。

第三，对发展现状进行梳理分析，对接政府发展规划，摸清健康养生产业发展的家底，制定调查规范，按照功能类型有效推进建设。

第四，根据需求与地区自身特色，借鉴森林小镇、康养小镇等成功模式，结合老年宜居环境建设，同时落实医养结合，加速相关研究，制定标准规范并分类，制定分类标准，科学管理。

第五，坚持政府政策主导与市场发展为主相结合的方针，将康养品牌建设的作用最大化。要加强对康养品牌建设政策引导，着力吸引资金和人力输入，吸引有实力、有影响的社会力量、社会资本，吸引集聚更多外来优质要素和资源，激发市场活力，增强实体经济能力，建设健康产业发展创新地、养生养老胜地、休闲养生旅游目的地，并以此推动高质量绿色发展。

保护绿水青山的生态环境，提升养老服务质量，推进老年宜居环境建设不但会大大丰富"中国长寿之乡"的内涵，而且是发展养生养老、休闲旅游等健康养生产业的必备基础。"中国长寿之乡"品牌建设与积极应对人口老龄化是相辅相成、相得益彰的，"中国长寿之乡"品牌建设也是高质量绿色发展的重要组成部分。

近日，国务院办公厅发布了《关于发展银发经济增进老年人福祉的意见》，要求加快银发经济规模化、标准化、集群化、品牌化发展，培育高精尖产品和高品质服务模式，让老年人共享发展成果，安享幸福晚年，不断实现人民对美好生活的向往。各长寿之乡要积极落实国家发展的要求，对照相关标准，找出差距和不足，结合本地的实际情况，探索新的创新模式，努力建设与"中国长寿之乡"相匹配的全国领先、世界知名的老年宜居之地。

附录：联盟 2016—2022 年认定的中国长寿之乡品牌

序号	长寿之乡	县（区市）、基地或企业	获认定品牌	时间
1	江苏省常州市溧阳市	江苏省常州市溧阳市	中国长寿之乡旅游文化服务示范城市	2016 年
2		江苏省溧阳市潘建华	中国长寿之乡乡贤人物	2018 年
3		江苏省溧阳市濮爱玉	中国长寿之乡乡贤人物	2018 年
4		江苏省溧阳市天目湖御水温泉	中国长寿之乡康养示范基地	2021 年
5		溧阳市天目湖玉莲珍稀茶果场 天目湖白茶	中国长寿之乡养生名优产品	2016 年
6		溧阳市天目湖玉枝特种茶果园艺场 天目湖白茶	中国长寿之乡养生名优产品	2016 年
7		江苏松岭头生态茶业有限公司 松岭头白茶	中国长寿之乡养生名优产品	2017 年
8		溧阳市天目湖茶叶研究所 "伍员山"牌天目湖白茶	中国长寿之乡养生名优产品	2017 年
9		江苏省溧阳市曹山旅游度假区	中国长寿之乡情体验基地	2018 年
10		江苏大敬茶业有限公司 "周大敬"牌白茶	中国长寿之乡养生名优产品	2018 年
11		溧阳市天目湖龙鑫农业生态园 "鑫"牌天目湖黑金白茶（饼）	中国长寿之乡养生名优产品	2018 年
12		溧阳市欣龙生态农业发展有限公司 "南山韵龙"牌白茶	中国长寿之乡养生名优产品	2018 年
13		溧阳市天目湖肉类制品有限公司 "味禾滋"牌乌饭（方便食品）	中国长寿之乡养生名优产品	2019 年
14		溧阳市海斌粮食作物专业合作社 "溧湖"牌大米	中国长寿之乡养生名优产品	2020 年
15		溧阳市天目湖保健品有限公司 "天目湖"牌灵芝五味子胶囊	中国长寿之乡养生名优产品	2020 年
16	江苏省南通市启东市	江苏省启东市	中国长寿之乡旅游文化服务示范城市	2019 年
17		江苏省启东市	中国长寿之乡敬老养老服务示范城市	2020 年
18		江苏省启东市	中国长寿之乡健康养生服务示范城市	2021 年
19		江苏省启东市郭中良	中国长寿之乡乡贤人物	2022 年
20	浙江省温州市永嘉县	浙江省永嘉县郑晓铨	中国长寿之乡乡贤人物	2020 年
21		浙江省永嘉县谢定者	中国长寿之乡乡贤人物	2022 年
22		永嘉县云岭乡南陈温泉小镇	中国长寿之乡康养示范基地	2022 年
23	浙江省台州市仙居县	浙江省仙居县陈相林	中国长寿之乡乡贤人物	2019 年
24		浙江省仙居县张金川	中国长寿之乡乡贤人物	2022 年

（续）

序号	长寿之乡	县（区市）、基地或企业	获认定品牌	时间
25		浙江丽水东西岩旅游开发有限公司 莲都区东西岩景区	中国长寿之乡养生名优产品	2016 年
26		丽水市轩德皇菊开发有限公司 "康玥"轩德皇菊	中国长寿之乡养生名优产品	2016 年
27	浙江省丽水市莲都区	浙江富来森食品有限公司 "富来森"牌食用菌系列产品	中国长寿之乡养生名优产品	2017 年
28		丽水市鱼跃酿造食品有限公司 "鱼跃"牌系列酿造产品	中国长寿之乡养生名优产品	2017 年
29		浙江丽水绿谷生态食品有限公司 "绿谷丽水"牌铁皮石斛系列产品	中国长寿之乡养生名优产品	2017 年
30		浙江省龙泉市	中国长寿之乡旅游文化服务示范城市（县）	2017 年
31		浙江省龙泉市兰巨乡	中国长寿之乡乡情体验基地	2019 年
32		浙江省龙泉市邱宗金	中国长寿之乡乡贤人物	2019 年
33		天和农业集团有限公司 "斋仙圆"品牌系列产品	中国长寿之乡养生名优产品	2016 年
34		浙江山茶润生物科技有限公司 山茶油系列产品	中国长寿之乡养生名优产品	2017 年
35	浙江省丽水市龙泉市	龙泉市科远铁皮石斛专业合作社 "唯珍堂"牌铁皮石斛	中国长寿之乡养生名优产品	2017 年
36		龙泉市年年丰家庭农场 "项永年"牌灵芝孢子粉	中国长寿之乡养生名优产品	2019 年
37		浙江龙泉元侎农业有限公司 "元侎"牌系列产品（红米、红糯米、黑糯米、黑糙米、丝苗米、薏米、白糯米、大豆、小黄姜、原味糙米浆粉、伍米浆粉）	中国长寿之乡养生名优产品	2020 年
38		龙泉市泉灵谷生物科技有限公司 "泉灵谷"牌灵芝孢子粉	中国长寿之乡养生名优产品	2020 年
39		浙江龙泉元侎农业有限公司 "元侎"牌系列产品（发芽伍米浆粉、全植物蛋白营养粉、混元春酥）	中国长寿之乡养生名优产品	2022 年
40	浙江省丽水市青田县	浙江省青田县高市乡	中国长寿之乡乡情体验基地	2017 年
41		浙江省云和县	中国长寿之乡健康养生服务示范城市（县）	2017 年
42	浙江省丽水市云和县	浙江省云和县	中国长寿之乡敬老养老服务示范城市（县）	2020 年
43		浙江省云和县李光亮	中国长寿之乡乡贤人物	2016 年
44		浙江省庆元县	中国长寿之乡旅游文化服务示范城市	2017 年
45	浙江省丽水市庆元县	浙江省庆元县吴克甸	中国长寿之乡乡贤人物	2017 年
46		浙江省庆元县吴式求	中国长寿之乡乡贤人物	2017 年
47		庆元县旅游发展有限公司 百山祖景区	中国长寿之乡养生名优产品	2016 年

（续）

序号	长寿之乡	县（区市）、基地或企业	获认定品牌	时间
48		浙江省丽水市缙云县	中国长寿之乡健康养生服务示范城市	2016 年
49		浙江省缙云县三溪乡	中国长寿之乡乡情体验基地	2019 年
50		浙江省缙云县应子根	中国长寿之乡乡贤人物	2019 年
51		浙江省缙云县懿圃西红花养生园	中国长寿之乡康养示范基地	2017 年
52		缙云县仙都旅游文化产业有限公司 仙都景区	中国长寿之乡养生名优产品	2016 年
53		缙云县宏峰西红花专业合作社 "懿圃"西红花、红花紫米	中国长寿之乡养生名优产品	2016 年
54	浙江省丽水市缙云县	缙云县轩黄农业发展有限公司 "轩黄"缙云黄茶	中国长寿之乡养生名优产品	2016 年
55		缙云县丽露农业开发有限公司 "丽露"牌老姜汤系列产品	中国长寿之乡养生名优产品	2019 年
56		缙云县业盛家庭农场 "农家湘"牌新盛爽面	中国长寿之乡养生名优产品	2020 年
57		丽水芝护康生物科技有限公司 "芝护康"牌竹林灵芝孢子粉	中国长寿之乡养生名优产品	2020 年
58		浙江老土地食品有限公司 "老土地"牌薯类制品	中国长寿之乡传统特色产品	2022 年
59		丽水市欣风食品有限公司 "欣风"牌缙云小烧饼	中国长寿之乡传统特色产品	2022 年
60		缙云县山里人家农产品开发有限公司 "山川绿野"牌油焖鲜笋	中国长寿之乡传统特色产品	2022 年
61		浙江省遂昌县	中国长寿之乡旅游文化服务示范城市	2016 年
62	浙江省丽水市遂昌县	浙江回龙油茶开发有限公司 山茶油	中国长寿之乡养生名优产品	2016 年
63		遂昌县羽峰食品厂 白马玉笋	中国长寿之乡养生名优产品	2016 年
64		遂昌汤溪生态温泉开发有限公司 汤沐园温泉	中国长寿之乡养生名优产品	2016 年
65		浙江省松阳县	中国长寿之乡健康养生服务示范城市（县）	2019 年
66		浙江省松阳县四都乡	中国长寿之乡乡情体验基地	2019 年
67		浙江省松阳县浙南箬寮原始林	中国长寿之乡康养示范基地	2019 年
68		松阳县仙岩谷茶业有限公司 "仙岩谷"牌红茶、绿茶	中国长寿之乡养生名优产品	2019 年
69	浙江省丽水市松阳县	松阳县君凯安农家庭农场 "君可轩"牌香榧、"君若可"牌九制黄精	中国长寿之乡养生名优产品	2019 年
70		松阳县玉泉香榧专业合作社 "玉泉仙人"牌有机茶	中国长寿之乡养生名优产品	2019 年
71		松阳县昌明香榧专业合作社 "雅贞"牌香榧	中国长寿之乡养生名优产品	2019 年
72		松阳县旅游发展有限公司 松阳大木山茶园	中国长寿之乡养生名优产品	2019 年
73		浙江正德和食品有限公司 "正德和"牌状元黑香肠	中国长寿之乡养生名优产品	2020 年
74		浙江正德和食品有限公司 "正德和"牌黄精茯苓鸡	中国长寿之乡养生名优产品	2022 年

（续）

序号	长寿之乡	县（区市）、基地或企业	获认定品牌	时间
75	浙江省丽水市景宁县	浙江景宁畲乡物流有限公司 "畲森山"蔬菜	中国长寿之乡养生名优产品	2016年
76	安徽省六安市金寨县	安徽省六安市金寨县	中国长寿之乡旅游文化服务示范城市	2016年
77	安徽省亳州市谯城区	安徽三义堂中药饮片有限公司 "三义堂"牌系列产品（三七粉、九蒸九制黄精、燕窝、铁皮石斛、西洋参、赶黄草、百湿消）	中国长寿之乡养生名优产品	2018年
78		安徽德昌药业股份有限公司 "薛阁塔"系列产品（赤豆、黑豆、黑芝麻、绿豆、菊花、蜂蜜、红曲、桑葚）	中国长寿之乡养生名优产品	2020年
79	福建省漳州市诏安县	福建省诏安县金星乡	中国长寿之乡乡情体验基地	2021年
80		福建省诏安县梅岭镇	中国长寿之乡乡情体验基地	2022年
81		福建省诏安县红星乡	中国长寿之乡乡情体验基地	2022年
82		福建省诏安四海食品有限公司 "黄金兴"牌咸金枣、梅灵丹、宋陈咸榄	中国长寿之乡养生名优产品	2021年
83		福建省仙茶美科技有限公司 "八仙茯茶"牌金花黑茶	中国长寿之乡养生名优产品	2021年
84		福建省诏安福益食品有限公司 "星福益"牌青梅精丸	中国长寿之乡养生名优产品	2022年
85		诏安县兴港水产食品有限公司 "蚝之味"牌牡蛎	中国长寿之乡养生名优产品	2022年
86	福建省宁德市柘荣县	福建省柘荣县孔灿钟	中国长寿之乡乡贤人物	2021年
87		福建三本农业高科技有限公司 三本山茶油	中国长寿之乡养生名优产品	2016年
88		宁德石古兰农业开发有限公司 "石古兰"牌产品（野放茶、白毫银针）	中国长寿之乡养生名优产品	2020年
89		福建融盛食品有限公司 "融盛"牌产品（曾氏辣、红米醋）	中国长寿之乡养生名优产品	2020年
90		福建恒馨茶业有限公司 "龙井岗"牌茶叶（龙舌白、白毫银针）	中国长寿之乡养生名优产品	2021年
91		福建天人药业股份有限公司 "瑞祥天人"牌太子参	中国长寿之乡养生名优产品	2021年
92		福建桂岭茶业有限公司 "桂岭"牌高山白茶	中国长寿之乡养生名优产品	2022年
93		柘荣县锌硒农业专业合作社 "宅柘里"牌硒锌大米	中国长寿之乡养生名优产品	2022年

（续）

序号	长寿之乡	县（区市）、基地或企业	获认定品牌	时间
94	江西省宜春市铜鼓县	江西省铜鼓县	中国长寿之乡健康养生服务示范城市（县）	2020年
95		江西省铜鼓县高桥乡	中国长寿之乡乡情体验基地	2021年
96		江西省铜鼓县永宁镇	中国长寿之乡乡情体验基地	2022年
97		江西省铜鼓县袁玲	中国长寿之乡乡贤人物	2021年
98		江西省铜鼓县周其亮	中国长寿之乡乡贤人物	2021年
99		江西省铜鼓县汤里森林温泉旅游度假区	中国长寿之乡康养示范基地	2017年
100		江西省与杉同寿实业发展有限公司 "上四坊"牌青钱柳茶	中国长寿之乡养生名优产品	2021年
101	江西省宜春市丰城市	丰城市乡意浓富硒生态科技有限公司"乡意浓"牌系列大米	中国长寿之乡养生名优产品	2016年
102		江西省天玉油脂有限公司 食用植物油	中国长寿之乡养生名优产品	2016年
103	山东省烟台市莱州市	山东省莱州市	中国长寿之乡敬老养老服务示范市	2018年
104		山东省莱州市李登海	中国长寿之乡乡贤人物	2017年
105		山东省莱州市于兰栋	中国长寿之乡乡贤人物	2017年
106		山东省莱州市王景波	中国长寿之乡乡贤人物	2017年
107		山东省莱州市邓焕学	中国长寿之乡乡贤人物	2018年
108		山东盛世桃源养老产业集团有限公司旅居享老度假区	中国长寿之乡康养示范基地	2017年
109		莱州市东岗果蔬专业合作社 "大兰邱家"牌地瓜	中国长寿之乡养生名优产品	2017年
110		莱州市琅琊岭小龙农产品农民专业合作社 "琅琊岭"牌红富士苹果	中国长寿之乡养生名优产品	2017年
111		山东百士通生物科技股份有限公司 "玫伦美焕"牌玫瑰花冠茶	中国长寿之乡养生名优产品	2018年
112	山东省潍坊市青州市	山东省青州市东篱居康养中心	中国长寿之乡康养示范基地	2020年
113		青州市长庚养生文化园	中国长寿之乡康养示范基地	2022年
114		山东皇尊庄园山楂酒有限公司 "圣登堡"牌敞口山楂酒	中国长寿之乡养生名优产品	2017年
115	山东省潍坊市高密市	山东省潍坊市高密市东北乡文化发展区	中国长寿之乡乡情体验基地	2016年
116		山东省潍坊市高密市胶河生态发展区	中国长寿之乡乡情体验基地	2018年
117	山东省威海市文登区	山东省威海市文登区	中国长寿之乡旅游文化服务示范城市（县）	2017年
118		山东省威海市文登区	中国长寿之乡健康养生服务示范城市（县）	2018年
119		山东省威海市文登区瑞云祥康养中心	中国长寿之乡康养示范基地	2019年

（续）

序号	长寿之乡	县（区市）、基地或企业	获认定品牌	时间
120		威海市东旭西洋参有限公司 "可保康"西洋参	中国长寿之乡养生名优产品	2016 年
121		威海市文登区双顶山西洋参加工厂 "御龙旗"西洋参	中国长寿之乡养生名优产品	2016 年
122	山东省威海市文登区	威海市厚德大樱桃专业合作社 "大水厚土"大樱桃	中国长寿之乡养生名优产品	2016 年
123		威海市文登区昆嵛人家农业科技有限公司 "思甜果"红富士苹果	中国长寿之乡养生名优产品	2016 年
124		威海市文登区勾勾吉果品专业合作社 "勾勾吉"鲜桃	中国长寿之乡养生名优产品	2016 年
125		山东省威海市乳山市	中国长寿之乡健康养生服务示范城市	2016 年
126		山东省威海市乳山市海阳所镇	中国长寿之乡乡情体验基地	2016 年
127		山东省乳山市冯家镇	中国长寿之乡乡情体验基地	2017 年
128	山东省威海市乳山市	山东省乳山市大孤山镇	中国长寿之乡乡情体验基地	2018 年
129		山东省乳山市徐家镇	中国长寿之乡乡情体验基地	2018 年
130		山东省乳山市小汤温泉度假村	中国长寿之乡康养示范基地	2018 年
131		山东省乳山市长城文华花苑	中国长寿之乡康养示范基地	2018 年
132		山东省威海市乳山市郑福玉	中国长寿之乡乡贤人物	2016 年
133	山东省菏泽市单县	山东省菏泽市单县李先航	中国长寿之乡乡贤人物	2016 年
134	山东省菏泽市东明县	菏泽思达食品股份有限公司 "思达良品"牌系列产品（果蔬菌藻类杂粮粉、果蔬菌藻类冲调粉、脆美洋姜、黑芝麻酱、黑豆腐竹、小磨香油、黑豆皮、西瓜酱、辣椒酱、面膜粉、御足灵、小麦胚芽、红酒、坚果组合）	中国长寿之乡养生名优产品	2019 年
135	河南省新乡市封丘县	河南津思味农业食品发展有限公司 树莓、树莓系列加工产品	中国长寿之乡养生名优产品	2016 年
136		生命果有机食品股份有限公司 树莓系列产品	中国长寿之乡养生名优产品	2016 年
137	河南省商丘市夏邑县	河南省夏邑县葛振国	中国长寿之乡乡贤人物	2019 年
138		河南省夏邑县永震园林	中国长寿之乡康养示范基地	2019 年
139	湖南省怀化市麻阳苗族自治县	湖南省麻阳苗族自治县颐和康养中心	中国长寿之乡康养示范基地	2020 年
140		湖南米米梦工场科技股份有限公司 "米米梦工场"牌富硒米系列产品（麻阳硒米、麻阳大米）	中国长寿之乡养生名优产品	2019 年

（续）

序号	长寿之乡	县（区市）、基地或企业	获认定品牌	时间
141		梅州长荣生物科技有限公司　露香油茶籽油	中国长寿之乡养生名优产品	2017 年
142		广东十记果业有限公司　十记金柚	中国长寿之乡养生名优产品	2017 年
143	广东省梅州市梅县区	广东万斛源生态农业有限公司　"家家发"牌系列茶叶（红茶、绿茶）	中国长寿之乡养生名优产品	2018 年
144		广东李金柚农业科技有限公司　"木子"牌金柚	中国长寿之乡养生名优产品	2018 年
145		梅州市兴缘农业发展有限公司　"兴缘"牌金柚	中国长寿之乡养生名优产品	2018 年
146		梅州市兴缘农业发展有限公司　"Dr you"牌金柚	中国长寿之乡养生名优产品	2020 年
147		梅州振声生态农业旅游有限公司　"洞天碧茗"牌红茶、绿茶、乌龙茶	中国长寿之乡养生名优产品	2021 年
148	广东省梅州市大埔县	广东穗瑞农林发展有限公司"佰佳惠"牌油茶籽油	中国长寿之乡养生名优产品	2019 年
149	广东省梅州市丰顺县	广东代米生物科技有限公司　"代米"牌杏鲍菇、金针菇	中国长寿之乡养生名优产品	2017 年
150		丰顺县龙丰农业综合开发有限公司　"老茶丰亭"牌高山绿茶	中国长寿之乡养生名优产品	2018 年
151		连州市高山公诚蔬果专业合作社　连州水晶梨	中国长寿之乡养生名优产品	2016 年
152		连州市连正农业发展有限公司　连州菜心	中国长寿之乡养生名优产品	2016 年
153	广东省清远市连州市	清远市连州爱地旅游发展有限公司　连州地下河景区、湟川三峡——龙潭旅游度假区	中国长寿之乡养生名优产品	2016 年
154		连州市龙坪镇孔围蔬菜专业合作社　"龙旺荣记"牌连州菜心	中国长寿之乡养生名优产品	2017 年
155		连州市嘉农现代农业发展有限公司　"自劳地"牌紫心番薯	中国长寿之乡养生名优产品	2018 年
156	广西壮族自治区马山县	广西马山南华糖业有限责任公司　"金伦"牌红糖	中国长寿之乡养生名优产品	2018 年
157		广西马山南华糖业有限责任公司　"金伦"牌红糖	中国长寿之乡养生名优产品	2022 年
158	广西壮族自治区梧州市岑溪市	广西寿乡香有机农业开发有限公司"寿乡香"澳洲坚果	中国长寿之乡养生名优产品	2016 年
159		广西壮族自治区龙州县上金乡	中国长寿之乡乡情体验基地	2017 年
160	广西壮族自治区龙州县	广西壮族自治区龙州县刘生兴	中国长寿之乡乡贤人物	2017 年
161		广西君宝颜食品有限公司　"猫千岁"牌银耳饮料产品	中国长寿之乡养生名优产品	2019 年

（续）

序号	长寿之乡	县（区市）、基地或企业	获认定品牌	时间
162	海南省澄迈县	澄迈恒怡农业发展有限公司 "恒怡"牌鲜果（莲雾、凤梨）	中国长寿之乡养生名优产品	2019 年
163	重庆市江津区	重庆市江津区庄太前	中国长寿之乡乡贤人物	2017 年
164		重庆市江津区陈昌龙	中国长寿之乡乡贤人物	2017 年
165		重庆市江津区蔡家泽	中国长寿之乡乡贤人物	2017 年
166		重庆市江津区魏澹	中国长寿之乡乡贤人物	2018 年
167		重庆市江津区袁焕芳	中国长寿之乡乡贤人物	2018 年
168		重庆市江津区聂高贵	中国长寿之乡乡贤人物	2019 年
169		重庆市江津区罗其胜	中国长寿之乡乡贤人物	2019 年
170		重庆市江津区洛维·四面山水项目	中国长寿之乡康养示范基地	2017 年
171		重庆市江津区云雾坪景区	中国长寿之乡康养示范基地	2018 年
172		重庆市江津区云岭翠湖	中国长寿之乡康养示范基地	2019 年
173		重庆凯扬农业开发有限公司 "骄麻佬"牌调味品	中国长寿之乡养生名优产品	2018 年
174		重庆市瑞远农业开发有限公司 富硒柑橘纤维精萃片	中国长寿之乡养生名优产品	2022 年
175	四川省资江市雁江区	四川省资江市雁江区李质忠	中国长寿之乡乡贤人物	2016 年
176		四川省资江市雁江区杨维彬	中国长寿之乡乡贤人物	2018 年
177		四川省资阳市雁江区陈介礼	中国长寿之乡乡贤人物	2019 年
178		四川省资阳市雁江区尹凤菊	中国长寿之乡乡贤人物	2021 年
179		四川省资阳市雁江区童志超	中国长寿之乡乡贤人物	2022 年
180	贵州省遵义市赤水市	贵州省赤水市恒信天鹅堡森林公园（又名恒信森林 21℃）	中国长寿之乡康养示范基地	2017 年
181		贵州省赤水市云中·湖岸森邻（天岛湖国际康养度假区）	中国长寿之乡康养示范基地	2018 年
182		贵州省赤水市丹霞溪谷长寿养生度假区	中国长寿之乡康养示范基地	2018 年
183		赤水市月亮湖生态渔业有限公司 生态鱼	中国长寿之乡养生名优产品	2016 年
184		贵州赤水湖山置业有限公司 云中·湖岸森邻国际休闲养生度假区（天岛湖）	中国长寿之乡养生名优产品	2017 年
185		赤水华越房地产开发有限公司 丹霞溪谷长寿养生度假区	中国长寿之乡养生名优产品	2017 年
186		贵州奇垦农业开发有限公司 赤水竹乡乌骨鸡	中国长寿之乡养生名优产品	2017 年

（续）

序号	长寿之乡	县（区市）、基地或企业	获认定品牌	时间
187	贵州省石阡县	贵州省石阡县古温泉	中国长寿之乡康养示范基地	2020 年
188		贵州省石阡县佛顶山温泉小镇	中国长寿之乡康养示范基地	2020 年
189		石阡县夷州贡茶有限责任公司 "华贯"牌石阡苔茶、"苔紫茶"牌石阡苔茶	中国长寿之乡养生名优产品	2020 年
190		贵州省石阡和记绿色食品开发有限公司 "和记佛顶山"牌产品（糟辣椒、泡椒、豆瓣酱、红酸汤）	中国长寿之乡养生名优产品	2020 年
191		贵州祥华生态茶业有限公司 "阡纤美人红茶"牌石阡苔茶、"苔尊"牌石阡苔茶	中国长寿之乡养生名优产品	2020 年
192	贵州省黔西南布依族苗族自治州兴仁市	贵州省兴仁市屯脚镇	中国长寿之乡乡情体验基地	2017 年
193		贵州省兴仁市黄廷益	中国长寿之乡乡贤人物	2017 年
194		贵州省兴仁市金华云	中国长寿之乡乡贤人物	2019 年
195		贵州省兴仁市草喜堂长寿康养园	中国长寿之乡康养示范基地	2019 年
196		兴仁市富益茶业有限公司 "营龙茶"系列产品	中国长寿之乡养生名优产品	2017 年
197	贵州省黔南布依族苗族自治州罗甸县	贵州省罗甸县	中国长寿之乡旅游文化服务示范城市	2022 年
198	陕西省安康市镇坪县	陕西省镇坪县石海君	中国长寿之乡乡贤人物	2022 年

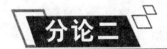

推动长寿之乡特色产业发展*

党的二十大报告指出："以中国式现代化全面推进中华民族伟大复兴"。长寿之乡建设是能够体现中国式现代化实践的一个重要路径。自 2007 年中国老年学和老年医学学会认定第一批长寿之乡以来，17 年间我国已有 100 个左右长寿之乡。据中国老年学和老年医学学会长寿工作部的反馈，长寿之乡的申报工作越来越受到地方政府的重视，呈现出申报排队的现象。

长寿之乡认定活动之所以受到关注，主要有两个原因。一是影响大。长寿是人类社会的普遍追求，也是测度人们健康水平的重要指标，更是我国传统福禄寿喜文化的表现。在人们的观念和认识中，长寿之地、长寿之乡都是非常喜庆吉祥的处所。沾喜气、能长寿成为人们渴望进入长寿之乡的动力，这提升了长寿之乡的影响力。二是发展快。在传统社会，长寿之乡的影响主要表现在文化方面，而在当代社会，则表现在地方经济社会发展方面。长寿之乡具有软实力和硬实力。软实力是指文化和价值观的影响力，硬实力是指经济发展的条件和成果。长寿之乡拥有的本地特色资源和由此形成的特色产品、特色产业、特色产业集群构成了长寿之乡硬实力的核心架构。

一、长寿之乡特色产业的概念、特点和体系

长寿之乡特色产业是指在长寿之乡地域中基于本地特色资源所形成的产品以及生产这些产品所构成的产业。这个定义包括长寿之乡、特色资源、特色产品、特色产业四个要素。

长寿之乡是指人口平均预期寿命、百岁老人和高龄人口比例均高，生态环境质量、老年照料条件等多项指标均优于全国较高水平的县、区、市和行政区划单位。特色资源是指长寿之乡本地特有的或专有的生产资料或生活资料，包括自然资源和社会资源。特色产品是指基于长寿之乡本地资源生产出来的物品。特色产业是指长寿之乡使用本地特有的相同原材料、相同工艺技术、在相同价值链上生产具有替代关系的产品或服务的企业构成的集合（石奇 2020）。

从长寿之乡特色产业发展四要素，可以看到长寿之乡特色产业的三大特点。

其一，以特色资源为基础。资源包括自然资源和社会资源。自然资源是指自然界中人

---

* 作者：姚远，中国老年学和老年医学学会副会长，中国人民大学老年学研究所教授、法学博士。

类可以直接获得用于生产和生活的物质。可分为三类，一是不可更新资源，如各种金属和非金属矿物、化石燃料等，需要经过漫长的地质年代才能形成；二是可更新资源，指生物、水、土地资源等，能在较短时间内再生产出来或循环再现；三是取之不尽的资源，如风力、太阳能等，被利用后不会导致储存量减少。社会资源是指为了应对需要，满足需求，所有能提供而足以转化为具体服务内涵的客体。分为有形资源和无形资源。有形资源包括人力、物力、财力、场地空间、文化设施等；无形资源包括技术、知识、组织、社会关系等。

长寿之乡特色资源是前述资源的特殊形式。一是源于长寿之乡，二是本地特有的资源，三是具有资源禀赋优势。从目前长寿之乡基本情况看，长寿之乡拥有的自然资源包括充裕的阳光，适宜的气候和温度，富含负氧离子的空气，富硒土壤，富矿物质的水体，静谧无噪声的环境，以及本地特有的农作物等。社会资源包括长寿之乡建筑，文化传承，家庭模式，居住方式，代际和谐，生活方式，平静心态，传统食品等。由于长寿之乡最大的特点是拥有一个长寿老人群体和百岁老人群体，所以长寿之乡特色资源除了以上所述之外，还有围绕长寿和健康所形成的促长寿、保健康的各种资源。比如，百岁老人的生活方式、饮食习惯和食物结构等。

长寿之乡特色产业是与特色资源密切联系的。如果说产业是果，资源则是根。无根则无果，有根才有果。基于特色资源发展长寿之乡特色产业，既是长寿之乡发展的基本路径，也是长寿之乡发展的捷径。从已有长寿之乡发展的状况看，资源与产业的关系主要表现在：特色资源是构成特色产业的基础；特色资源是发展特色产业的优势所在；特色资源是构成长寿之乡产业的特色所在；特色资源是建设长寿之乡产业的基本路径；特色资源是构成长寿之乡产业的品牌。由此可见，长寿之乡特色产业是基于长寿之乡特色资源而形成的、发展的、品牌化的。挖掘出长寿之乡特色资源，就抓住了特色产业发展的核心。

其二，以区域性为标志。长寿之乡特色产业具有明显的区域性。一般来说，区域是指地区位置。但从区域产业经济角度看，区域主要体现在经济层次，可以是地域的，可以是行政的，也可以是特定一体化的，如京津冀一体化经济区、粤港澳大湾区经济区等。正如前面所述，长寿之乡特色产业是与当地特色资源密切关联的，受到当地生态环境、土壤条件、天气条件、水质条件以及植物特点的影响，所以长寿之乡特色产业在很大程度上是对当地特色资源的反映，而特色资源因地而异，表现出明显的区域性特征。

从目前长寿之乡特色产业区域性特征看，一是在生态环境条件上，生态环境既有共性，也有特性。生态环境包括生态资源和气候条件等。研究表明，长寿之乡大多处于气候适宜的温暖湿润地区，大多水土环境质量良好、空气清新，植被覆盖率较高等。但是，也表现出明显的地理差异性，具有区域性特征。对部分长寿之乡区域性特征的分析，有5个长寿之乡位于热带气候区，有12个长寿之乡位于暖温带气候区，其他长寿之乡均属于亚热带的三个区划带。北亚热带有11个，中亚热带有31个，南亚热带有31个。二是在当地出产的农作物上，因土质而异，因气候而异，品种多样化。热带气候区以砖红壤为主，适合橡胶、槟榔、咖啡等生长；暖温带气候区以棕壤为代表，适合棉花、花生、冬小麦以及苹果、桃、核桃、板栗、枣等作物生长；北亚热带气候区以黄棕壤为代表，适合双季稻、柑橘、油茶、枇杷等作物生长；南亚热带气候区以赤红壤为主，适合荔枝、龙眼、菠萝、香蕉等作物的生长。三是在优质中草药种植适宜性上，长寿之乡的优势也各有不同。广西永福县的罗汉果、防城港市防城区的肉桂、东兴市的化橘红、容县的铁皮石斛，广东丰顺县的景天三七、徐闻县的高良姜，山东威海市文登区的西洋参、黄精、蒲公英和海马，江苏太仓市的薄荷，浙江桐庐县的道地中药材"桐七味"，台州市的覆盆子，河南封丘县的红花、密银花，贵州赤水市的金钗石斛，福建柘荣县的太子参，四川都江堰市的川芎、川杜仲、川骨脂、川泽泻，江西铜鼓县的黄精，安徽金寨县的天麻、茯苓、灵芝、石斛，均是在特定区域上生长出的高质量中药材。

其三，以长寿健康为特色。长寿之乡的最大特点和优势是其拥有多种形式的长寿健康要素：预期寿命较高、高龄老人群体、众多百岁老人、良好的生态环境、优质的生活资源、益于长寿和健康的传统习惯等。长寿之乡特色产业的形成和发展与这些方面是密切相关的。从已有长寿之乡特色产业基本状况来看，一是长寿之乡特色产业中有相当部分是与健康长寿有关的，有的甚至还是主导部分。在广西壮族自治区制定的发展规划中，广西人民政府将大健康产业发展作为贯彻新发展理念、实现绿色发展的关键举措，将"区位优势明显，资源禀赋独特"作为发展的首要基础。规划中的六大产业均是依据广西的长寿健康特色资源优势而提出的，而"一核"引领、"五区"联动、"多点"协同的发展新格局更是凸显了大健康产业的引领地位和主导地位。二是长寿之乡特色产业是以长寿健康产业为核心而形成和发展的。广西大健康产业规划将本地长寿健康资源归纳为优越的气候条件、全国前三的森林覆盖率、天然药库、生物资源基因库、中药材之乡、50%多的县为中国长寿之乡等。围绕丰富的长寿健康资源，广西大健康产业规划提出了健康养老产业、健康医药产业、健康食品产业、健康运动产业、健康医疗管理产业、健康旅游产业、健康和文旅制造产业等七大健康产业。

长寿之乡特色产业的三个特点，决定了长寿之乡特色产业的内涵和范围，从而确立了长寿之乡特色产业体系的基础。

体系是指若干有关事物或某些意识互相联系而构成的一个整体。长寿之乡特色产业体系则是在长寿之乡地区基于本地资源所形成的产品系列、服务系列或产业系列。根据目前我国对三大类产业分类的划分，长寿之乡特色产业在广义的农业、广义的制造业或工业、广义的服务业这三大类产业中均有涉及，只是涉的领域、比例和范围有所不同。

从长寿之乡特色产业发展状况看，长寿之乡特色产业体系可以表述如下。

其一，长寿之乡特色产业体系是基于本地禀赋资源所形成的产品集合和企业集合。张义丰教授认为（张义丰、张伟，2021）长寿之乡禀赋资源分为四类。一是环境资源，包括水环境资源、土壤环境资源、大气环境资源等；二是经济资源，包括农业资源、旅游业资源、加工业资源等；三是社会资源，包括人力资源、知识和技术资源、行业协会、非政府组织等；四是文化资源，包括福寿文化、孝善文化、养生文化、名人文化、地域文化等。虞江萍教授（中国长寿之乡发展报告，2021）从自然资源和文化资源角度对长寿之乡优势的禀赋资源进行阐释，我国长寿之乡的居民主要生活在海拔1500米以下地区，温度和湿度都较为适宜，平均日照时数均较高，无霜期在 200 天以上。这些条件为长寿之乡居民获得优质食物资源提供了保障，也为长寿之乡特色产业形成和发展奠定了基础。

其二，长寿之乡特色产业体系是长寿之乡产业体系中的组成部分。一方面，长寿之乡产业体系是长寿之乡特色产业体系得以发展的重要基础；另一方面，长寿之乡特色产业体系是长寿之乡产业体系中的特殊表现。地方政府在推进长寿之乡发展时，非常重视两者的关系和有机融合。福建泉州市泉港区在发展盐业时，注意挖掘长寿健康文化资源，建立了各级文物保护单位 57 个，省级历史文化名村 1 个，列入国家级、省级非遗名录 8 个。安徽金寨县则在推进产业发展之时，实现产业和当地特色产业的有机融合：一是努力挖掘钼、玉、铅、锌等 20 余种矿藏资源；二是加强农产品和经济作物种植，金寨县是历史名茶六安瓜片的原产地、主产地，板栗、鲜茧、油茶、山核桃等产量和质量均居前列，自古就有安徽"西山药库"之称，沙河乡被誉为"中国灵芝第一乡"；三是生态旅游和红色旅游产业发展非常好，境内拥有国家 5A 级景区 1 个、4A 级景区 3 个、3A 级景区 3 个，大别山三大主峰之一天堂寨是国家级森林公园、国家自然保护区、国家地质公园和国家 5A 级旅游景区，红色文化资源丰富。福建东山县是一个以岛文化著称的县城，渔业经济和矿业经济构成当地重要产业体系。其海洋生物种类丰富，达 1242 种，已鉴定的种类有 664 种。东山鲍鱼、东山亲营紫菜为"国家地理标志认证产品"；高品质硅砂矿储量超过 2 亿吨，含硅量高达 97％以上，已建成高质量玻璃生产线 8 条。与此同时，当地还大力发展长寿健康产业体系：一是发展地瓜、花生、芦笋、龙眼、荔枝、珍珠莲雾、青枣等粮食、果蔬种植，特别是芦笋，芦笋为世界公认十大健康蔬菜之首，是目前世界上最为有效的防癌保健食品之一；二是发展康养产业，东山县位于东经 117°27′至 117°34′、北纬 23°33′至 23°47′，是典型的"北回归线"黄金区域，属南亚热带海洋性季风气候，春日煦暖，夏无酷暑，秋风清爽，冬无严寒，终年无霜，夏季东山海风习习，是天然的避暑胜地，有"天然氧吧"和"天然空调"之美誉；三是生态养生养老服务产业，东山风光具有南国海滨特色，"天蓝水碧海湾美，沙白林绿岛礁奇"，东南沿岸七个月牙形海湾首尾相连，绵延 30 多公里，主岛周边的小岛形态奇特，龙屿、狮屿、虎屿、象屿神形兼备；森林覆盖率 27.86％，全岛绿化程度达 94％以上，获评"福建省森林县城"。

其三，长寿经济和产业是长寿之乡特色产业体系中的核心部分。在长寿之乡经济发展中，长寿经济和产业是最具特色和品牌价值的，而且也是长寿之乡特色产业体系中的核心部分。第一，长寿经济和产业最直接反映了长寿之乡的人口特征。长寿之乡的最主要特征是长寿老人多和人均预期寿命高。在《长寿之乡认定准则和方法》中有三个核心指标，明确要求人均预期寿命至少要高出全国人均预期寿命 2 岁，要求百岁老人数量至少占全县总人口数量的 11％，要求 80 岁及以上人口数量至少占 60 岁及以上人口数量的 15％。这三个核心指标既反映了长寿之乡的特征水平，也反映了长寿之乡的延续性。长寿经济和产业是围绕这三个核心指标而被命名、形成、发展的，所以长寿经济和产业与长寿之乡的人口特征密切联系，是一个有机的整体。第二，长寿经济和产业最能反映长寿之乡的环境和生活特征。长寿之乡是以长寿老人为特色的，而长寿老人又是长寿的载体。为何能长寿、怎样实现长寿是长寿之乡最能吸引社会和学界的问题。除了前述的三个指标外，长寿老人的生活环境和生活方式也是人们研究的重点课题。从目前已有研究成果看，百岁老人的生活习惯、饮食结构、家庭关系、心理状态以及居住地的空气、水、生态环境、气候温度等均对长寿的形成和增长具有积极的作用。长寿之乡是一个整体概念，而不同地区的长寿之乡在其存在的过程中又会表现出不同的特点，特别是基于当地特色物产、富有营养的农作物、丰富的多样化的食物和烹饪方法等。与城市物产和食物相较，长寿之乡的物产以天然产品为特点。这些天然物产依托富硒土壤、富矿水质、充满负氧离子的空气、适宜的气候以及无污染的种植，实现了农作物绿色、健康和高营养。这些资源和条件为实现长寿、提升健康提供了非常重要的基础。同时，正是这些资源和条件奠定了长寿经济和产业的基础。第三，长寿经济和产业最能体现我国新发展理念。习近平总书记在 2015 年 10 月党的十八届五中全会上提出新发展理念，即创新、协调、绿色、开放、共享的新发展理念。创新解决发展的新动力问题。长期以来，发展主要解决人们的生活满足问题，衣食住行是其中的主要内容。随着国家经济社会发展、社会主要矛盾的变化，健康长寿成为人们追求的主要目标之一，长寿之乡建设恰恰是满足人们健康长寿愿望的最好形式之一，长寿经济和产业也成为推动发展的新动力。协调重在解决区域发展不平衡和一致性问题。地方发展的差异性是发展中的一个大问题。在整体性和协同性理论指导下，在共同富裕目标的引导下，协调发展成了一条互补共赢的创新性路径。长寿之乡之间虽然存在着发展上的差异性，但长寿的共性、绿色发展的共性可以将长寿之乡联成一个有机整体，从而提升长寿经济和特色产业的品牌影响力。第四，长寿经济和产业最能推动实现现代产业体系建设。产业体系是不断发展的，根据经济发展需求和经济发展要素的变化，产业体系经历了从传统产业体系到现代产业体系的转变。现代产业体系是以智慧经济（含数字经济）为主导、大健康产业为核心、现代农业为基础，通过五大产业（农业、工业、服务业、信息业、知识业）的融合实现产业升级经济高质量发展的产业形态。现代产业体系包括的大健康产业、现代农业以及服务业和知识业等均与长寿经济和产业密切有关。张丰义教授认为（张义丰、张伟，2021），长寿经济是指一个区域在经济发展中，利用长寿比较优势，通过市场竞争形成的具有鲜明产业特色及企业、产品特色的经济结构；是以长寿资源为基础，以长寿特色产品为核心，以长寿产业为依托，在经济结构、组织、体制和运行上均具有强烈的时代特色，能使资源、科技和市场要素相互联系、相互吸引，使优势要素得到放大和扩大，进而体现长寿特色的经济。可见，长寿经济和产业，既是现代产业体系的组成部分，又是现代产业体系中具有特色和活力的部分，对于现代产业体系的完善和发展有积极的促进作用。

二、长寿之乡发展特色产业基本状况

长寿之乡特色产业历经十几年发展，其数量由少到多、质量由低到高、特色越来越强、影响越来越大。长寿之乡特色产业受到社会的欢迎，并逐渐成为地方经济创新发展的重要方面，成为区域落实新发展理念的具体抓手。

（一）长寿之乡特色资源的同一性和差异性

前述表明，长寿之乡特色产业是基于地方特色资源而发展起来的。这些地方特色资源，既有基于长寿之乡拥有的同一性资源，也有具有区域性地方特点的个性化资源。同一性资源会推动长寿之乡设立比较同一的特色产业，个性化资源则会推进长寿之乡建设具有浓郁地方色彩的差异性特色产业。

长寿之乡拥有的同一性资源主要表现在四个方面。

其一是绿水青山。绿水青山是所有长寿之乡共同拥有的财富。浙江省桐庐县属亚热带季风气候，四季分明，日照充足，降水充沛。一年四季光、温、水基本同步增减，配合良好。年平均气温 16.5 ℃，年平均降水量为 1 552 毫米，年平均相对湿度 79%，无霜期 258天。作为一个"八山半水分半田"的山区县，其森林覆盖率高，植被保护良好；境内富春江和分水江贯穿全境，水资源丰富，有富春江水库、分水江水库等国家级大、中型水库，河流湖泊面积达到 71.1 平方公里，而且水质好、无污染、矿化度小，适宜饮用。连续五年实现富春江出境断面水质优于入境水，全县饮用水源水质达标率为 100%。海南省万宁市属热带季风气候，气候温和、温差小。年平均气温 24 ℃，最冷月平均气温 18.7 ℃，最热月平均气温 28.5 ℃；全年无霜冻，气候宜人。雨量充沛，年平均降雨量 2 400 毫米左右，日照长。森林覆盖率 66.13%，城镇人均公共绿地面积 10.26 平方米，环境空气质量总体达到国家一级标准。植物资源丰富，天然林主要树种有母生、青皮、陆均松、汕丹、坡垒、荔枝、乌营、绿南等 160 多种，人工营造林有小叶桉、隆缘桉、大麻黄、台湾相思、菠萝蜜、苦楝、麻楝、樟树等，自然资源、自然景观和生态旅游观光资源十分丰富。湖南省安乡县属于中亚热带向北亚热带过渡季风湿润气候区；年平均气温 16.6 ℃。最热为 7月，月平均气温 28.8 ℃；最冷月是 1 月，平均气温 4.3 ℃；年平均日气温稳定≥10 ℃约有 240 天。年平均日照时数 1 849 小时。年均雨日 136.2 天，年均降雨量 1 212.7 毫米。无霜期 275 天。四季分明，气候湿润，雨量适中，日照充足。作为八百里洞庭腹地，长江四口入洞庭，其中三口形成五条河流过境安乡，垸内渠道湖塘哑河连通，水源流畅。境内水面积占比大，河渠湖塘四通八达。全县空气质量优良比率超过 90%。

其二是历史文化。长寿之乡一般都拥有悠久的历史文化、历史传说、历史记载、历史名城、古村古镇、少数民族聚集地等。在四川省资阳市雁江区，除汉族外，还有彝族、藏族、羌族、苗族、回族、蒙古族、土家族、傈僳族、满族、侗族、瑶族、纳西族、布依族、白族、壮族、傣族等 16 个少数民族分布在城镇和各镇乡。在雁江镇九曲河畔，曾发掘出了 35 000 年前的古人类头骨化石，被命名为"资阳人"。"资阳人"与"北京人""山顶洞人"齐名，享誉世界。雁江区还是古蜀文明的发祥地，因金雁常驻得名雁江，城区名雁城。因古代三位先贤，即孔子之师、东周天文学家、内史大夫苌弘，西汉辞赋家、谏议大夫王褒，东汉太常博士、五官中郎将、经学家董均都出自古老的资阳，所以雁江古城又名"三贤镇"。秦灭蜀建郡为蜀郡地。汉武帝建元六年（前 135 年）置县，已有两千多年的历史了。悠远的历史造就雁江辉煌的文明。半月山大佛、丹山白塔、祁龙坳石刻、鲤鱼桥文化、莲台古寺、宝刹晨钟、川剧高腔"资阳河"流派等历史古迹和人文景观，是留存着资阳文明的化石。海南省万宁市拥有浓厚的历史文化积淀，其中被誉为"海南第一山"

的东山岭是海南省最早的佛教圣地。唐代僧人雷真海在东山岭上设寺修道。至宋代，岭上已建起了灵幽堂、鸡竺庵、真武殿；当时，东山岭就已成为海南岛传经播教的圣地，"仙山佛国"也由此而得名。万宁市是海南的革命圣地。境内的六连岭被称为"海南的井冈山"。一九二七年，当中国共产党在井冈山创建农村革命根据地时，中共万宁地方党组织带领农民武装开往六连岭，建立起琼崖第一个农村革命根据地。六连岭革命根据地在全国也有极大的影响。在国家军事博物馆中曾开设过"六连岭"军民开展武装斗争的展厅，陈列万宁红军用过的六连岭"土生土长"的三件"宝物"：一是用荔枝树干制作的"荔枝大炮"；二是用"牛弄芙"叶煎水给红军伤病员的"消炎药"；三是用香蕉树皮制作的为红军战士包扎伤口的"医用绑带"。为纪念万宁人民在大革命时期、土地革命时期和抗日战争、解放战争时期牺牲的革命烈士，党和政府于 1961 年在六连岭的南麓兴建了占地 17.5 公顷的六连岭革命烈士陵园。1989 年 8 月 20 日，经国务院批准，六连岭革命烈士陵园被列为全国烈士纪念建筑重点保护单位。六连岭下的龙滚镇田头自然村是红色娘子军特务连二连的诞生地。金秀瑶族自治县地处广西壮族自治区中部偏东的大瑶山区，是全国第一个成立的瑶族自治县。全县总面积 2 469 平方公里，境内主要居住有瑶、壮、汉等 16 个民族，其中瑶族占 39.1%。瑶族有盘瑶、茶山瑶、花篮瑶、山子瑶、坳瑶五个支系，是全国瑶族主要聚居县之一，有"世界瑶都"之称。瑶、壮、汉等民族的语言、服饰及生活习惯、风俗各不相同，因而"十里不同风，百里不同俗"，各民族在共同的历史长河中创造了灿烂、独特的民族文化。每逢节日，都要举行跳盘王、度戒、洪门祭典、花灯、黄泥鼓舞、对山歌等民族民间文艺表演活动。亢奋、激越的黄泥鼓舞，古朴、神秘的度戒，洒脱、俚趣的花灯，壮观、独特的跳盘王等一批多姿多彩的民族民间文化，陶冶了心身，强健了体魄。我国著名学者、社会学家费孝通先生五进大瑶山，亲笔题词"瑶族之乡"，做出"世界瑶族研究中心在中国，中国瑶族研究中心在金秀"的结论。

其三是富硒和多种矿元素的水及土壤。长寿之乡因土壤富含硒等矿物质，经植物吸收转化，使农作物营养丰富，能够满足人们健康长寿生活的多方面需求。湖南省安乡县地处洞庭湖冲积平原，土壤是汛期洪水挟带的泥沙淤积的洲土逐步围堤造田形成，土壤土质有机质含量足，肥沃，适宜农作物生长，是全国优质农产品生产基地。广西壮族自治区平果市土壤富含高锰、高锌、低铜等元素。广西壮族自治区马山县的水，土壤中富含硒、钙、磷、镁、铁、锌等多种有助于健康长寿的微量元素，所产农产品以优质出名，特别是优质大米、黄玉米驰名国内。广西壮族自治区凤山县的富含高锰锌、低铜等元素的土壤和亚热带季风气候所形成的一年一熟、一年两熟耕作制度，使所产农产品质优而富有营养，山区人生活采取以玉米、杂粮、豆类、薯类、瓜类等粗粮为主食。广东省梅州市梅县区水资源非常丰富，梅江、石窟河、上官塘水库等江河水库资源充沛，水质优良，矿化度低，酸碱度适中，富含大量人体所需的硒等微量元素，生活饮用水达到国家《生活饮用水卫生标准》（GB/T 5749—2006）标准要求，城乡居民生活饮用水质在广东省县（区）级排位较前。山东省乳山市境内以低山、丘陵、平原三种地形为主，抽样化验结果显示，区域土壤中富含锌、铁、硼、钙、镁、钼等中、微量元素，盛产几乎涵盖北方所有品种的生态安全农产品。江西省丰城市有 525 平方公里的富硒土壤，辐射十几个乡镇，建有全国首个县级"中国生态硒谷园"。通过研究全市长寿老人分布发现，富硒地区和山区正是丰城市长寿老人较为集中的地区。如小港镇、白土镇、张巷镇等地,百岁老人占全市百岁老人总数近30%。贵州省石阡县地热资源十分丰富,已知的温泉出露点有20处36个,日流量达2.2万吨以上,平均水温45℃,水中富含氡、锂、锶、锌、硒等微量元素,开发潜力巨大,故有"温泉之都"的美誉。已探明的矿产资源有铁、煤、石膏、重晶石、磷、铝、钒、锰、硅等20多种,而含量较高的钾和锌分别被称为"精神支柱""生命之花",能提高人体免疫力。

其四是有较多的名片。长寿之乡优质资源丰富,政府在落实国家和地区发展方面常常表现出色并具有特色,成为该领域的佼佼者,多获荣誉。比如广西壮族自治区扶绥县曾荣获"中国西部县域经济百强县""全国最具投资潜力中小城市百强""中国最具区域带动力中小城市百强""广西经济发展十佳县""广西科学发展进步县"等多项殊荣;贵州省石阡县强化"国家级温泉群风景名胜区""中国营养健康产业示范基地""中国温泉之乡""中国矿泉水之乡""中国苔茶之乡"和"贵州省长寿之乡"品牌,以"中国最佳休闲旅游目的地"提升石阡的旅游品位,以"中国最具投资价值重点县"吸引各地客商到石阡投资兴业,着力打造"中国夜郎古城、中国武陵山温泉城、中国西部茶城",为全面建成小康社会打下基础;贵州省印江县是"中国书法之乡""中国名茶之乡""中国民间文化艺术之乡""贵州长寿之乡""全国法制宣传教育先进县""全国科普示范县""省级文明卫生县城"等;浙江省丽水市山水灵秀、民风淳朴、文化风雅,先后获得国际休闲养生城市、中国生态第一市、国家级生态示范区、国家森林城市、中国优秀旅游城市、中国民间艺术之乡、中国摄影之乡、全国国际跳棋之乡、浙江省环保模范城市、浙江省园林城市、浙江省文明城市等称号。

长寿之乡禀赋资源的差异性主要表现在两个方面。一是在同一资源的情况下有不同质量的差异。比如,中药材很多地方都有,但质量有差异,外观有差异,成分有差异,名气有差异。广西容县有铁皮石斛,被称为"中国铁皮石斛之乡";贵州赤水市有赤水金钗石斛。广西防城港市防城区盛产肉桂,被称为"肉桂之乡";广东信宜市被称为南肉桂。山东威海文登区以出产西洋参闻名,福建柘荣县被称为"中国太子参之乡"。二是独有的当地资源。广西永福县被称为"罗汉果之乡",东兴市盛产化橘红,广东徐闻县盛产高良姜,江苏启东市的蟾酥、河南修武县的怀地黄、江西铜鼓县的黄精,安徽金寨县的天麻、茯苓、灵芝、石斛,四川都江堰市的川芎、川杜仲、川骨脂、川泽泻等均以特色中药材享有盛名。

(二)长寿之乡特色产品和物产

在长寿之乡特色资源的基础上,长寿之乡形成了众多特色产品和物产。这些特色产品和物产大致可以分为五大类。一类是自然资源物产,包括空气、水质、气候、阳光、生态环境(山水湖泊等);二类是农业物产,包括粮食、水果在内的各种农产品;三类是中药材,包括具有地方特色和禀赋的中医药材;四类是社会建筑,包括以古村古镇为主的传统居住房舍;五类是传统文化产品,包括地方戏曲、孝亲习俗、饮食服饰、生活方式等非遗传统。因本书第五章对长寿之乡特色产品和物产有更详细的介绍,故本节不再赘述。

（三）长寿之乡特色产业

长寿之乡特色产业有两大类。

一类是引入性特色产业，主要通过各种产业园而实现的。从目前已有研究成果看，浙江产业发展是一个值得关注的案例。有研究认为，浙江资源禀赋先天不足，有"零资源经济"之称。改革开放之初，浙江人均耕地 0.68 亩[①]，不足全国水平的一半，俗称"七山一水二分田"。浙江几乎没有矿产资源，著名的国营长广煤矿在 2007 年也因矿藏枯竭而彻底关闭。浙江山高水深，交通非常不方便，人称"浙江到，汽车跳"。尽管如此，改革开放 45 年后，浙江的 GDP 总量达到 7.7 万亿，排名全国第 4，而且是全国唯一一个所有设区市居民收入都超过全国平均水平的省份。2022 年浙江人均可支配收入排名全国第 3，紧追上海和北京。

与"靠山吃山，靠水吃水"的省份不同，浙江"无中生有"，创造奇迹。浙江没有发达的畜牧业，却涌现出"中国皮革之都"海宁、"中国毛衫之都"濮院；没有茂密的森林，却造就了全国数一数二的木业大县嘉善；棉花和化纤资源不丰富，却成就了服装大县平湖市……有数据显示，浙江 500 多个全国区域特色产业集群中，至少 80% 完全没有当地资源的依托，属于彻头彻尾的"无中生有"。

另一类是禀赋资源性特色产业。在长寿之乡特色产品和物产的基础上，各长寿之乡逐渐形成了既有长寿特色又有区域特色的长寿之乡特色产业。从目前长寿之乡建设和发展状况看，长寿之乡特色产业主要集中在四个方面。

第一，康养产业。长寿之乡康养产业发展表现出 6 个特点。其一，康养产业是长寿之乡最具特色和最有发展前景的特色产业。康养产业是围绕和实现人们康养目标、基于市场经济运作方式建立的上下游供给和需求体系的特色产业。与一般意义上的健康、养老、养生、医养等概念相比，康养更具包容性，涵盖的范围更广阔。康养既可以是一种持续性、系统性的行为活动，又可以是诸如休息、疗养、康复等短暂性、针对性、单一性的健康或医疗行为。其二，长寿之乡康养产业是以长寿之乡特色资源为基础和依托的。从目前康养发展实践情况看，长寿之乡康养产业有森林康养、水域康养、日光浴康养、地磁康养、温泉康养、中医药康养等类型。这些康养均是以当地优质资源为依托、充分利用这些资源对人类健康的科学作用和积极作用，促健康保长寿，减少疾病，积极康复。其三，长寿之乡康养产业是以一定形式的机构为载体的。在长寿之乡绿色发展区域合作联盟已认定的 22 个中国长寿之乡康养示范基地中，从名称上看，有采用度假区形式的，有采用地下河、东西岩、百山祖、云雾坪等景区形式的，有采用汤沐园、温泉形式的，有采用康养园、康寿中心形式的，还有采用原始林、森林公园、花苑、养生园等形式的。其四，长寿之乡康养产业是以"长寿＋"为基本模式的。康养产业不是长寿之乡独有的，但长寿之乡具有发展康养产业的独有优势。长寿之乡的高龄群体和百岁老人群体的不断扩大证明了长寿之乡的生态、环境、食物、农产品、生活方式的优越性，证明了长寿之乡康养超越一般康养的独

[①] 亩为非法定计量单位，1 亩≈666.67 平方米。全书同。

有的优质性。其五，长寿之乡康养产业是以"凸显独特资源＋强化优质资源群"两优资源为发展路径的。长寿之乡康养产业的特点是其整体性、协同性、融合性。也就是说，长寿之乡康养既要有独一无二的、主导性的资源，也要有一个能够支撑的优质资源群。中国老年学和老年医学学会制定的长寿之乡认定标准，就是基于这种认识：只有生态优质、环境优质、医疗优质、养老优质、政策优质、民生优质、家庭优质，才能确保长寿的整体性、代表性、可持续性，也才可能使长寿之乡康养产业具有更大的说服力和最大的吸引力。其六，长寿之乡康养产业是实现国家和地区乡村振兴的特色实践。习近平总书记强调，乡村振兴的关键是产业振兴，产业振兴的关键是特色产业振兴。长寿之乡的康养产业，正是贯彻落实习近平总书记有关特色产业的论述，体现了中国式现代化中推动乡村振兴的高质量发展，也是对特色康养产业发展的创新。

第二，长寿产业。长寿产业有多种类型，包括农业、工业、服务业、饮食业、信息业、人工智能等。在长寿之乡长寿产业发展过程中，最早、最多、最有效益的发展是农作物、农产品方面。在2016—2020年长寿之乡绿色发展区域合作联盟认定的78个养生名优产品中，茶叶品牌19个、西洋参品牌2个、水果品牌12个、大米品牌4个、茶籽油品牌6个、中药材和补品品牌8个，还有生态鱼、坚果、玉笋、石斛、地瓜、蔬菜、番薯、香榧、黑香肠等。

第三，文化产业。目前国内外文化产业还没有形成统一的概念，基本上是按照各自特点提出相关概念。我国一般将文化产业界定为从事文化产品生产和提供文化服务的经营性行业。具体包括内容产业、传媒与广告、文化衍生产品等三大类。从实践角度看，长寿之乡的文化产业不完全等同于国家统计局的相关分类，而是表现为历史遗迹和传说、孝亲敬老传统、特色食品及制作、非物质文化遗产及其制作技术等。历史遗迹主要指古村、古镇等古迹；历史传说是指有记载的历史名人及其故事；孝亲敬老是指社会和家庭尊老敬老的价值观、规范、习俗等；特色食品和制作是指当地独一无二的食品和独一无二的制作方法；非物质文化遗产及其制作技术是指经国家认定的、各族人民世代相传并视为其文化遗产组成部分的各种传统文化表现形式，以及与传统文化表现形式相关的实物、场所及其相关的制作技术和方法。

第四，旅游产业。由于长寿之乡具有优异的生态环境、悠久的历史文化和独特的长寿食品，所以长寿之乡均成为文化旅游的打卡地，并形成了生态旅游、文化旅游、乡村旅游、"旅游＋"等多种形态。为了推动旅游产业发展，各长寿之乡加强对旅游要素的建设和管理，通过科学规划加强景点景区的建设，通过报刊、互联网、新媒体等宣传扩大影响和知名度，通过精细化管理、制度化管理、科学化管理、信息化管理努力提升旅游服务质量。

三、推动长寿时代特色产业发展

据第七次全国人口普查数据，我国已进入长寿时代，也就是说，人口老龄化已成为常态化现象，老年人口和高龄老人群体也已成为我国人口结构中需要高度关注的组成部分。

值此之际，长寿之乡应该如何发展，长寿之乡特色产业应该如何发展，长寿之乡在已有发展基础上应该如何实现高质量发展，这些问题均需要我们思考并给出答案。

（一）从长寿之乡建设角度关注长寿时代的特点

自第七次全国人口普查数据公布以后，长寿时代就成为人们关注的热点。本书主报告已对我国长寿时代及其特点进行了全面阐释，本节不再赘述。本节重点谈谈如何从长寿之乡建设和发展角度看待长寿时代。

现在对长寿时代的认识，大多基于几个方面。一是人口学角度，即人均预期寿命的增长和老年人口在人口结构中占比的提升。二是经济学角度，即长寿现象对经济发展的双面影响。在挑战方面，有劳动力人口供给降低、储蓄率降低、劳动力老化、社会不平等程度加深等挑战；在机遇方面，有技术进步对劳动力的替代率提升、"长寿经济"创造新的供给与需求等机遇。三是社会学角度，即提高了社会对老龄化现象的关注。四是政策学角度，即建立积极应对人口老龄化国家战略，完善养老的政策体系。五是文化学角度，即辩证认识老龄化和老年人，既是机遇，也是挑战，既是积极的，也是压力的，既是消费者，也是生产者。六是发展学方面，即长寿现象将推动积极老龄观，适老化改造，人工智能化发展等。

从长寿之乡角度看待长寿时代，除了以上六个基础背景之外，还有以下几点认识。

第一，长寿时代是长寿之乡建设和发展的新背景。按长寿之乡的历史发展，长寿之乡是一种囿于区域的人口学现象。这种现象表现为区域的和个别的。但在长寿时代，长寿成为一种较为普遍的现象，不仅全国性、区域性的人均预期寿命持续提升，而且高龄老人和百岁老人比比皆是。在这种情况下，高龄老人和百岁老人的规模和水平不断增长，高龄老人和百岁老人的分布也趋于密集，拥有高比例高龄老人和百岁老人的聚集区即长寿之乡也越来越多。正是基于这种状况，长寿时代形成并成为社会认同的概念。

第二，长寿时代反映了长寿、长寿之乡、长寿时代的递进关系。在长寿、长寿之乡、长寿时代的关系中，长寿之乡是体现长寿、长寿时代的载体。在历史上，长寿之乡是长寿的代表；在当代社会，长寿之乡是长寿时代的代表。所以，从长寿到长寿之乡再到长寿时代是一种从个体到区域再到时期的变化。对于长寿之乡来说，长寿是基础，长寿时代是水平，长寿之乡是连接三者的把手。

第三，长寿时代是推进长寿之乡高质量发展的新动力。时代是依据经济、社会、政治、文化等划分的国家和地区发展阶段的某个时期。长寿时代则是依据长寿水平划分的国家发展阶段或时期。长寿时代在普遍性长寿水平的基础上，还形成了对长寿的新认识、新需求、新格局、新动力。如果说传统社会认为长寿只是人口学和文化学概念，那么当代社会则推动长寿成为长寿经济新模式、长寿产业新业态、社会发展新目标以及社会进步新标准，反映了国家和地区发展新的需求和新的动力。

第四，长寿时代推动长寿之乡建设和发展。在长寿时代，长寿之乡建设在关注高龄老人的同时，从经济、政治、社会、文化、生态等多个方面深化长寿内涵、扩展长寿外延。在经济方面，充分挖掘长寿之乡资源，推进长寿产业发展；在政治方面，调整代际关系，实现分配的公平公正；在社会方面，完善养老助老服务体系，维护老年人合法权益；在文化方面，大力倡导尊老敬老、老有所为、积极老龄观；在生态方面，强化长寿的环境要素，注意保护生态环境，实现人与生态环境的和谐共生。总之，长寿时代应该是国家新发展理念和高质量发展的体现和实践。

（二）长寿之乡建设在长寿时代的位置和价值

长寿时代是一个较新的概念。这个概念有几个特点。一是基于人口结构，特别是老年人口在总人口中占比较高的状态而形成的；二是涵括了经济、政治、社会、文化、生态等全社会要素的内容；三是外延可以延伸到经济、产业、效益、新业态等全面发展的领域。我国的长寿之乡置于这个长寿时代，其发展表现出不同寻常的价值和影响。长寿之乡数量的增多反映了我国长寿从局部到广泛性的变化，百岁老人数量的增多反映了我国长寿水平从70岁到90岁以至更高的提升，长寿之乡建设反映了对长寿的重视和新认识，长寿之乡发展反映了新发展理念和高质量发展。这些再次说明了，长寿之乡建设和发展是一种文化模式、一种生活方式、一种发展方式，其理念和实践可以深入社会的方方面面，涉及发展的层层面面，体现出全生命周期的、全社会的和全发展的特点。

（三）推动长寿时代特色产业发展的思路和路径建议

从目前长寿之乡特色产业发展状况看，总体水平还有待提高。一是特色挖掘不够。长寿之乡特色产业同质化严重，特别是在生态产品和农产品方面，忽视了特色产业的"独"、资源禀赋的"特"、文化传统的"久"。二是适度规模化不够。长寿之乡特色产业或者规模偏小，难以形成区域影响力，或者盲目扩大，失去特色，适度规模化、标准化、规范化明显不足。三是品牌建设不够。主导特色产业不明确，品牌培育不够，带动能力不强，缺少标准和科学依据的支持，宣传滞后，营销手段传统单一。四是产业融合不够。特色农产品产后处理能力弱，产业链条短，精深加工普遍不足，新技术新模式应用不足，缺乏整体性系统性的"特色农产品＋休闲旅游康养功能"的有机融合。

根据党的二十大有关乡村振兴的重要指示和目前长寿之乡特色产业发展状况，长寿之乡特色产业发展思路和路径主要包括以下几个方面。

第一，认真贯彻落实习近平总书记对发展乡村特色产业的重要论述。习近平总书记强调，要突出农业的绿色化、优质化、特色化、品牌化发展，特别是做好"特"字文章，加快培育优势特色农业，打造高品质、有口碑的农业"金字招牌"。习近平总书记在考察广西时也提出，发展产业一定要有特色。这些重要指示都为发展长寿之乡特色产业指明了方向。我国长寿之乡有丰富的特色资源和厚重的文化传承，具有发展长寿之乡特色产业的基础和优势。依托绿水青山、乡土文化、特色资源，发展优势明显、特色鲜明的长寿之乡特色产业，更好彰显地域特色、承载长寿之乡价值、体现长寿之乡气息，走出一条人无我有、人有我特的长寿之乡特色产业发展之路。

第二，做好科学规划。目前，长寿之乡特色产业呈现快速发展之势，但是总体上还存在规模小、散乱杂的现象，同质性明显，特色产业不特色，迫切需要对长寿之乡特色产业发展进行科学规划和顶层设计，推动产品结构和区域布局优化。纵观长寿之乡发展，凡是发展较好的均是做了科学规划，而发展滞后的则多是没有制定出相关的科学规划。

第三，明确主导性特色资源。长寿之乡的特色资源是多元的，但并非所有资源都能够发展成产业。只有优质的独一的能够延伸出上下游行业的特色资源，并获得一定的技术支持和市场认定，才可能发展成特色产业。一旦这个特色产业形成了，就可能成为长寿之乡当地的主导产业，衍生出很多辅助产业或副产业，形成"特色产业＋"的局面。因此，挖掘出这些优质的特色资源是发展长寿之乡特色产业的关键所在。

第四，推进产业规模化、标准化和规范化发展。现在各长寿之乡的特色产业有所发展，但大多发展不大不快、效益不明显。究其原因，主要是供给方面的问题。一是规模较小、二是标准化和规范化程度不高，三是多元需求的满足度不高，四是优质服务缺乏，可及性差。因此，长寿之乡特色产业发展囿于本地、本区域，无法走出去。为此，通过提升规模化扩大市场影响，通过推进标准化和规范化提高信任度，通过提高服务质量增强吸引力。

第五，加强品牌建设。品牌是知名产品的牌子。品牌的形成，既有官方的评定，更有百姓和社会对某个牌子的认可。这种认可，是集对产品的生产、质量、服务、信任等于一体的。品牌建设是供给侧和需求侧的有机统一。有了品牌，既有市场，又有效益。长寿之乡绿色发展区域合作联盟目前已认定的"中国长寿之乡养生名优产品"95种（系列）就是品牌建设的具体案例。

第六，加强长寿之乡特色产业与其他产业的融合。长寿之乡往往拥有多个特色产业。发展这些特色产业，除了加强该产业自身建设之外，还需要与其他产业形成有机的联系。比如，"康养＋养老＋养生""康养＋中医药""康养＋旅游＋饮食＋文化"等。这种联系，一方面能够强化特色产业的发展，一方面可以满足多元化和个性化需求，提高特色产业的综合效益。

第七，加强联盟的平台促进作用。长寿之乡绿色发展区域合作联盟成立7年来，在促进长寿之乡特色产业建设方面做了大量工作，取得了很好的效果。特别是举办长寿之乡名优产品展，参加博览会，认定"养生名优产品"品牌，发布"绿水青山"指数，编撰《长寿之乡蓝皮书》，举办各种主题活动，与北京卫视、香港卫视、中国农业电影电视中心联合制作长寿之乡栏目等，扩大了长寿之乡的影响力，提高了长寿之乡特色产业及产品的知名度，并成为区域最受欢迎的产品。

特色产业是一种无处不在的经济现象。长寿之乡特色产业，既有一般特色产业的共性，更有长寿之乡特色产业的个性。那么，推进体现长寿之乡个性特色产业发展的关键点是什么呢？一是高度关注长寿时代的发展。长寿时代不仅意味着一种发展形态，更意味着出现的新群体、新群体涌现的新需求、新需求推动的新业态。用现在的话说，长寿时代形成了长寿之乡特色产业发展的新动力和新动能。二是强力推动特色资源的挖掘，特色产品的形成，特色产业的创新。这些不仅是简单的实践，而是包含了独特的、高质量、高效果、高标准的科学内涵。三是积极推动长寿之乡的协同发展。总的看，长寿之乡分布分散、差异性大、发展需求不同、发展能力不同，所以要在全国发展基于"长寿之乡"的特色产业，需要进行协同发展、整体发展、关联发展。依托联盟协同发展的优势，将长寿之乡的特色产业发展合为一体，办单个的长寿之乡不能办的事情，在全国构建长寿之乡一体化的高质量发展模块。

参考文献

[1] 石奇. 产业经济学［M］. 北京：中国人民大学出版社，2020.

[2] 长寿之乡绿色发展区域合作联盟，中国老年学和老年医学学会. 中国长寿之乡发展报告 2021［M］.
北京：中国农业出版社，2022.

[3] 张义丰，张伟. 长寿经济：理论框架与实践模式［M］. 北京：气象出版社，2021.

[4] 张义丰，张伟. 长寿经济：理论框架与实践模式［M］. 北京：气象出版社，2021.

[5] 农业农村部乡村产业发展司. 乡土特色产业［M］. 北京：中国农业出版社，2022.

附录：部分长寿之乡长寿产业汇总

长寿之乡	长寿资源	长寿产业	相关企业
1. 安徽省亳州市谯城区	白芍、白术、白芷、丹参、牡丹皮、桔梗、菊花、紫莞、玄参、知母	旅游景点：曹操地下运兵道等；国家非物质文化遗产：二夹弦剧种	三义堂药业、德昌药业、花茶药业等
2. 广东省梅州市梅县区	雁洋长教村荣膺梅州市首个"国家级生态村"，程江镇、南口侨乡村分别被授予"广东省生态乡镇（村）"，雁洋镇和雁洋长教村、南口侨乡村分别荣获"广东省宜居示范城镇（村庄）"	客都人家文化旅游区被评定为首批省级夜间文化和旅游消费集聚区	梅州振声生态农业旅游有限公司
3. 广西富川瑶族自治县	富川溪矿泉水、岗梅、九里香、两面针、铁皮石斛、三叉苦	柳家茅刀源西岭药谷中医药健康旅游示范基地，龟石湖湿地公园、神仙湖生态休闲园、黑山蝴蝶歌	广西锦沐仁和中草药材种植有限公司、北京中农绿安有机农业科技有限公司、广西富川荣荣农业开发有限公司
4. 广西河池市宜州区	文化旅游业、农业	旅游业：刘三姐故里景区；特色文化业：刘三姐文化艺术节；桑蚕茧丝产业；农业	广西嘉联丝绸股份有限公司、河池市东方丝路丝绸有限责任公司、河池市宜州区桑珍蔬农民专业合作社、河池市宜州区上原农牧专业合作社、河池市源元种养专业合作社

（续）

长寿之乡	长寿资源	长寿产业	相关企业
5. 江苏省溧阳市	1. 负氧离子浓度达到Ⅰ级标准，是省内首个"中国天然氧吧" 2. 南部山区大片富硒土壤 3. 天目湖优良的弱碱性水质碳酸氢钙型温泉，水温为43℃，属于"中低温温泉"，PH酸碱度值为7.99，矿化度370 mg/L，主要成分有钙离子、镁离子、碳酸氢根离子、硫酸根离子等元素和化合物，以及对人体健康所必需的铁、锰、氟等微量元素和医疗矿泉的特殊化学成分氡、硅、铁等	康养旅游产业 农业特色产业 现代健康产业	溧阳市天目湖玉枝特种茶果园艺场 溧阳市天目湖茶叶研究所 江苏松岭生态茶业有限公司 溧阳市天目湖龙鑫农业生态园 溧阳市欣龙生态农业发展有限公司 江苏大敬茶业有限公司 溧阳市天颐谷养生养老有限公司 溧阳市天目湖肉类制品有限公司 溧阳市富民资产专业合作社 溧阳市天目湖保健品有限公司 江苏籴味农业发展有限公司 溧阳市海斌粮食作物专业合作社
6. 江苏省启东市	沙地圩田；淡水水面25万亩，是国内成蟹养殖的重要苗种基地；吕四渔场	长三角知名的休闲旅游度假地，现有1家4A级旅游景区，6家3A级旅游景区，1家省级旅游度假区，2家省级乡村旅游重点村，形成"一环一核三级"的格局	医疗康复产业基地：以拜耳医药、盖天力药业、药明康德、睿智医药、北京大学生命科学华东产业研究院等为规模以上生物医药类企业25家
7. 江苏省如东县			江苏东和供销有限公司
8. 江西省铜鼓县	1. 铜鼓年均气温16.2度，是理想的"避暑胜地"；空气质量达国家一级标准，负氧离子含量达7万个/cm³，被誉为"天然氧吧"；铜鼓的地表水，水质综合指数连续4年位列全省第一 2. 铜鼓县的土壤富含硒。2020年，全县完成有机基地认证面积60万亩，认证品种51个，有富硒茶、富硒大米、富硒葡萄、铜鼓宁红茶、铁皮石斛、石花尖竹笋等富硒、绿色有机产品	高桥乡情体验基地，汤里康养基地，江西省与杉同寿实业发展有限公司	江西省与杉同寿实业发展有限公司

（续）

长寿之乡	长寿资源	长寿产业	相关企业
9. 山东省青州市	杜仲、菊花、玫瑰	康养旅游产业、医养健康产业、文化产业、中医药产业	青州八喜文化旅游集团、青州山水集团、青州永华养老产业有限公司、山东英科医疗制品有限公司等
10. 四川省资阳市雁江区	龙潭矿泉水、花溪谷原始氧吧、字库山、凤岭生态公园、丰裕半月山大佛、佛山橘海	天府花溪度假村、AAAA级晏家坝生态旅游观光村、禾邦药业、熊胆降热宝、蜀宴食品、宝莲酒业、两节山酒业、东峰剪纸、堪嘉石刻、堪嘉舞狮、川剧变脸等	保中镇花溪谷管委会、保和镇宴家坝村委会、禾邦制药厂、仁德制药厂、蜀雁食品厂、宝莲酒业有限公司、两节山酒业有限公司、东峰中学、堪嘉镇红莲村舞狮队、堪嘉农民石雕队、雁江区民间川剧表演艺术团
11. 浙江省永嘉县	永嘉柿饼、永嘉香柚、茗岙大米、乌牛早茶叶、永嘉板栗、沙岗粉干、永嘉田鱼、四海山铁皮石斛等	楠溪江全域旅游、三大森林公园、九大农业观光园、十八处古村落、南戏昆剧、茶叶、粉干、素面、田鱼、香柚加工等	楠溪江矿泉水、乌牛茶叶、特色民宿、养生馆、生态农业园、特色农家乐、特色养老院、沙岗粉干、茗岙田鱼等1 000多个
12. 重庆市江津区		富硒产业	重庆市瑞远农业开发有限公司、重庆市江津区环湖农业开发有限公司、重庆华桦农业开发有限公司、重庆浩丰农业开发有限公司、重庆市江津区硒水渝农业开发有限公司、重庆珞优农业科技有限公司、重庆市江津区淋鑫种养殖场、重庆市江津区竹房湾水果股份合作社、重庆尊宗农业开发有限公司、重庆江洲渔业有限公司、重庆市江津区润酷水产养殖家庭农场、重庆市荷花米花糖有限责任公司、重庆吴滩农业服务有限公司、重庆骄王农业开发有限公司、重庆肯拓农业开发有限公司、重庆市旺发茶业有限公司、重庆润博农业开发有限公司、重庆市江津区储备粮有限公司、重庆锦兴瑞食品有限公司、重庆江小白农业科技有限公司、重庆鹏鼎生态农业有限责任公司、重庆嘉悦园林有限公司

（续）

长寿之乡	长寿资源	长寿产业	相关企业
13. 广东省大埔县	大埔蜜柚、大埔西河香米、大埔茶叶、大埔豆腐干、大埔矿泉水、大埔蜂蜜、大埔腐竹、大埔金针菜、大埔客家娘酒、大埔花生、臭屁藤、当泥根、白花牛奶树根、溪黄草、地胆头、鸡骨草、箣苋根、乌脚鸡、狗点耳、艾根、五指毛桃、石参根、石龙皮、石皮、五叶神、土茯苓、红菇等 高浓度负氧离子空气，富硒土壤、富矿物质水等	泰安楼客家文化旅游产业园 西岩茶乡度假村 瑞山生态旅游度假村 百侯名镇旅游区 江畔人家休闲度假区 西河北塘乡村旅游区 大埔县中医健康产业园 大埔供销宏森农产品有限公司 国家级非物质文化遗产——广东汉乐 省级非物质文化遗产被誉为南国牡丹——广东汉剧 省级非物质文化遗产：茶阳花环龙舞、青溪仔狮舞、百侯鲤鱼灯舞、青溪黑蛟龙舞	广东丘香大健康产业有限公司 梅州市弘晟实业有限公司 大埔供销宏森农产品有限公司 大埔供销宏森实业有限公司 梅州市瑞山天泉有限公司 梅州市大埔县客情食品有限公司 广东省国良食品有限公司 梅州粮庄酒业有限公司 广东凯达茶业有限公司 大埔县通美实业有限公司 广东穗瑞农林发展有限公司 梅州市鹏发茶业有限公司 等等
14. 广西崇左市龙州县	食用菌、桄榔粉、金花茶、乌龙茶、野生木耳、灵芝、坚果、红龙果、黑皮果蔗等	发现弄岗景区 红军古道景区 跑马洞景区 珍稀植物园 板都乡村旅游区 板谭壮营乡村旅游区 樱花谷乡村旅游区 平给生态园（乡村旅游区） 溪水弄岗生态旅游度假区（乡村旅游区） 言边故事文旅苑	广西君宝颜食品有限公司 广西龙州县四叔食品有限公司 广西龙州县原林食品厂 广西顾氏生态农业开发有限公司 广西龙州青云里旅游投资有限公司 广西龙州县骆越现代农业开发有限公司
15. 广东省湛江市遂溪县		海红米、沙虫制品、火龙果汁（饮料）境内旅游资源丰富，孔子文化城、仙裙岛、螺岗小镇等"八大美景"相映成趣，长寿文化、醒狮文化、红色文化、儒家文化、滨海文化等旅游特色品牌日益凸显，入选"2020中国最美县域榜""广东省民间文化艺术之乡"	广东海稻红农业科技有限公司（生产海红米） 湛江市碧海湾水产科技有限公司（生产沙虫制品） 广东省遂溪县古法传承红糖作坊（生产古法红糖） 广东美辰生物有限公司（火龙果饮料）

（续）

长寿之乡	长寿资源	长寿产业	相关企业
16. 浙江省桐庐县	1. 茶叶，2. 蜂产品，3. 生态环境，4. 水资源，5. 健康城，6. 农产品	养老康养产业、长寿食品产业、长寿保健品产业、生态旅游产业、中医中药产业	"蜂之语""天厨蜜源""益乡源""艺福堂"江南养生文化村、桐君堂、爱唯干细胞产学研究基地
17. 贵州省赤水市	地方特色资源金钗石斛、竹乡乌骨鸡、赤水晒醋被列为国家地理标志产品	有国家级以上旅游资源8处，其中世界自然遗产1个、国家级风景名胜区1个、国家地质公园1个、国家级旅游度假区1个、国家级自然保护区2个、国家森林公园2个。有对外开放区（点）35处，其中国家5A级旅游景区1个，国家4A级旅游景区3个，3A级景区6个，中国历史文化名镇（村）2个，免费开放文化历史馆所5处	赤水信天中药产业开发有限公司 赤水黔老翁晒醋有限公司 贵州红赤水集团有限公司 贵州赤水湖山置业有限公司 贵州奇垦农业开发有限公司
18. 山东省乳山市	温泉、高浓度负氧离子空气，四季分明	多福山国际养生旅游度假区、小汤温泉度假村、大乳山滨海旅游度假区、岠嵎山风景区、圣水宫道教养生休闲度假区	小汤温泉度假村、威海信之源海洋生物科技有限公司、山东灯塔水母海洋科技有限公司、乳山市润丰水产养殖场、华信食品（山东）集团有限公司、乳山海之韵水产养殖专业合作社、乳山市丰品汇水产有限公司、乳山宏利达贸易有限公司、乳山市鼎尖海产品销售有限公司、乳山金贝丰水产养殖公司、威海美丽蚝鲜居水产科技有限公司、乳山市金果食品股份有限公司

（续）

长寿之乡	长寿资源	长寿产业	相关企业
19. 山东省威海市文登区	温泉、西洋参	颐阳酒业、继振参业等6家企业通过西洋参"药食同源"试点审核，"文登西洋参"获批省级地理标志产品保护示范区，花饽饽和鲁绣入选"山东手造·优选100"名录，拥有全国知名温泉3处并形成产业链、蒲公英生产产业	颐阳酒业、继振参业，长林花饽饽
20. 安徽省金寨县		旅游业、中医药业、长寿食品加工业	金寨县银莲瓜蒌专业合作社、金寨县黄奶奶茶业有限公司、金寨县天堂寨镇三国天麻专业合作社、金寨县天堂寨镇天然绿色食品有限公司、金寨县天堂寨镇西源山核桃专业合作社、金寨县大别山石沁泉水有限公司、金寨县三个农民电子商务有限公司、金寨森沣农业科技开发有限公司、金寨金洁商贸有限公司、金寨润元生物科技有限公司、金寨县恒发家庭农场、金寨县海澜农业开发有限公司、金寨县大别山香源茶业有限公司、金寨县露雨春茶叶有限责任公司、金寨县永生利生态茶业有限公司、金寨县莲花山茶业有限责任公司、金寨县徽态特色农产品有限公司、安徽芝神堂药业有限公司等
21. 福建省柘荣县	高山白茶、太子参	三本山茶油 "石古兰"牌产品（野放茶、白毫银针） "融盛"牌产品（曾氏辣、红米醋） 福建恒馨茶业有限公司"龙井岗"牌茶叶（龙舌白、白毫银针） 福建天人药业股份有限公司"瑞祥天人"牌太子参	福建三本农业高科技有限公司 宁德石古兰农业开发有限公司 福建融盛食品有限公司 福建恒馨茶业有限公司 福建天人药业股份有限公司

（续）

长寿之乡	长寿资源	长寿产业	相关企业
22. 广东省梅州市丰顺县	温泉（硅、氟、氡等元素含量符合医疗用热矿水标准）、高浓度负氧离子、富矿物质水、中药材、茶叶	鹿湖温泉度假村、韩山历史文化旅游区、龙归寨瀑布景区、龙鲸河漂流景区、粤东大峡谷旅游景区、御逸温泉度假村、铜鼓峰生态旅游区、大宝山旅游度假区	
23. 广西上林县	1. 地理位置北回归线横穿县城，北回归线是世界上著名长寿带；2. 气候湿润温和，夏长而不酷热，冬短而无严寒，常年平均气温 21 ℃，年平均降雨量超过 1 600 mm；3. 水质富含钙、偏硅酸等促进人体健康的微量元素，饮用水 PH 酸碱度值呈弱碱性；4. 森林覆盖率高：县境森林覆盖率高，负氧离子含量超过 20 000 个/cm³，是世界卫生组织"清新空气"标准的 20 倍，常年空气质量优良率达 98% 以上；5. 土壤：土壤中富含硒、镁、磷、钙、铁、锌、钾等多种生命必需矿物质，其中土壤硒平均含量 1.69 mg/kg，是中国土壤硒背景值的 5.8 倍，100% 的农用地土壤中硒含量达到富硒等级（≥0.4 mg/kg）；6. 主要农产品：全县农产品其中稻米富硒率 100%，茶叶富硒率 80%	东高康养示范基地、大龙湖文旅康养项目、国际马术运动康养基地、南丹卫城文旅项目、大庙江生态旅游景区、壮族老家田园综合体、县中医院综合楼、上林县养老院（第二福利院）、上林县旅游集散中心、壮族老家博物馆、金莲湖生态园、云里湖现代农业园、鼓鸣寨养生旅游度假村、万古茶园景区、福人湖三角梅产业示范区、霞客桃源中医药健康旅游示范基地、东春村民宿聚集区、天然饮用水基地	恒信东方公司（签订东方梦幻国际文旅康养项目） 广西骏骑公司（上林国际马术运动康养项目） 正邦集团公司 牧原集团公司 海大集团公司 农夫山泉公司 广西智佳大健康食品有限公司 县医疗集团中医院特色瑶医专科正式揭牌 县冠粮公司——上林大米

（续）

长寿之乡	长寿资源	长寿产业	相关企业
24. 海南省澄迈县	1. 澄迈空气中的负氧离子的含量为4 500/立方厘米； 2. 澄迈富矿物质水，水质中的锶元素含量达到0.2 mg/1以上，符合饮用水安全标准； 3. 澄迈县富硒土壤占全县土壤面积的56%； 4. 澄迈县用于中药的植物有：益智、砂仁、巴戟、沉香等	旅游业：福山咖啡文化风情镇、地中海风情小镇、欧洲风情小镇、台湾风情小镇、美椰姐妹塔、永庆寺、加笼坪热带季雨林旅游区、济公山旅游度假区、九乐宫温泉度假山庄等； 特色文化产业：洗夫人情容、洗龙水、木雕、洗太夫人文化节、军坡节、福山咖啡文化节、端午节、椰风狂风节、乡村文化室等； 长寿食品加工业：全县食品加工厂69家，食品经营店253家	截至2021年底止，澄迈县企业数为18 950家
25. 河南省封丘县	金银花、树莓、贡芹、红薯、石榴、芦笋、山药、黑小麦	旅游业	陈桥湿地、青龙湖、嘉联生态园、曹岗险工、陈桥驿站等
26. 河南省夏邑县	富矿物质水、富硒土壤、土特产等	长寿食品加工业、餐饮业、旅游业等	长寿食品加工企业40多个；夏邑长寿食品企业联盟长寿食品超市、富锶源食品饮料厂、雪玉粉业、四季青家庭农场、佳佰其食品、景盛昌食品、胡建立桶子鸡、孔祖酒业、朱路口原生态食品厂、东欣食品厂、丹谊食品公司、古栗烧牛肉、纯玉醪糟食品坊等；长寿食府、永震园林、花木兰及天之涯旅游服务公司等

（续）

长寿之乡	长寿资源	长寿产业	相关企业
27. 湖北省钟祥市	钟祥90%以上的地区都属于中硒以上的地带，总面积超过124万亩，占全市耕地面积近一半	文旅大健康产业，长寿食品产业	大米企业（市级以上农业产业化企业15家）：湖北新布局生态农业发展有限公司（国家级），钟祥市长寿长丰米业有限公司、钟祥市钟米生态农业发展有限公司等9家省级农业产业化企业。油料企业（3家）：中粮祥瑞粮油工业（荆门）有限公司、钟祥市罗师傅粮油食品有限公司、湖北功建农业科技有限公司。食用菌企业（5家）：湖北双华农业科技有限公司、湖北浩伟科技股份有限公司、钟祥兴利食品股份有限公司、湖北千宝食用菌有限公司、湖北合味康农业科技有限公司。蟠龙菜企业（2家）：湖北省钟祥市明阳食品有限公司、湖北润物食品有限公司。葛企业（4家）：湖北仙之灵食品有限公司、湖北黄仙洞葛业科技有限公司、湖北葛娃食品有限公司、湖北亿睿葛业有限公司
28. 江苏省如皋市	如皋花木盆景享誉全国，如皋盆景大观景区、中华长寿文化谷、平园池花香民俗园、金岛生态园等成为人们养生健身好场所。如皋土壤中微量元素充分，硒元素分布广泛且含量适中	养老产业	博爱护理院、九华养老服务中心、长寿星养老服务中心等16家
29. 山东省东明县	富硒土壤、食品加工	东明黄河国家湿地公园、庄子文化纪念馆、虎杖种植及加工、生物制药、富硒面粉、富硒鸡蛋、花生奶等。东明县的大平调、庄子传说、佛汉拳被列为国家级非物质文化遗产项目	东明格鲁斯生物科技有限公司、山东方明药业集团股份有限公司、东明县益康源食品有限公司、山东维榕食品有限公司、东明养百老谷物食品有限公司、东明县益康源食品有限公司

（续）

长寿之乡	长寿资源	长寿产业	相关企业
30. 山东省莱州市	登海玉米、莱州梭子蟹、大粒盐、大姜、大樱桃、文蛤、对虾、大竹蛏、长寿梨等	现有省级旅游度假区1处——莱州滨海生态省级旅游度假区；A级景区6家，其中AAAA级景区1家——大基山森林公园，AAA级景区5家——云峰山景区、中华月季园、黄金海岸生态旅游景区、马家庄现代农业园、驿道初家乡村旅游景区 莱州市现有非物质文化遗产保护项目105项，其中列入烟台市级以上非遗保护名录23项，省级以上6项，国家级3项。列入国家级项目为：蓝关戏、莱州草辫、掖县滑石雕刻	山东登海种业股份有限公司 山东食圣酿造食品有限公司 山东莱州大家乐食品有限公司 莱州市喜麦熹食品有限公司

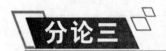

推进长寿之乡文化旅游发展[*]

中国经济长期快速发展、国民物质生活水平的提高以及人民对高质量美好生活的追求，带动了国内文化旅游市场的繁荣。随着大众旅游时代的到来，单纯的游山玩水式旅游已经难以满足人们高品质综合性的旅游需要，追求健康、养生和精神享受成为国民文化休闲度假旅游的主要诉求。因此，长寿之乡的文化旅游发展也自然而然成为关注的焦点。

一、长寿之乡文化旅游的内涵和主要特点

（一）长寿之乡文化旅游的内涵解析

根据中国老年学和老年医学学会发布的数据，从 2007 年 11 月 25 日评选湖南麻阳苗族自治县、四川彭山区和广西永福县起，截至 2023 年 6 月，全国共认定 100 个"中国长寿之乡"（以下简称"长寿之乡"），涵盖 17 个省份，109 个县级行政单位。从空间分布来看，长寿之乡多数集中在以广西、广东为主的华南地区和以浙江、江苏、山东、福建为主的华东及沿海地区，华中地区及西南地区的长寿之乡数量则较少。其中有超 1/3 的长寿之乡集中在广西，共 38 个（表 3 - 1）。

表 3 - 1　中国长寿之乡的地理分布

省域	数量	省域	数量
广西	38	海南	3
浙江	5	江西	2
广东	9	安徽	2
江苏	7	上海	1
山东	6	湖北	1
福建	7	湖南	3
河南	5	重庆	1
贵州	5	云南	1
四川	4	合计	100

综观长寿之乡的特征，可以发现，大部分长寿之乡都具有高森林覆盖率、充沛的降雨量及适宜的气候环境等自然生态优势，由此形成了长寿之乡文化旅游发展的自然地理环境

---

　　* 作者：李作双，丽水职业技术学院旅游健康学院博士、专职研究员；蔡敏华，丽水职业技术学院旅游健康学院副院长、教授。

基础。地域优异的自然生态资源，如气候、水文、地形、植被、海拔、含氧量、富硒、温泉、矿泉、绿色农产品等，可以发展长寿康养相关的旅游活动或产品。典型的如丽水市推出的"丽水山耕"系列品牌，把生态农产品与文化旅游元素相结合，进一步释放了绿水青山所蕴含的"金山银山"潜力。

同时，生活在长寿之乡的人群更是拥有独特浓厚的历史文化积淀，加上本土风俗相生相长的独有生活方式，与其他地区文化旅游产业形成鲜明的对比，在长寿健康养生文化方面形成了自身特色。如广西巴马瑶族自治县把"补粮添寿"的传统融入旅游项目当中。通过举行"补粮仪式"祈福老人延年益寿，将"补粮仪式"重现给游客，既体现了巴马仁寿孝道的文化底蕴，又满足了游客来巴马寻找健康长寿之道的愿望。此外，巴马还推出了品长寿宴、瑶族绝技表演等项目，形成了融康养饮食、休闲旅居、长寿文化和民俗风情为一体的长寿之乡文化旅游模式，成功留下了游客。

总的来看，推进长寿之乡文化旅游产业大发展必须要把"长寿文化"的基因内核注入本地日常旅游活动当中，使长寿文化之"魂"与旅游之"体"实现有机融合发展，让游客体验长寿之乡独特的长寿文化、历史传统文化，宜居的自然生态环境，与本土相宜的、健康的生活方式。打好"长寿之乡"金字招牌，是发展长寿之乡文化旅游的应有之义。

（二）长寿之乡文化旅游发展的主要特点

从文化旅游产业发展规律和市场增长的视角来看，长寿之乡所独具的长寿文化必须得到足够释放与展现，长寿之乡的自然生态环境要素要兼具宜居性、景观性以及文旅活动经济价值的可转换性，长寿之乡的本土生活方式必须让游客深切体验，这样才能彰显文化底蕴，从而增加游客的消费黏性和复游率。

当然，在国家全力推动文旅融合、全域旅游和乡村振兴发展的时代背景下，长寿之乡文化旅游发展也有其独特的特点，肩负着一定的时代使命。

1. 文化品牌属性

中国老年学和老年医学学会认定的"中国长寿之乡"，对各地长寿之乡文化旅游产业发展而言，是一块含金量很高的社会品牌，集中体现了长寿之乡源远流长的长寿历史和长寿文化。

受传统的旅游模式影响，绝大多数长寿之乡的文化旅游还处在以山水自然风光为主、浅层次人文观览阶段，缺乏对人文内涵的深度挖掘，不能很好满足不同游客群体对旅游高品质的需求。很多地方旅游营销模式单一，仅靠单纯的模仿，游客缺少深度融入体验，整体经济效益不高。

因此，各地长寿之乡应当制定文化旅游产业长远发展规划，深研本土文化，深入挖掘长寿文化内涵，融合各具特色的山水文化、养生文化、中医药文化、地域民俗文化、民族文化等，将文化元素融入"吃、住、行、游、购、娱"六要素中。以长寿之乡品牌为"灵魂"，利用长寿品牌的无形资产，加强长寿之乡文旅产业长寿品牌的打造，探索文旅融合的振兴发展之路，着力培育长寿旅游新业态、新产品，最大限度地发挥文化品牌转化能力，激活长寿之乡文化旅游产业高质量发展的内生动力。

2. 融合发展属性

党的二十大报告指出："坚持以文塑旅、以旅彰文，推进文化和旅游深度融合发展"。这既是对我国文旅融合发展经验的高度总结，也为新时代长寿之乡文旅深度融合发展指明了方向。

各长寿之乡充分利用"长寿之乡"品牌，不同程度地推动本地各类文化资源、文化要素转化为旅游产品，通过实施"文化＋""旅游＋"，推动文化和旅游产业与相关产业融合发展，特别是长寿文化和旅游产业深度融合，打造兼具文化和旅游特色的新业态、新主体、新模式，开创新的发展空间、形成新的发展优势。例如，都江堰市正积极发展健康文化旅游产业，推动卫生健康与"农商文体旅医养"深度融合。通过实施一系列重大文旅项目，引导打造青庭国际精准康疗中心、孙思邈康养文化小镇、石羊"中医药康养小镇"等健康旅游示范项目，吸引越来越多的游客来都江堰市"寿养旅居"，"寿养＋康养＋医养＋文化"旅游新模式正在形成。孙思邈康养文化小镇依托青城山道文化资源和生态资源，将道医、道养、道药等元素集合于此，搭建道医养药文化平台，深度挖掘以"道文化""中医药"为主题的长寿养生文化旅游资源，全面提升群众康体养生理念；七里诗乡既能让游客享受到林盘诊所的周到服务，又能感受景区的炊烟袅袅、竹林风晚，充分体验田园康养的怡然和度假休闲的欢愉，彰显了长寿之乡文旅的温度情怀，丰富了全域旅游文化内涵底蕴。

此外，数字革命和信息化工具的推陈出新，也推动长寿之乡文旅产业的数字化、网络化、智能化融合发展。部分地区积极推动云娱乐、云展览、云旅游、沉浸式体验等文旅新场景，打造"科技＋文化＋旅游"深度融合的智慧文旅新模式。

3. 产业振兴乡村属性

中国县域经济发展的关键在于广大乡村地区的振兴。近年来，国家实施乡村振兴战略，推进美丽乡村建设，引导文化旅游产业为乡村发展赋能、"输血"，乡村通过文化找回乡魂，焕发了全新的生机和美感。乡村文化旅游体验活动不断刷新人们对乡村的认知，文旅业态的植入已成为畅通城乡经济循环、促进产业关联互通的重要桥梁，在一定程度上拓展了县域经济发展空间，为乡村振兴找到了可操作的新型路径。

在我们统计的 100 个长寿之乡中，有近 70％的县级行政单位位于山区，整体经济发展水平相对落后。而长寿之乡凭借其丰富的乡村景观特色、康养生态环境及深厚的人文底蕴，造就了悠久的地域文化、多彩的风土习俗和健康的养生体验，长寿之乡的乡村文化旅游发展"天然"成为乡村振兴的"最优选项"。例如，广西巴马瑶族自治县加大旅游扶贫力度，推动"农、医、养、文、游"结合，发展长寿养生文化旅游和生态休闲农业。据统计，巴马拥有广西四星级农家乐 1 家、三星级农家乐 2 家、农家旅馆 290 家。2019 年全年接待国内外游客约 821.5 万人次，同比增长 24.88％，实现旅游收入 82.89 亿元，同比增长 27.6％，创造了良好的经济效益和社会效益。

可见，长寿之乡文化旅游产业发展已经成为乡村振兴的重要力量。

二、长寿之乡文化旅游发展的基本状况

（一）长寿之乡文旅资源丰度、等级较高

国民生活水平提高和文旅产业向深层次方向发展，推动人们旅游消费从基本的感官享受需求往更高级的自身安全健康需求的转型，长寿文化体验、健康养生度假逐步取代传统的观光型旅游，成为新时期文旅消费新趋势，长寿之乡的文化旅游越来越得到人们重视。

目前100个长寿之乡的自然资源条件大多山清水秀，生态良好，土壤富含各种对人体健康有益的微量元素，森林覆盖率高，空气中负氧离子含量高，全年环境空气优良天数比例高，雨量充沛，温度适宜，这其中以广西、广东、浙闽、云贵、川渝等华南、华东、西南地区表现得尤为突出。长寿之乡独特的"山、林、水、土、光、热、气"组合，造就了生态宜居的环境，独具特色的气候特征与丰富多样的旅游资源成为长寿之乡文化旅游发展的天然优势。

同时，遍布全国17省份的长寿之乡因为地域不同而形成了不同的长寿文化积淀，精彩纷呈的风情民俗、历史文化传统、民族文化、饮食文化、养生文化、中医药文化及非物质文化遗产等，为长寿之乡开展文化旅游活动和产品开发提供了深厚的文化资源。

除了"长寿之乡"这张发展文化旅游的金字招牌，长寿之乡目前所拥有的资源品级也较高。

在100个长寿之乡中，国家5A级景区达到19家（重庆四面山风景名胜区、安徽万佛湖风景区、龙岩古城旅游区、都江堰旅游景区、遵义赤水丹霞景区、焦作云台山风景区、商丘芒砀山景区、台州神仙居景区、温州刘伯温故里景区、丽水缙云仙都景区、丽水云和梯田、常州天目湖景区、潍坊青州古城、梅州雁南飞茶田景区、清远连州地下河风景区、北海南湾鳄鱼山景区、崇左德天跨国大瀑布景区、贺州黄姚古镇、钟祥明显陵景区），占全国5A级景区总量比例超过5%，这其中以广西最为突出，广西长寿之乡5A级景区占到全自治区总量的1/3。从5A级景区分布系数（5A级景区数量/县市区数量）的横向对比来看，100个长寿之乡的5A级景区分布系数为0.1635，高于全国2843个县区市的平均分布系数0.1118（图3-1）。

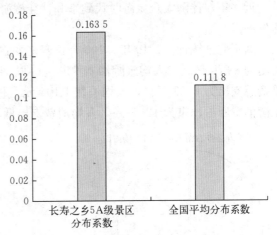

图3-1　5A级景区分布系数，长寿之乡与全国平均水平对比

长寿之乡挂牌的国家旅游度假区为7家（成都天府青城康养休闲旅游度假区、遵义赤水河谷旅游度假区、宜兴阳羡生态旅游度假区、常州天目湖旅游度假区、北海银滩国家旅游度假区、崇左大新明仕旅游度假区、桂林阳朔遇龙河旅游度假区），占全国总量的11%。从国家旅游度假区分布系数（国家旅游度假区数量/县市区数量）的横向对比来看，100个长寿之乡的国家旅游度假区分布系数为0.0673，高于全国2843个县区市的平均分布系数0.0221（图3-2）。

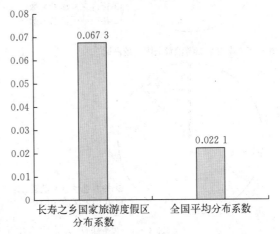

图3-2　国家旅游度假区分布系数，长寿之乡与全国平均水平对比

在国家文化和旅游部、国家发展和改革委员会联合评选的"全国乡村旅游重点镇（村）"中，长寿之乡地区获评的"全国乡村旅游重点镇"数量为17家，占到全国总量（198家）的8.59%；"全国乡村旅游重点村"数量为76家，占到全国总量（1 399家）的5.43%。数量庞大的中国乡村旅游重点镇（村）支撑起长寿之乡乡村文化旅游经济发展。

此外，长寿之乡还拥有国家级旅游休闲街区3家（桂林阳朔西街、北海老城历史文化旅游街区、焦作岸上旅游休闲街区），国家级历史文化旅游街区2家（北海老城、桂林阳朔西街）。

充沛的文化旅游资源组合与诸多"国字号"的旅游资源加持，赋予了长寿之乡文化旅游发展的无限潜能。

（二）长寿之乡文旅消费市场地位愈发突出

近些年，伴随大众旅游时代到来和社会旅游理念的深入，长寿之乡文化旅游也迎来快速发展。

据不完全统计，2019年，100个长寿之乡旅游总人数达到8.8亿人次，总体旅游消费支出为8 270亿元，人均旅游消费940元。同期，国内旅游总人数为60.6亿人次，旅游消费总支出为6.63万亿，人均消费1 104元。长寿之乡旅游人数占全国比重为14.52%，旅游消费所占比重为12.47%，人均消费支出低于全国平均水平（图3-3）。

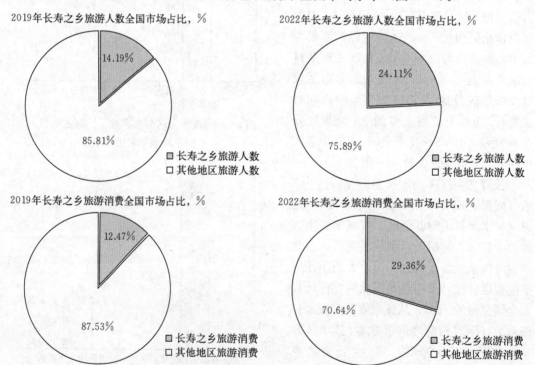

图3-3　疫情前后长寿之乡文旅在全国市场中的结构变化

新冠疫情结束以后，国内旅游消费市场逐步恢复。受新冠疫情影响，人们在旅游消费

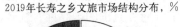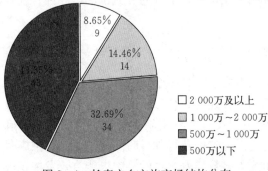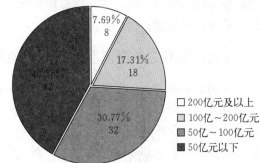

理念上发生深刻变化，文旅消费行为中更加关注长寿、健康、养生方面的活动内容或消费项目。2022 年，长寿之乡文化旅游总人数为 6.1 亿人次，旅游消费支出 5 990 亿元，人均消费支出 982 元。而同期，全国旅游总人数为 25.3 亿人次，旅游总消费支出 2.04 万亿，人均消费支出 806 元。长寿之乡旅游人数占全国比重上升为 24.11％，旅游消费所占比重上升为 29.36％，人均消费支出高出全国平均水平 21.84％（图 3-3）。

通过数据对比我们可以发现，在后疫情时代，随着人们文化旅游消费理念和消费行为的变化，长寿、健康、养生等大健康文化旅游消费比重得到大幅度提升，与之密切相关具有天然发展优势的长寿之乡文化旅游在原有国内旅游消费市场结构中发生了显著变化，市场占比、人均消费水平都明显提高，整体市场恢复程度也优于其他地区文旅消费市场。长寿之乡文化旅游在国内旅游消费市场的地位愈发突出。

（三）长寿之乡文旅发展内部结构不均衡

长寿之乡遍布全国 17 个省份，但是各长寿之乡文化旅游市场横向对比来看，发展极度不均衡。

根据 2019 年各长寿之乡旅游统计数据，100 个长寿之乡县区市中，旅游人数超过 2 000 万人次的有 9 个区县；旅游人数 1 000 万～2 000 万人次的有 14 个区县；旅游人数 500 万～1 000 万人次的有 34 个区县；低于 500 万人次的有 43 个区县（图 3-4）。其中，最高值为台州市仙居县，旅游人数达到 3 885.32 万人次，排名最后的是北海市铁山港区，旅游人数仅为 89 万人次，两者差距高达 42 倍。

从地区旅游消费收入数据来看，100 个长寿之乡县区市中，旅游收入超过 200 亿元的有 8 个区县；旅游收入 100 亿～200 亿元的有 18 个区县；旅游收入 50 亿～100 亿元的有 32 个区县；低于 50 亿元的有 42 个区县（图 3-5）。其中，最高值为北海市海城区，旅游收入达到 381 亿元，排名最后的是威海市文登区，旅游收入仅为 1.14 亿元，两者差距高达 334 倍。

图 3-4　长寿之乡文旅市场结构分布　　　　图 3-5　长寿之乡文旅消费收入结构分布

通过数据分析，我们可以发现，长寿之乡文旅发达的县区主要分布在经济发达的长三角地区（如仙居县、宜兴市、溧阳市、桐庐县等）以及传统的旅游强区（如都江堰市、阳朔县、梅县区、江津区、北海市海城区等）。而长寿之乡文旅欠发达地区主要集中在边远山区，其经济发展水平、人口基数、交通、旅游服务公共设施等在一定程度上制约了文化旅游产业发展。

（四）长寿之乡文旅产业业态趋向同质化

长寿之乡文旅产业发展的核心要素具有很大的相似性、重合度，无外乎是优质的自然生态环境条件、深厚的长寿文化和历史底蕴，这就决定了其文旅产品的互通性，只是称谓有所不同。

在各长寿之乡实际操作过程中，大多围绕"长寿"文化内核要素，结合当地自然山水风光、地域历史文化传统、农业生产基底、特色资源等，形成了融自然山水观光、民俗人文体验、农旅休闲、文体节事活动、健康养生度假等一系列的综合性文旅产品形态。

在文旅产品及业态开发上，各长寿之乡之间也是相互"借鉴"，必然造成长寿之乡文旅产品的趋同化。绝大多数长寿之乡文旅产品业态开发，更多聚焦在"物化"、有形的产品和项目上，往往忽视了长寿之乡文旅服务经济的本质内容。其提供的服务产品没有具体标准，不可量化、不可度量，这样深深影响到游客的消费体验。

从长寿之乡文旅产品发育度上来讲，除少数地方取得一些成绩，多数地区仍在起步阶段徘徊，对如何发展持观望态度。特别是在国家相继提出"全域旅游""文旅融合""文旅振兴乡村"等发展概念和政策出台之后，各地区加快推进贯彻文旅发展的新理念、新政策，过多要素的导入，反而无法更好地"锚定"长寿之乡发展的文旅内核。目前，多数长寿之乡地区的文旅产品仍处在自然风景观光向浅层次休闲度假体验转变阶段，而可供游客深度体验消费的长寿文旅产品及服务远远算不上丰富。

长寿之乡文旅产业转型升级已成共识，各地都在进行积极的尝试和探索。目前，广西巴马长寿旅游产品开发建设在长寿之乡之中可以说是进化到"2.0"阶段，依托长寿资源禀赋，构建起现代化大健康产业体系，促进健康食品、健康服务、健康科技3个核心产业；通过"全域旅游＋长寿康养"融合发展，跨行业、跨领域，跳出传统产业演变路径，结合本地要素禀赋和发展实际，推动了巴马文化旅游由单一景区景点的观光游向融合大健康的康养旅游转变，巴马正在建设成为具有鲜明文化特色、浓郁康养氛围的国际性、复合性、全天候的旅游首选目的地。

（五）长寿之乡文旅品牌整体不够彰显

中国老年学和老年医学学会颁发的"中国长寿之乡"是一个综合性、社会性品牌，它不仅仅涉及地方文旅产业的发展，还深刻影响到地方经济、社会、文化、生态建设等方方面面。从品牌宣传的角度看，目前全国能叫得响的长寿之乡文旅品牌也不外乎巴马、麻阳、钟祥、石阡、如皋等少数几个县市，这还是因为它们获得称号时间较早，品牌推广时间较长，才慢慢积累起一定的社会知名度，而绝大多数长寿之乡的品牌未能有效发挥积极作用。

事实上，"长寿之乡"称号能否为县市地方的发展带来正外部效应（名声提高、旅游吸引力增强等），"长寿之乡"品牌作为一项无形资产，其价值能否在文旅产业发展中得到显性化，往往取决于地方政府的认知和态度。从目前已参与到"长寿之乡"评选活动的县市区情况来看，大致可以分为三类：一是"城市名片"类型，即把参加评选"长寿之乡"作为城市荣誉称号建设的一种举措，这是典型的地方政绩观作祟的结果，后续的品牌建设工作自然是可有可无状态；二是经济导向类型，即把"长寿之乡"评选或品牌作为推动地方长寿产业和养生环境的一种重要手段，其结果是地方上形成一种或几种长寿文旅相关产品，典型的如丽水市已经成功打造了"丽水山耕"生态农产品、"丽水山景"乡村旅游、"丽水山泉"高端水产品、森林康养产品及"巧手丽人"手工产品等区域特色长寿经济品牌，正在致力于打造成世界知名的幸福宜居之城、长三角著名的健康养生福地、中国最美长寿之乡；三是综合发展类型，即把"长寿之乡"评选和建设作为地方发展的契机，整合地区与长寿产业相关的资源，促进产业转型升级，使地方社会经济得到整体发展，这需要地方政府具备前瞻性的战略眼光，做好包括长寿之乡品牌宣传推广在内的顶层设计。

　　总而言之，长寿之乡的品牌核心价值不能仅停留在荣誉称号层面，需要以长寿文化资源和产业基础为"锚点"进行影响力的扩大和影响范围的迁移，可以从荣誉称号向外延伸、长寿文化显性化等角度入手增强长寿之乡文旅产业发展的品牌效应。

（六）长寿之乡文化旅游的广西实践

　　广西气候条件优越，绝大部分地区属亚热带季风气候区，夏长冬短，雨水丰沛，光照充足，森林覆盖率位居全国前三，空气质量优良天数和主要河流水质达标率位居全国前列，拥有众多闻名遐迩的旅游度假胜地。其药用动植物资源、海洋资源超过 7 000 种，是全国"天然药库""生物资源基因库"和"中药材之乡"，全区药用植物资源约占全国三分之一，物种资源种数位居全国前列。广西是多民族聚居地区，拥有精彩纷呈的民族习俗、人文风貌和饮食文化，造就了长寿福地的文化基因。全区有 38 个县（市、区）获得"中国长寿之乡"称号，超过全国的三分之一，数量居全国首位，贺州市成为全国首个"全域长寿市"，巴马瑶族自治县已然成为"长寿之乡"的标杆，"长寿福地·壮美广西"品牌享誉中外。得益于"长寿之乡"品牌的带动效应，广西正在把资源优势转变成文化旅游产业的发展优势。

　　如何打响"长寿广西"品牌，深度挖掘游客的全龄段健康养生需求和开拓银发一族的文化旅游消费市场，广西文化和旅游厅编制了《广西大健康老年旅游发展规划（2022—2025 年）》（以下简称《规划》），作为全区大健康旅游产业发展的顶层设计。《规划》提出，到 2025 年，全区形成"一核引领、五区联动、多点协同"的大健康产业发展新格局，即以南宁首府为全区大健康产业发展核心区，引领带动桂北休闲旅游与养生养老产业区、桂南滨海文旅与医疗医药产业区、桂东医疗医药与生态养老产业区、桂西长寿保健与医疗康体产业区和桂中民俗文旅与医械制造产业区协同发展，积极打造旅居康养示范基地、健康旅游示范区、健康食品园区等产业基地，实现广西大健康产业快速有序发展。初步形成覆盖全生命周期、内涵丰富、特色鲜明、布局合理的大健康全产业链体系。同时，丰富老年旅游产品，进一步开拓和规范市场，服务质量大幅提升。

　　据统计数据，截至 2022 年底，广西全区已成功创建 34 个养生养老小镇，一批集养生养老、医疗保健和休闲旅游功能为一体的基地初步建成。目前，全区共有国家森林康养基地 4 家，全国森林康养基地试点建设单位、试点县 22 个，遴选了 26 家中医药健康旅游示范基地、22 家中医药特色医养结合示范基地，桂林市被列为国家健康旅游示范基地创建单位，南宁市被列为国家中医药健康旅游示范区创建单位。

为打响"长寿广西"文化旅游品牌，广西将大力开发兼具养生、养身、养老的山水休闲度假旅游、长寿养生旅游、中医药健康旅游、医疗保健旅游、乡村旅居养生旅游等新产品、新业态，打造中医药健康主题游线、长寿养生养老主题游线、山水休闲度假主题游线、边海休闲度假主题游线、民族文化体验主题游线 5 条精品线路。

《规划》还提出，将开通"夕阳红"旅游专线，到 2025 年接待老年人游客量稳居全国前 10 位；提高老年游客出行服务质量，建设便捷化交通服务设施，提升旅游出行信息服务水平，推进老年智慧健康养老服务便利化，培育老年旅游特色住宿业态，提高老年旅游服务水平。

1. 五大老年旅游精品线路

（1）中医药健康主题游线。以南宁中医药健康旅游示范区为核心，以中医养生为主题，整合南宁、贵港、玉林、梧州等地健康旅游资源及中医药养生资源，开发"南宁—贵港—玉林—梧州"的中医药健康旅游线路。

（2）长寿养生养老主题游线。以世界长寿之乡巴马为核心，以长寿文化体验为主题，整合河池、百色、南宁长寿旅游资源，开发"南宁城区—田阳区—右江区—凌云—乐业—天峨—凤山—巴马—东兰—都安—大化—上林—南宁城区"的长寿养生养老旅游线路。

（3）山水休闲度假主题游线。线路一：以山水休闲度假为主题，整合桂林、贺州等地优质的山水生态资源，开发"桂林城区—兴安—龙胜—资源、桂林城区—阳朔—平乐—荔浦—蒙山—昭平—贺州城区—钟山—富川"的山水休闲度假旅游线路。线路二：以中越边关风情旅游带、边海国家风景道为依托，以边关山水文化体验为主题，整合防城港、崇左、百色特色旅游资源，开发"南宁—崇左—百色"的边关山水文化体验旅游线路。

（4）边海休闲度假主题游线。以滨海康养度假为主题，整合北海、钦州、防城港、崇左、百色等地海洋资源、海丝文化、少数民族文化等滨海资源和边境山水旅游资源，开发"北海—钦州—防城港—崇左—百色"的边海休闲度假旅游线路。

（5）民族文化体验主题游线。以民俗风情体验为主题，整合南宁、来宾、桂林、柳州、河池等地丰富多彩的少数民族文化，以及壮、瑶、苗、侗等医药资源，开发"柳州—宜州—环江—罗城—融水—三江—龙胜—桂林""金秀—忻城—马山—都安—巴马"的民族文化体验旅游线路。

2. 重点节点城市发展指引

（1）南宁市。以南宁城区为核心，外围以大明山为中心，涵盖马山县、上林县、武鸣区（北部山区）、隆安县等，打造以生态观光、民俗体验、养生度假为主要功能的环城养生度假休闲带；对接环大明山健康产业带的建设，打造环大明山健康旅游带。

推进建设中国—东盟（南宁）健康产业城、太和自在城等一批大型康养度假文旅综合项目，支持横州西津湖、武鸣大明山、马山红水河、上林清水河等创建国家康养旅游示范基地。

（2）桂林市。重点发展康养度假、健康养老、健康医疗、健康运动等健康旅游产业。大力推进恭城创建国家健康旅游示范县，推进中国—东盟友好疗养基地、信和信桂林国际智慧健康旅游产业园、阳朔兴坪休闲养生度假区建设，推进龙胜温泉、大碧头健康旅游示范园、天湖国际高山生态旅游度假区、荔浦爸妈在线康养基地等创建中医药健康旅游示范区（基地、项目）、森林康养基地、生态旅游示范区、健康旅游示范企业等大健康文旅品牌，探索建设医养结合旅游试点。

（3）柳州市。开发一系列体验式、沉浸式工业旅游产品。发展户外旅游运动装备、旅游房车、观光车等文旅装备制造产业，开发老年健康装备制造体验游。依托工业园区重点打造健康食品、休闲食品、生物医药和医疗康养辅具等大健康产业。

（4）河池市。依托广西打造巴马国际长寿养生旅游胜地的契机，深入挖掘长寿文化、健康文化和民族文化，以东兰、巴马、凤山为核心，推动都安、大化、天峨等有序开发健康产业，大力开发康体养生游、温泉疗养游、中医药养生游、长寿村寨游等特色文化旅游产品，建设中国长寿养生高地和国际长寿养生旅游胜地。

（5）北海市。依托北海市海上丝路文化、滨海海岛风光和海洋生态资源优势，积极培育邮轮游艇、"候鸟式"旅居养老、海岛度假、滨海高端度假、健康旅游、运动休闲、海上丝路文化体验等产品，打造"浪漫北部湾"顶级度假品牌，建设世界级滨海度假胜地。

三、长寿之乡文化旅游发展面临的机遇和挑战

（一）新机遇

党的二十大报告提出，"增进民生福祉，提高人民生活品质""推进健康中国建设""实施积极应对人口老龄化的国家战略"，这标志着我国已进入全民长寿时代。长寿之乡文旅产业发展将迎来前所未有的发展新机遇。

1. "健康中国"战略奠定新起点

健康是人生命之所系，是民生福祉之本，是我国经济社会实现快速健康发展的重要前提，更是国家富强与民族昌盛的重要标志。"健康中国"是基于人民对美好生活的需求，旨在全面提高人民健康水平、促进人民健康的发展战略，进一步确立了人民健康在党和政府工作中的重要地位。

随着我国健康中国战略的不断推进，与之密切相关的康养、寿养等文旅产品和服务消费快速增长。尤其是受到新冠疫情的冲击，人们更加重视健康养生问题，对于保护自身健康的意识不断提升，在旅游消费选择方面也更加关注康养性，中医药康养旅游、森林康养旅游、温泉养生旅游、康复疗养旅游、长寿养生旅游等产品类型越来越受到的青睐。

《"健康中国2030"规划纲要》《国家康养旅游示范基地》《关于促进健康旅游发展的指导意见》等一系列政策意见的出台，为我国文化旅游产业的发展指明了新方向。

2019年，《国务院关于实施健康中国行动的意见》《健康中国行动组织实施和考核

方案》等政策文件的出台，为各省各区域康养旅游的长期可持续发展奠定了新的历史起点。

2021年，《中华人民共和国国民经济和社会发展第十四个五年（2021—2025年）规划和2035年远景目标纲要》中明确提出了把保障人民健康放在优先发展的战略位置，为人民提供全方位健康服务。

2022年，党的二十大报告再次强调推进健康中国建设，把保障人民健康放在优先发展的战略位置，表明了我国推进健康中国建设的决心。

自此，具有天然的资源优势、长寿文化优势的各地长寿之乡把寿养、康养等作为一种新的文旅产品业态方向，在"健康中国"战略推动下，迎来了发展的黄金机遇。

2. 老龄化释放新消费

2021年第七次全国人口普查结果显示，我国60岁及以上老年人口规模达到2.6亿人，占全国总人口的18.7%，比2010年第六次全国人口普查上升了5.44个百分点。2022年60岁及以上人口为2.8亿人，占总人口的19.8%，65岁及以上人口为20 978万人，占总人口的14.9%。预计到2050年，中国老年人口规模将首次超过4亿人。

伴随着老龄化进程的不断加快，独居、空巢老人数量也正以前所未有的速度增长，催生了巨大的老年旅游市场，但单一的养生或者旅游已经无法满足他们的需求。同时，经济增长带来人们生活观念的改变，老年人对健康长寿的渴望越强烈，对寿养、康养旅游的需求就越迫切。"与其花钱治病，不如提前健康养生"的观念逐渐深入人心，回归自然、调理身体、休闲旅游、旅居度假成为老年人所向往的生活。

庞大的老年消费市场，"有钱有闲"的银发群体，他们的康养旅游需求迫切需要市场提供相应的康养旅游服务。老年旅游市场的不断孕育，将进一步改变社会消费结构，形成潜在消费市场，并蕴藏着新的产业机会。预计到"十四五"末，我国出游率较高、旅游消费较多的低龄健康老年人将超过1亿人，老年旅游市场规模有望超过万亿元。

3. 后疫情时代带来新需求

根据世界卫生组织（WHO）关于健康的定义，我国只有15%的人口符合定义标准，还有15%的人处于疾病状态，而70%的人处于亚健康状态。随着生活节奏的不断加快，人们工作、生活压力日益加大，城市交通拥堵、噪声污染、空气污染等问题正影响着城市居民的身心健康，促使人们对健康的诉求愈来愈强烈，渴望通过各种锻炼、疗养旅游等活动，调整身心，纾解压力，实现改善亚健康状态的目的。

2020年，新冠疫情引发了全国对于大健康产业的高度关注。疫情成为一次史无前例的全民健康教育活动，也引发了国民消费理念的改变，人们的旅游消费经历了从"玩"到"养"的转变。疫情之后，长寿之乡文旅市场的恢复速度快于其他地区，也从一定程度上说明寿养、康养旅游已然成为中国当前旅游产业结构下最重要的旅游类型之一。长寿产业既能满足人们"康"与"养"的需求，又促进人们身心全面发展，显著增强了人们对文化旅游产品的关注与向往，市场需求强烈。

现在已进入全龄康养旅游时代，追求健康成为休闲生活主流，康养旅居度假也催生一系列新业态，长寿之乡文旅产业成为新时期县域经济突破发展的一种新模式。全龄康养能够满足不同年龄层人群全龄化的康养需求。30岁以下需求主要是运动养生，包括登山、自行车、跑步，亲近自然山水、森林、田园以及研学、体验风土人情等。30～50岁需求主要有休闲养生，包括美容足疗、品茶、观鸟钓鱼、休闲消遣等；户外亲子，包括体验生活、儿童户外拓展、家庭聚会等；自驾游，包括野营、野炊、房车露营、烧烤等。50～60岁需求主要是养性养生，包括禅修、灵修、国学、太极、静修等；调养养生，温泉疗养、中医养生、膳食养生等；治未病，调理亚健康、保健品理疗等。60岁以上人群需求主要集中在医疗养生，包括健康检查、康复训练、药物疗法等项目内容；护理照料，家庭医生、护士护理、生活照料等；养老服务，养老社区、健康管理中心、康疗中心等项目内容。

总之，随着后疫情时代全龄康养旅游的到来，长寿之乡文旅将迎来高速发展提升阶段。

4. 政策叠加带来新利好

关于文化旅游业发展，国家层面先后出台了《关于进一步促进旅游投资和消费的若干意见》（国办发〔2015〕62号）《促进乡村旅游发展提质升级行动方案（2018—2020年）》（发改综合〔2018〕1465号）《关于促进全域旅游发展的指导意见》（国办发〔2018〕15号）《关于进一步激发文化和旅游消费潜力的意见》（国办发〔2019〕41号）《关于深化"互联网＋旅游"推动旅游业高质量发展的意见》（文旅资源发〔2020〕81号）等一系列意见，对新常态下的旅游业发展作出了总体战略部署。2021年6月，文化和旅游部发布的《"十四五"文化和旅游发展规划》为新时期旅游业发展提供了重要指导，确立了旅游业的战略性支柱产业地位，并明确提出发展康养旅游，推动国家康养旅游示范基地建设，这无疑为长寿之乡文化旅游产业发展带来极大政策利好。

地方层面，云南省人民政府印发了《云南省"十四五"健康服务业发展规划》，指出要全力建设区域医疗中心，加快打造医疗发展高地，深入推进优质医疗卫生资源优化整合，着力提升跨境医疗健康服务辐射能力，发展高端健康体检和健康管理服务，推动中医药健康服务多业态融合发展，建设国际一流高原特色运动康体目的地，打造呼吸疗养、温泉疗护、森林康养胜地等。

广西壮族自治区党委、政府出台了《关于加快建设世界旅游目的地推动旅游业高质量发展的意见》（2022），区政府办公厅印发了《关于加快文化旅游业全面恢复振兴的若干政策措施》（桂政办发〔2023〕4号），着力打造世界级康养旅游名片、世界级文化旅游名片，开发民族特色医疗、温泉疗养、森林康养等健康旅游产品，打响"长寿广西"品牌，向世界展示广西养生天堂、长寿福地之美。

湖北省先后出台了《关于中共湖北省委湖北省人民政府加快培育旅游支柱产业推进旅游经济强省建设的决定》《湖北省人民政府关于促进旅游业改革发展的实施意见》（鄂政发〔2015〕17号）、《支持文化旅游产业恢复振兴若干措施》（鄂政发〔2020〕17号）、《关于加快湖北省大健康产业发展的若干意见》（鄂办发〔2020〕11号），明确指出要在旅游业的大发展中扩内需、稳增长、增就业、减贫困、惠民生，把旅游业建设成为全省战略性支柱产业。

在各地政府公布的多项政策条例中，"健康产业""长寿文化""养老养生产业""医养结合""旅居康养"等词汇频频出现在政策纲要中，这也印证了长寿之乡文旅产业发展具备了政策利好的叠加优势。表3-2列举了部分长寿之乡文旅产业相关政策。

表 3-2　长寿之乡文旅产业相关政策（部分列举）

长寿之乡	政策文件名称	政策主要内容
恭城县	恭政发〔2019〕1 号恭城瑶族自治县人民政府关于印发《恭城瑶族自治县加快推进全域旅游发展工作实施方案》的通知	重点打造"康养旅游、文化旅游、乡村旅游"三大旅游品牌；以"县城＋高铁片区"为核心，打造文化康养精品线路，加快推进瑶族文化村、健康文化村、瑶汉养寿城等项目建设
东兴市	东兴市人民政府印发关于加快文化旅游产业高质量发展的实施方案的通知	做优做精文旅康养产业，打造江平镇滨海民族文化旅游，马路镇乡村康养旅游，推进大健康文旅项目和文旅精品建设
上林县	《全域旅游发展规划》	做强大健康文旅产业，加快启动大龙湖创国家 5A 级景区工作，推进南丹卫城、上林国际马术运动康养基地等重大项目建设
万宁市	《万宁市"十四五"旅游文化体育发展规划》	形成中医药轻医疗康养、运动康养、滨海度假康养、雨林康养和温泉康养等旅游产品
巴马县	《巴马国际长寿养生旅游胜地文化和旅游发展规划》	围绕健康食品、健康服务、健康科技三大核心业态，大力发展天然饮用水、长寿食品、健康医养、精品体育、会议会展、生物科技、特色医药等特色产业，加快打造"四个百亿"生态产业发展集群，初步构建了特色鲜明、具有国际竞争力的大健康产业体系，成为全区特色鲜明的健康养生目的地
钟祥市	《钟祥市旅游产业发展"十四五"规划》	依托明文化、长寿文化、红色文化等打造文化体验项目和品牌节庆活动，并将影视文创、非物质文化遗产、特色民俗、乡土风情融入旅游活动之中，发展文化旅游；依托温泉养生项目和养生设施，打造以特色医疗和康体养生为核心的"大健康"休闲旅游
如皋市	《如皋市"十四五"文体旅发展规划》	进一步打造"长寿之乡，诗意小城"文旅品牌，推动中华长寿文化谷、中国长寿城提档升级，建设平园池温泉康养小镇、长江国际生态康旅岛
麻阳县	麻阳县文旅广体局 2023 年工作计划	深入挖掘利用长寿康养文化旅游资源，推进重大长寿康养项目建设，推动文旅、农旅、寿旅融合发展，完善配套基础设施
铜鼓县	《铜鼓县加快推进旅游服务业发展的若干政策》	引导汤里文化旅游度假区、天柱峰景区、七星岭滑雪场等龙头景区围绕生态和度假资源，丰富康养项目和住宿设施，打造高等级旅游度假区

（续）

长寿之乡	政策文件名称	政策主要内容
大新县	2023年政府工作报告	积极推进"千万老广游广西、崇左人游崇左"活动；大力促进乡村旅游、康养旅游、研学旅游、非遗旅游等"文旅＋"融合发展，培育生态旅游产品
丽水市	2022年11月，丽水市人民政府与浙江省民政厅正式签署《关于共同推进"浙丽长寿·山区颐养"行动合作备忘录》	通过开展六大专项行动，促进城乡基本养老服务均衡覆盖，打造"浙里康养"金名片；重点从基本养老服务、红绿文旅康养、特色康养产业和结对共建共享等四个方面发力，建设一批面向长三角区域的红色党建和旅居康养目的地

从国家到省级再到市级层面，从文旅融合到健康、养老、康养旅游度假等，长寿之乡文旅发展都有了完善的政策体系支撑。

（二）新挑战

长寿之乡文旅发展取得了一些成绩，但在区域竞争、同质竞争等方面，优势不足。丰富的长寿旅游资源优势，并没有很好地转化为产业优势。后疫情时代，长寿之乡文旅发展依然面临诸多挑战。

1. 如何有效整合优势旅游资源，提升龙头产品品质

长寿之乡文旅资源丰富多样且分布广泛，有其独特的长寿文化内涵，但是在区域内、跨区域旅游资源和设施方面还一定程度上处于分割状态，未能很好与其他地区形成有效衔接，实现相互借力发展和集群式发展。同时，多数长寿之乡地区在文旅产品业态、开发模式上的相互借鉴，导致长寿之乡文旅产品的同质化，只能带给消费者浅层体验的难题仍有待解决。这需要各长寿之乡文旅部门充分考虑自身优势，整合特色资源，打造高品质龙头产品，强化自身产品的辨识度。

2. 如何全面构建旅游产品体系，提高长寿之乡文旅层次

绝大多数长寿之乡地区现有的旅游服务体系尚未形成与旅游目的地发展、散客旅游和智慧旅游时代相适应的旅游组织体系和旅游公共服务体系，不能满足休闲旅游、康养度假消费者对于设施的舒适性和服务的系统性需要，更是难以适应快速兴起的个性化、定制化旅游需求，从而影响长寿之乡文旅产业的可持续发展。同时，长寿之乡旅游开发建设中存在"重项目、轻服务"的问题，寿养、康养产品业态丰富，但是服务标准缺失，造成游客消费体验感较差。一些成熟的景区项目运营层次较低，仍旧以游览观光类为主，缺乏游乐、体验、参与类项目，在开发、包装、升级方面少有变化。

3. 如何深入推动文旅深度融合，营造全域旅游氛围

长寿之乡地区的历史积淀孕育了深厚文化底蕴。但文化与旅游的融合，普遍缺少实质性项目、实质性产品。如何通过挖掘地区独有的长寿文化、乡土文化、生态文化，利用非物质文化遗产、文物古迹、古镇古村古街古民居及博物馆、文化馆、电影院等资源，推进文化和旅游的深度融合是长寿之乡文旅发展必须考虑的现实问题。此外，要从全地域、跨地域、全产业链的视角来认识长寿之乡的文旅资源，按照全域旅游理念推进全地域旅游开发、全要素整合和全产业联动，并出台促进全域旅游发展的措施，营造全域旅游发展氛围。

4. 如何创意运作旅游营销，提升长寿之乡文旅品牌

100个长寿之乡地区在文旅产品促销、旅游景区促销方面做了大量的工作，也取得了一些成效。但"长寿之乡"品牌在地方政府部门的推广宣传中所占比例有限，分散进行且不成系统。由于缺乏整体创意策划，又找不准突破点，多数长寿之乡很难"出圈"。如何让"长寿之乡"的文旅品牌和旅游目的地形象广为人知、深入人心，需要进行整体谋划。

四、推动长寿时代文化旅游发展的思路和路径

（一）深化长寿文化内涵，提升长寿之乡文旅品牌影响力

1. 挖掘长寿之乡独特的长寿文化底蕴，传承和创新发展长寿文化

充分利用长寿之乡深厚的历史文化积淀，挖掘融入本地区山水风景、养生文化、中医药文化、民俗文化等元素的长寿文化内涵。同时，运用数字技术手段，实现长寿文化创意转化，丰富长寿文化展示形式，增强长寿文化的感染力和吸引力。

2. 构建长寿之乡文旅共性品牌

统筹长寿之乡资源配置，塑造长寿之乡文旅产品共性品牌内涵和外延。提升长寿之乡文旅品牌影响力和美誉度，增强品牌竞争力。

3. 打造长寿之乡文旅特色品牌

发掘不同长寿之乡的人文地理环境与长寿文化特色，打造长寿之乡特色文旅品牌。通过差异化特色文旅品牌培育，增强长寿之乡文旅品牌的辨识度和影响力。

（二）推进文旅深度融合，培育长寿之乡文旅新业态

1. 深化文化旅游融合

以长寿文化为核心，深入挖掘本地历史文化、民俗文化、民族文化等资源。将文化资源有机融入景区开发、景点设计、游览路线、解说讲解、文创产品等环节。形成具有长寿之乡文化特色的旅游体验。

2. 拓展文旅与相关产业融合

鼓励与农业、医疗、养老、体育、教育等行业进行交叉融合。发展寿养融合、教养融合、医养融合、运动养生等新业态。丰富旅游形式，满足多元化旅游需求。

3. 推进智慧文旅建设

运用5G、VR/AR、AI等技术，实现景区智能化管理和游客智能化体验。构建长寿之乡智慧文旅服务平台。推动文旅数字化转型升级。

（三）提升乡村文旅供给能力，增强长寿之乡发展活力

1. 发掘乡村文化底蕴

保护传统村落风貌和历史建筑。挖掘具有乡土特色的非物质文化遗产。传承和创新发展乡土文化。

2. 丰富乡村旅游内容

开发富有乡土特色的民俗体验项目。打造与土地、农耕、民俗习惯等元素结合的乡村旅游新产品。

3. 完善乡村旅游设施

改善乡村旅游接待设施，提升服务水平。加强乡村旅游交通、网络等基础设施建设。提升乡村旅游可及性。

4. 提升乡村居民素质

通过培训，提高乡村居民旅游服务意识和技能。发挥乡村居民在产品开发、经营管理等方面的主体作用，尤其是要注重培育和吸引乡村休闲旅游产业的本土人才。

（四）创新长寿之乡文旅治理模式，构建良好发展生态

1. 加强顶层设计与规划引领

提高长寿之乡文旅发展战略地位。统筹长寿之乡文旅资源开发与保护。编制长寿之乡文旅专项规划，明确发展思路、重点任务和保障措施。

2. 完善政府引导机制

创新政府对长寿之乡文旅发展的引导方式。采取品牌创建、资金支持、税收优惠等措施，引导长寿之乡文旅健康有序发展。

3. 构建多元参与的投融资机制

鼓励社会资本通过特许经营、委托管理、股权合作等方式参与长寿之乡文旅建设。创新政府和社会资本合作模式，形成项目开发、运营的合力。

4. 强化安全管理和生态保护

完善安全生产管理和应急预案，保障旅游安全。加强文旅建设与自然生态保护的协同管理，实现长寿之乡文旅可持续发展。

（五）以系统化理念，提升长寿之乡文旅的软实力

以系统化思想来通盘考虑长寿之乡文旅发展整体思路，做好顶层设计与谋划，围绕核心要素，破解发展难题，以期找到符合长寿之乡地区特点的、能够提升长寿之乡文旅软实力的最佳路径（图3-6）。

1. 系统性谋划全局，做好长寿之乡文旅顶层设计

长寿之乡文旅发展是一个广域性概念，具体到每个长寿之乡地区其路径特点各不相同。因此，以文旅产业为抓手，以系统性思维来谋划好地区发展的顶层设计至关重要。优化文旅发展条件，挖内涵、补短板、强基础，提升核心要素和文旅产品供给能力。

2. 政府引导，企业主导，社会监督，全民参与

为了更好地打造长寿之乡文化旅游品牌，各地政府应当在全局上把控好当地文化旅游发展的方向，适当加大对"长寿文化"的宣传力度，树立起长寿文化旅游的品牌，逐步形成全民参与共建的新局面，让长寿文化在居民、游客心中和行为当中产生影响，带动人们参与到长寿文化旅游品牌的建设中来。同时，在长寿之乡文化旅游项目开发建设过程中，要引导企业对当地优质的自然生态环境资源进行合理适度使用，避免自然生态环境遭到破

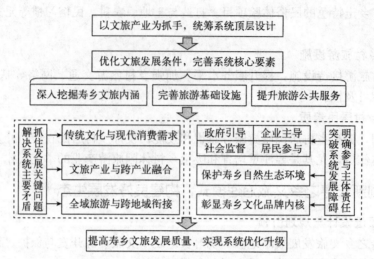

图 3-6　系统化理念视角下长寿之乡文化旅游软实力提升路径

坏，发挥相关行业协会、社会组织团体的监督机制和作用，促进长寿之乡文旅建设健康有序开展。

3. 深入开发长寿文化资源

长寿文化，不仅仅是一种民族文化的表现方式，其中还有更多的内涵。作为旅游消费的主体，本地人和外来游客是作为两种不同"亚文化"环境中的人而存在的。游客来到一个目的地，想要得到的是与自身久处的环境不一样的体验，而长寿文化具备了这样的吸引力，人们对于长寿的秘密的好奇心永远都不可能消失。因此，加强长寿文化内核的深度挖掘与活化利用，让长寿文化的内涵展现在游客面前，让游客自己参与到长寿文化相关的活动中来，满足其文旅消费需求的同时使游客得到极致体验。同时，在长寿之乡文旅基础设施方面也要加大投入，保证硬件和"软件"的配套使用，给游客留下深刻的印象。

4. 着力开发与长寿文化相关的旅游配套产品与服务

长寿文化旅游是一项朝阳产业，它能够带动一批相关产业的发展，且符合绿色生态经济的条件，对周围环境的影响相对较小。长寿之乡温和的气候、优质的水源、悠久的历史文化、丰富多彩的民族文化都能与长寿文化紧密结合起来，形成多种跨产业融合发展的旅游产品与服务，如乡村田园游、森林生态游、康养运动游、亲子健康游、温泉康养游、中医药康养游等，努力提升游客的参与度，让游客在旅游的过程中获得更多的体验感和满足感。此外，要积极谋划长寿之乡文旅产品、基础设施的跨地域衔接和协调，提升长寿之乡优质文旅产品和服务的供给能力，扩大区域影响力，打造长寿康养旅游目的地。

总之，长寿之乡不尽相同的优质自然资源和长寿文化传统，必然形成多种多样的文旅发展模式与路径，不能只是照搬其他"领头羊"的发展经验，只有在总结经验教训与结合自身实际的实践过程中，才能找到适合自身发展的道路。

参考文献

[1] 孙九霞. 文旅产业发展的新动向与新趋势 [J]. 人民论坛, 2023, 12 (9): 4-5.

[2] 周佰豪. 后疫情时代康养旅游发展趋势及路径探究 [J]. 西部旅游, 2023, 10 (6): 13-14.

[3] 李超. 中国老龄产业发展研究 [M]. 北京: 中国人民大学出版社, 2014.

[4] 黄璐. 巴马文化旅游融合发展对策研究—文旅融合背景下民族地区文化旅游发展研究系列论文 [J]. 沿海企业与科技, 2023.

[5] 林武民. 用好"中国长寿之乡"品牌 打造恭城特色养生基地 [J]. 广西经济, 2014.

[6] 杨华锋, 品牌建设与原生态文化节发展策略—长寿之乡巴马调研报告 [R]. 大庆师范学院学报, 2009, 29 (04).

[7] 张栩菡, 茅丹宁, 张鑫燕. 生态优势下丽水市康养产业现状及发展对策的研究 [J]. 上海商业, 2023, 03.

[8] 国家统计局城市社会经济调查司. 中国城市统计年鉴2020 [M]. 北京: 中国统计出版社, 2021.

附录: 各长寿之乡主要文旅景点

序号	省份	县级行政单位	国家5A级旅游景区	国家级旅游度假区	国家4A级旅游景区	全国乡村旅游重点镇(乡)、重点村	全国特色景观旅游名镇名村
1	广西	桂林市永福县			永福金钟山旅游度假区		
2	广西	桂林市阳朔县	漓江景区	遇龙河旅游度假区	世外桃源、图腾古道、聚龙潭、天籁·蝴蝶泉、西街、三千漓中国山水人文度假区	阳朔镇骥马村、阳朔镇鸡窝渡村	兴坪镇
3	广西	桂林市恭城瑶族自治县			恭城三庙两馆景区、恭城红岩村景区	莲花镇红岩村	莲花镇红岩村、平安乡社山村
4	广西	南宁市上林县			大龙湖景区、大庙江生态旅游度假区	大丰镇东春村	
5	广西	南宁市马山县			金伦洞、水锦·顺庄、弄拉生态自然风景区	古零镇 古零镇小都百屯、古零镇羊山村三甲屯	
6	广西	河池市巴马瑶族自治县			盘阳河景区、仁寿源景区、长寿岛景区、洞天福地景区、水晶宫景区	那桃乡平林村、甲篆镇百马村	

（续）

序号	省份	县级行政单位	国家5A级旅游景区	国家级旅游度假区	国家4A级旅游景区	全国乡村旅游重点镇（乡）、重点村	全国特色景观旅游名镇名村
7	广西	河池市东兰县			列宁岩（东兰广西农民运动讲习所）、壮乡将军纪念馆、东兰红色旅游区、东兰红水河第一湾、东兰长乐宫		
8	广西	河池市凤山县			凤山三门海、万寿谷		
9	广西	河池市宜州区			刘三姐故里、祥贝世外桃源景区、会仙山风景区、拉浪生态休闲区、怀远古镇景区		刘三姐乡
10	广西	河池市大化瑶族自治县			红水河百里画廊景区、七百弄国家地质公园		
11	广西	河池市天峨县			龙滩大峡谷景区		
12	广西	防城港市东兴市			万尾金滩、屏峰雨林公园、东兴国门景区、京岛风景名胜区	江平镇交东村、东兴镇竹山村	
13	广西	防城港市防城区			江山半岛旅游度假区、白浪滩、西湾旅游景区		
14	广西	梧州市岑溪市			白霜涧景区、天龙顶山地公园		南渡镇吉太社区三江口自然村
15	广西	梧州市蒙山县			长坪水韵瑶寨景区、蒙山永安王城景区、梁羽生公园	新圩镇古定村	
16	广西	梧州市藤县			藤县石表山风景区		
17	广西	梧州市苍梧县			六堡茶生态旅游景区	六堡镇大中村	
18	广西	贺州市昭平县	黄姚古镇		南山茶海景区、桂江生态旅游景区、中共广西壮族自治区工委纪念园景区	黄姚镇 黄姚镇北莱村	黄姚古镇
19	广西	贺州市富川瑶族自治县			神剑石林景区、神仙湖景区、富川生态高值农业科技示范园景区	朝东镇岔山村	

序号	省份	县级行政单位	国家5A级旅游景区	国家级旅游度假区	国家4A级旅游景区	全国乡村旅游重点镇（乡）、重点村	全国特色景观旅游名镇名村
20	广西	贺州市钟山县			百里水墨画廊景区		
21	广西	贺州市平桂区			姑婆山国家森林公园、十八水原生态景区	沙田镇龙井村	
22	广西	贺州市八步区			大桂山森林公园、贺州玉石林景区、贺州园博园、西溪森林温泉景区、临贺故城景区		
23	广西	来宾市金秀瑶族自治县			圣堂山、金秀莲花山景区、金秀圣堂湖、银杉公园、古沙沟景区、山水瑶城景区	长垌乡六巷乡大岭村、长垌乡平道村、长垌乡滴水村、金秀镇六段村	长垌乡古占民俗旅游村
24	广西	来宾市象州县			象州古象温泉度假区、象江水利风景区		
25	广西	来宾市武宣县			百崖大峡谷风景区、下莲塘景区、八仙天池景区、东乡红色旅游区		东乡镇下莲塘村
26	广西	崇左市扶绥县			龙谷湾恐龙公园		
27	广西	崇左市大新县	德天跨国大瀑布	大新明仕旅游度假区	明仕田园风景区、八桂壮王城旅游区（龙宫仙境）、安平仙河景区、大新德天·老木棉景区、大阳幽谷景区	堪圩乡明仕村、硕龙镇德天村	硕龙镇
28	广西	崇左市天等县			天等丽川森林公园景区		
29	广西	崇左市龙州县			发现·弄岗景区、左江景区、小连城景区		
30	广西	百色市凌云县			茶山金字塔景区、泗城州府景区、环浩坤湖山水生态体验区景区	伶站瑶族乡浩坤村	
31	广西	百色市乐业县			大石围天坑群景区、乐业凤山世界地质公园、龙云山故事小镇景区		同乐镇火卖村

（续）

序号	省份	县级 行政单位	国家5A级 旅游景区	国家级 旅游度假区	国家4A级 旅游景区	全国乡村旅游重点 镇（乡）、重点村	全国特色景观 旅游名镇名村
32	广西	百色市 平果市			平果通天地下河景区		
33	广西	玉林市 容县			都峤山风景区、容州古城、 真武阁、容州民国小镇		
34	广西	贵港市 港南区			四季花田农业生态园、南 山风景名胜区、贵港港南区 山边旅游区、安澜景区		
35	广西	钦州市 浦北县			越州天湖景区、五皇山风 景区	北通镇那新村	
36	广西	北海市 合浦县			东园家酒产业园、海丝首 港·合浦始发港景区、星岛 湖景区、合浦月饼小镇、海 上丝路文化遗址公园、汉闾 文化园		
37	广西	北海市 海城区	南湾鳄鱼 山景区		海底世界、石螺口海滩、 滴水丹屏景区、北部湾广场、 五彩滩、盛塘天主教堂、圣 母堂、北海老城历史文化旅 游区、印象·1876北海历史 文化景区、高德古镇	地角街道新营社 区流下村	
38	广西	北海市 银海区		北海银滩 国家旅游 度假区	北海银滩、金海湾红树林 生态旅游区、海洋之窗、音 乐喷泉《潮》、海滩公园、北 海园博园、北海银基国际旅 游度假区、侨港小镇		
39	广西	北海市 铁山港区					
40	广东	佛山市 三水区			三水荷花世界景区、三水 森林公园		
41	广东	清远市 连州市	连州地下河 风景区		湟川三峡——龙潭文化生 态旅游区		
42	广东	梅州市 蕉岭县			长潭旅游区		

（续）

序号	省份	县级行政单位	国家5A级旅游景区	国家级旅游度假区	国家4A级旅游景区	全国乡村旅游重点镇（乡）、重点村	全国特色景观旅游名镇名村
43	广东	梅州市大埔县			张弼士故居、百侯名镇旅游区	西河镇北塘村	百侯镇
44	广东	梅州市丰顺县			韩山历史文化生态区		八乡山镇
45	广东	梅州市梅县区	雁南飞茶田景区		雁山湖国际花园度假区、灵光寺、叶剑英元帅纪念园	雁洋镇雁洋镇长教村	
46	广东	茂名市信宜市			窦州古城景区	镇隆镇八坊村	
47	广东	茂名市化州市			广垦国家热带农业公园		
48	广东	湛江市徐闻县			金沙湾观海长廊	角尾乡放坡村	
49	山东	烟台市莱州市					
50	山东	威海市文登区			无染寺、汤泊温泉度假村、昑里店古墓群、天沐温泉度假村	高村镇慈口观村	界石镇
51	山东	威海市乳山市			乳山银滩旅游度假区、福如东海文化园、大乳山滨海旅游度假区		海阳所镇
52	山东	菏泽市单县			浮龙湖生态旅游景区、开山公园、单县科技馆		
53	山东	潍坊市高密市			红高粱小镇旅游区		
54	山东	潍坊市青州市	青州古城		泰和山风景区、九龙峪景区	王府街道井塘村、王坟镇胡林古村	庙子镇
55	江苏	南通市如皋市			水绘园风景区、中国工农红军第十四军纪念馆、盆景大观	城北街道平园池村	
56	江苏	苏州市太仓市			太仓现代农业园、沙溪古镇		沙溪镇
57	江苏	常州市溧阳市	天目湖景区	天目湖旅游度假区	新四军江南指挥部纪念馆、天目湖南山竹海景区	戴埠镇戴埠镇李家园村、南渡镇庆丰村	天目湖镇

（续）

序号	省份	县级行政单位	国家5A级旅游景区	国家级旅游度假区	国家4A级旅游景区	全国乡村旅游重点镇（乡）、重点村	全国特色景观旅游名镇名村
58	江苏	南通市如东县					
59	江苏	南通市启东市			碧海银沙景区		
60	江苏	盐城市东台市			西溪旅游文化景区、黄海森林公园、东台泰山寺、安丰古镇、天仙缘景区	弶港镇巴斗村	
61	江苏	无锡市宜兴市		宜兴阳羡生态旅游度假区	竹海风景区、团氿风景区、龙背山森林公园、云湖旅游景区、张公洞旅游景区、善卷洞风景区、中国宜兴陶瓷博物馆、陶祖圣境景区	湖滏镇 湖㳇镇洑西村、西渚镇白塔村	西渚镇
62	浙江	温州市永嘉县			楠溪江风景名胜区	岩头镇 岩头镇苍坡村	岩头镇苍坡村、岩坦镇屿北村
63	浙江	丽水市莲都区			东西岩景区、古堰画乡景区		
64	浙江	丽水市龙泉市			龙泉山景区、中国青瓷小镇、宝溪景区、住龙景区	宝溪乡溪头村	
65	浙江	丽水市青田县			中国石雕文化旅游区、青田石门洞景区	方山乡龙现村	
66	浙江	丽水市缙云县	缙云仙都景区		缙云黄龙景区、河阳古民居景区	新建镇河阳村	
67	浙江	丽水市遂昌县			金矿国家矿山公园、南尖岩景区、神龙飞瀑景区、千佛山景区	湖山乡红星坪村	
68	浙江	丽水市松阳县			松阳箬寮景区、大木山骑行茶园景区、松阴溪景区、双童山景区	大东坝镇茶排村、三都乡上田村	
69	浙江	丽水市云和县			云和梯田景区、湖仙宫景区	赤石乡赤石村	
70	浙江	丽水市庆元县			庆元百山祖景区、巾子峰景区		举水乡月山村

（续）

序号	省份	县级行政单位	国家5A级旅游景区	国家级旅游度假区	国家4A级旅游景区	全国乡村旅游重点镇（乡）、重点村	全国特色景观旅游名镇名村
71	浙江	丽水市景宁畲族自治县			景宁中国畲乡之窗景区、云中大漈景区		
72	浙江	杭州市桐庐县			天子地风景区、桐庐江南古村落风景区、浪石金滩、瑶琳仙境风景名胜区、严子陵钓台、垂云通天河景区		
73	浙江	温州市文成县	刘伯温故里景区		龙麒源旅游景区、森林氧吧小镇	南田镇武阳村	
74	浙江	台州市仙居县	神仙居景区		永安溪休闲绿道、神仙氧吧小镇	淡竹乡淡竹乡下叶村	白塔镇
75	河南	商丘市夏邑县			龙港湾景区		
76	河南	商丘市永城市	芒砀山景区		淮海战役陈官庄烈士陵园、永城沱河日月湖水利风景区		
77	河南	周口市淮阳区			太昊伏羲陵景区		
78	河南	焦作市修武县	云台山风景区		圆融寺景区	云台山镇岸上村、西村乡大南坡村	岸上乡
79	河南	新乡市封丘县					
80	贵州	铜仁市石阡县			仙人街景区、石阡温泉群风景名胜区	坪山仡佬族侗族乡佛顶山村	
81	贵州	铜仁市印江县					
82	贵州	遵义市赤水市	赤水丹霞景区	赤水河谷旅游度假区	赤水丹霞旅游区·佛光岩景区、燕子岩国家森林公园、四洞沟旅游景区、赤水竹海国家森林公园、赤水大瀑布、赤水风景名胜区	复兴镇凯旋村、天台镇凤凰村	
83	贵州	黔南布依族苗族自治州罗甸县			罗甸红水河景区		

（续）

序号	省份	县级行政单位	国家5A级旅游景区	国家级旅游度假区	国家4A级旅游景区	全国乡村旅游重点镇（乡）、重点村	全国特色景观旅游名镇名村
84	贵州	黔西南布依族苗族自治州兴仁市				屯脚镇鲤鱼村	
85	四川	眉山市彭山区			眉山农业嘉年华景区、寿星谷景区、彭祖仙山景区		
86	四川	成都市都江堰市	都江堰旅游景区	成都天府青城康养休闲旅游度假区	都江堰市、虹口自然保护区、青城山旅游景区	柳街镇七里社区、龙池镇飞虹社区、青城山镇泰安社区	
87	四川	资阳市雁江区					
88	四川	南充市西充县			张澜故里		
89	海南	澄迈县				老城镇罗驿村、大丰镇大丰村、福山镇敦茶村委会侯臣村	
90	海南	万宁市			兴隆热带植物园、东山岭旅游区	兴隆华侨农场	
91	海南	文昌市			铜鼓岭风景区、宋氏故居景区、椰子大观园景区	龙楼镇 龙楼镇好圣村、东路镇葫芦村、潭牛镇大庙村	
92	福建	宁德市柘荣县			鸳鸯草场景区		
93	福建	泉州市泉港区					
94	福建	漳州市诏安县					
95	福建	宁德市寿宁县				下党乡下党村、犀溪镇西浦村	
96	福建	漳州市东山县			东山风动石景区、漳州马銮湾景区、漳州东山岛景区		

（续）

序号	省份	县级行政单位	国家5A级旅游景区	国家级旅游度假区	国家4A级旅游景区	全国乡村旅游重点镇（乡）、重点村	全国特色景观旅游名镇名村
97	福建	龙岩市上杭县	古田旅游区		才溪乡调查旧址景区、古田会议旧址、梅花山·华南虎园景区		古田镇、才溪镇
98	福建	龙岩市长汀县			长汀古镇（汀州古城）、长汀汀江国家湿地公园、汀江源龙门风景区、长汀红色旧址群	南山镇中复村	
99	江西	宜春市铜鼓县			铜鼓秋收起义纪念地景区、天柱峰国家森林公园、汤里文旅康养旅游度假区		
100	江西	宜春市丰城市					
101	安徽	亳州市谯城区			亳州花戏楼、亳州市展览馆、林拥城景区、亳州博物馆、南京巷钱庄、古井酒文化博物馆、曹操地下运兵道	古井镇药王村	
102	安徽	六安市金寨县	万佛湖景区		金寨县革命博物馆、小南京乡村旅游扶贫示范区、大别山玉博园、响洪甸水库景区、金寨红军广场景区、燕子河大峡谷景区、梅山水库风景区	花石乡大湾村	天堂寨镇
103	上海	崇明区			上海明珠湖·西沙湿地景区、上海东平国家森林公园、崇明前卫生态村、上海江南三民文化村景区、东滩湿地公园、上海高家庄生态园、上海长兴岛郊野公园	绿华镇、竖新镇、横沙乡　竖新镇仙桥村、前卫村、绿华镇绿港村、横沙乡丰乐村、陈家镇瀛东村、新河镇井亭村	竖新镇前卫村、陈家镇瀛东村
104	湖北	荆门市钟祥市			明显陵景区、黄仙洞-大洪山风景名胜区、彭墩乡村世界、汇源农谷体验园	客店镇　客店镇南庄村、客店镇马湾村	客店镇
105	湖南	怀化市麻阳苗族自治县					

（续）

序号	省份	县级行政单位	国家5A级旅游景区	国家级旅游度假区	国家4A级旅游景区	全国乡村旅游重点镇（乡）、重点村	全国特色景观旅游名镇名村
106	湖南	常德市安乡县			洛水口大峡谷景区	安康乡仙桃村	
107	湖南	常德市汉寿县			清水湖旅游度假区		丰家铺镇铁甲村
108	重庆	江津区	四面山景区		江津中山古镇、江津陈独秀旧居、聂荣臻元帅陈列馆、武隆白马山千尺情缘景区、重庆江津会龙庄景区、江津聂荣臻故里景区	先锋镇保坪村	四面山镇洪洞村
109	云南	红河哈尼族彝族自治州金平县					
长寿之乡小计（个）			18	7	279	90	32
全国合计（个）			318	63	3 100	1 597	553

注：以上数据截至2023年6月。全国长寿之乡共100个，涵盖109个县级行政单位。

推动长寿之乡康养产业的发展*

　　康养产业，也称为健康产业、大健康产业。2019年3月，国家统计局发布《健康产业统计分类》，对健康产业作了概念界定和科学分类：健康产业是指以医疗卫生和生物技术、生命科学为基础，以维护、改善和促进人民群众健康为目的，为社会公众提供与健康直接或密切相关的产品（货物和服务）的生产活动集合。其包括医疗卫生服务，健康事务、健康环境管理与科研技术服务，健康人才教育与健康知识普及，健康促进服务，健康保障与金融服务，智慧健康技术服务，药品及其他健康产品流通服务，其他与健康相关服务，医药制造，医疗仪器设备及器械制造，健康用品、器材与智能设备制造，医疗卫生机构设施建设，中药材种植、养殖和采集等。

　　伴随着《健康中国行动（2019—2030年）》的全面实施，康养产业成为政府和投资界关注的热点之一，政策体系日趋完善，投资导向相对明确、主导业态基本形成。从社会保障视角说，康养产业作为"健康中国"的重要组成部分，体现人本主义的发展思想，是社会经济发展解决民生福祉的关键产业，可促进中国健康老龄化的发展，解决老龄化带来的系列问题。从社会发展视角看，康养产业覆盖面广、产业链长，涉及养老养生、社保医疗、食品保健、文化体育、休闲旅游等诸多业态，关联城市建设、生态环境、科技信息、社会安全等众多领域，有利于实现社会的和谐与高质量发展。从经济学的视角来看，康养产业是为有健康需求的人提供相关服务和产品的一系列经济活动的集合，就是人们为满足自己身心健康所需的产品、服务和技术，进而形成的包含开发研究、市场生产、服务回报等要素的综合产业体系或产业集群。因此，可以将康养产业界定为以具有康体养生等功能为基础，以康体疗养、休闲旅游等产品与服务为核心，以满足人们身心健康、幸福快乐为价值取向，由为健康需求提供产品和服务涵盖的相互关联和相互作用的产业组成的总和。康养产业也可分为三个层面：核心层是健康生产领域，紧密层是健康服务产业领域，支撑层是健康保障的相关产业（图4-1）。

　　推动康养产业的发展，有利于推动地方产业转型升级、结构调整和产业间的相互融合。《"健康中国2030"规划纲要》提出：积极推动健康与旅游、体育、养老、互联网、中医药融合，促进健康新产业、新业态、新模式的诞生。康养产业结构复杂，既有以现代农业资源为基础的中药材种植等，又有药材、食品加工以及医疗技术服务、医养产品营销

　　* 作者：沈山，江苏康养产业研究院院长、教授，博士，主要从事地域文化与旅游规划、康养政策与市场战略的研究。李晨，江苏师范大学城乡规划学硕士研究生，主要从事文化产业与文化遗产能力建设的研究。

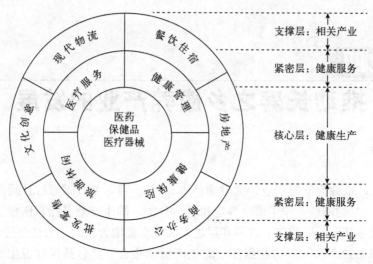

图4-1 康养产业的三个层面

等，是集培育、生产、供销、研发、服务和管理等一二三产业融合而成的完整产业链，是一种立体链式网络结构。康养产业的关联度高，可以与旅游、建筑业等传统产业融合发展，衍生"医疗＋养生＋旅游""医疗＋地产""养老＋地产"等模式；与健康制造业融合发展，衍生"工业＋医疗＋旅游""药品制造＋观光"等模式。康养产业的体验程度高，以促使个人健康为目的，参与者需要借助其他行业的配套服务来体验和感受温泉疗养旅游、文化旅游、生态养生旅游、田园观光旅游等活动的功效，以便愉悦自身，康养自己。

目前，国家层面的康养产业发展方向引领主要集中在7个方面，即产业融合、中医药与康养、旅游与康养、体养融合、"互联网＋康养"、高端医疗、医养结合。

对于长寿之乡而言，康养产业作为健康养生产业与旅游业、现代休闲农业、新兴工业等的融合体，其实质是从事健康产业的企业之间在产业链上完成纵向联系，即不同的产业链相互融合重组，达到产业活动增值的目的。康养产业的发展能带动长寿之乡的整体协调发展，推动长寿之乡康养产业的发展对于提升"长寿之乡"的品牌、保障长寿之乡的品质、发展长寿经济和银发经济、提升人民生活幸福度具有重要的意义。

一、长寿之乡康养产业发展的基本状况和主要特点

截至2022年12月，经中国老年学和老年医学学会、中国长寿之乡专家委员会认定的中国长寿之乡一共有97个（表4-1），其中有3个地级市长寿之乡：广西贺州市、北海市和浙江丽水市。

中国老年学和老年医学学会长寿之乡认定专家委员会认定的中国长寿之乡的分布呈区域性聚集状，具有明显的地理空间指向性和资源特征指向性。地理空间指向性是指地理空间分布上的特征，资源特征指向性是指具有某类资源的独特特征。空间分布上以华南和华东地区为主，广西长寿之乡数量认定最多，1/3以上的长寿之乡集中于广西，占认定总量

的 38.14%。华中地区及西南地区的长寿之乡认定普遍较少，东北地区和西北地区则没有县区参与长寿之乡的认定工作。一方面是地方政府对"长寿之乡"品牌价值的认知度存在差异，导致提交"认证申请"的参与度出现差异；另一方面是地方政府产业规划中，对"长寿经济"的布局不一致；当然，还有部分原因是一些县区对"长寿之乡认定规范"中核心指标存疑。

表 4-1 中国长寿之乡的地理分布

省域	数量	省域	数量	省域	数量	省域	数量
广西	37	福建	7	江西	2	湖南	2
浙江	5	河南	5	安徽	2	重庆	1
广东	8	贵州	5	上海	1	云南	1
江苏	7	四川	4	湖北	1	合计	97
山东	6	海南	3				

上述长寿之乡的资源特征表明中国长寿之乡具有森林覆盖率高、年降雨量丰富及年均气温适宜等自然地理优势，部分县区甚至形成了特有的局部小气候。在此基础上，中国长寿之乡更是以浓厚的地方特色文化氛围、与本地水土相生相长的特有生活方式，与其他地区形成鲜明的对比，并形成地方的康养产业特色。目前，中国长寿之乡的康养产业向气候、森林、温泉、中医药和特色农业等康养资源依附和聚集，呈现以运动康养、疗愈康养、研学康养和旅居康养为代表形成四大业态。

（一）康养产业的基本指向性与产业特色

康养产业的基本指向性包括地理指向性、资源指向性、市场指向性、目的指向性和类型指向性。

1. 康养产业的地理指向性与产业特色

康养产业的地理指向性是指基于地形地貌等地理特征，形成的高原康养产业、山地康养产业、丘陵康养产业、平原康养产业。按照通行的划分方法，海拔 1 000 米以上、面积较大、顶面起伏较小、外围又较陡的高地就算是高原。山地，是指海拔在 500 米以上的高地，起伏很大，坡度陡峻，沟谷幽深，一般多呈脉状分布。山地是一个众多山所在的地域，有别于单一的山或山脉，山地与丘陵的差别是山地的高度差异比丘陵要大，高原的总高度有时比山地大，有时相比较小，但高原上的高度差异较小，这是山地和高原的区分。基于对健康的影响来讲，一般中低海拔区域（1 500 米以下）易于康养休闲，特别是海拔在 800~1 200 米的亚高原或山地丘陵区，气温相对平原地区下降 6~8 ℃，空气含氧量下降幅度对人体影响较小（海拔高 1 000 米，空气含氧量下降 1.6%），且此类区域由于森林覆盖率高，负氧离子标准浓度更高，个人的舒适体验度更好，更有利于形成康养名城名镇。

高原康养产业是基于空间特征的康养分类中被关注最多的概念之一。高原独有的气候特征和自然风光，受人为活动干扰较少，自然和文化等保存相对完整，往往成为居住在沿海及平原地区人们旅行地，形成了以旅游休闲、高原食品、宗教文化以及民族医药等为主打产品的康养业态。

山地康养产业针对户外运动爱好者以及静心养性者，呈现一动一静的形态，主要有登山、攀岩、徒步、户外生存、山地赛车以及户外瑜伽、山地度假、禅修活动等运动康养业态。如贵州罗甸县，是海拔在 300~1 300 米的山地型县域，以"阳光罗甸、康养湖城"为标识，体育康养产业尤为特色。

丘陵康养产业主要集中在丘陵规模较大和景观较好的地区，丘陵特殊的景观和生态环境，多形成以农产品种植、药材生产、生态体验等为主的产业业态。如湖北钟祥市，其东部为大洪山余脉，西部为荆山余脉，汉江在两个山脉之间穿过；两侧高，中部和南部为汉江冲积平原，汉江两侧依次为丘陵和低山地域。中部江汉平原，海拔在 50~100 米，是葛粉之乡，以"生态农业"产业为主；丘陵低山区域以"食用菌"和"云雾茶"最有特色。公元 470 年（南朝明帝泰始六年）就因境内长寿人口众多，改县名为"长寿县"。公元 1531 年（明嘉靖十年），出生于钟祥的嘉靖皇帝取"钟聚祥瑞"之意，改县名为钟祥。新中国成立后，钟祥与广西巴马、新疆和田被选为中国三大长寿之乡。2008 年，钟祥被中国老年学学会认证为首批"中国长寿之乡"。

平原康养产业，平原地区农业较为发达，形成以绿色果蔬、保健食品等为主的康养产品生产业态。河南省夏邑县和封丘县，均处于黄淮海冲积平原上。夏邑县水、土壤、谷物中富含 Ca、Mg、Zn、Sr、Se、Fe 等多种微量元素，特别是含硒量较为突出，以小麦为主的谷类作物中含有各种常量及微量元素，长期以富含 Ca、Cr、K、Mg、Mn、Mo、P、Sr、Zn 等元素的小麦为主食，对于提高人体免疫力和健康长寿，具有十分重要的作用，制定《夏邑县"万商助夏"富硒富锶长寿农产品推广行动方案》，构建"优质粮、蘑菇菌、硒西瓜、中药材、桂柳鸭、电商网、大休闲"的农业产业发展格局。封丘金银花栽培历史悠久，至今已有 1 500 多年的历史，西晋《博物志》中有"魏地人家场圃所种，藤生，凌冬不凋"的描述；以"国家地理标志保护产品"和"中国道地金银花之乡"的品牌，围绕"标准种植、精深加工、流通市场、科技创新、道地药材品牌、发展保障、文化宣传、行业治理"八大体系推进康养产业的发展。

2. 康养产业的资源指向性与产业特色

康养产业的资源指向性是指基于自然资源特点，如森林、海洋、温泉、气候等资源，形成的以资源开发为核心的产业体系。

森林康养业以森林景观、清新空气的森林环境以及森林食品、生态文化为依托，通过对森林资源进行开发，开展旅游、休闲、疗养、度假、娱乐、运动、教育、养老、食疗等产业。森林康养从改善气、光、热、声环境四个方面影响人们健康。森林是天然氧吧，负离子能消除疲劳、降高压、提高细胞免疫力。森林树叶有过滤阳光的作用，使红外线适度，光线柔和。森林防噪声功能强大，声波碰到林带，其能量被吸收 20%~30%，降低 20~25 分贝。目前森林康养业是发展最为成熟的康养产业。2019 年 3 月，国家林业和草原局、民政部、国家卫生健康委员会、国家中医药管理局 4 部门就发布《关于促进森林康养产业发展的意见》，并不断公布国家森林康养产业基地，规划到 2035 年建设国家森林康养基地 1 200 处。2023 年 12 月，广西发布了十大森林康养基地，入选的 10 家基地类型多样、康养项目丰富，如南宁良凤江森林康养基地拓展了"顺藤行进""绿野菩提瑜伽"等康养运动项目，上思十万大山森林康养基地则依托地热优势开发了森林温泉体验，以圣堂山和融水双龙沟为代表的金秀大岭瑶天下康养基地以民族特色餐饮和民俗歌舞表演等。

海洋康养业以海洋景观、食物等海洋资源为依托，通过对海水、沙滩的开发，进行理疗、运动、科普教育、旅游度假、海洋美食等产业。

温泉康养业凭借温泉本身具有的保健和疗养功能，结合中医药、健康疗法等其他资源，从传统的温泉洗浴拓展到温泉度假、温泉养生、温泉理疗等产业，包括温泉浴、康养保健、健身休闲、美容 SPA、餐饮娱乐和休闲度假住宿等。我国温泉康养业发展历史悠久。长寿之乡江西铜鼓县，就是以汤里文化旅游度假区为主体，主打温泉康养，成为集旅游观光、养生度假、文化体验、传经弘道、温泉沐浴、避暑休闲、运动拓展、演艺会展、客家风情于一体的综合康养旅游胜地。贵州石阡县的地热矿泉水，富含硒、锶、氡、锂、锌、偏硅酸等多种的微量元素，可洗浴、可饮用，属国际饮用、医疗双达标矿泉水。铜鼓县围绕"温泉之城·长寿石阡"目标定位，形成以石阡古温泉和佛顶山温泉小镇为核心的康养示范基地。

气候康养业以地区或季节性宜人的自然气候条件为康养资源，通过对阳光、温度的开发，配套各种健康、养老、养生、旅游等相关产品和服务，形成的综合性气候康养产业。长寿之乡贵州罗甸主打"阳光"，倾力呈现罗甸"阳光（Sunny）、运动（Sport）、甜蜜（Sweet）、慢生活（Slow‐life）"4S旅居生活，着力打造国内知名暖冬旅游目的地及贵州大健康养生基地。

3. 康养产业的市场指向性与产业特色

康养产业的市场指向性是指基于市场消费群体的需求，形成的满足不同年龄群体的产品生产的产业分类。

妇孕婴幼康养产业。当前，妇孕婴幼的健康需求不再局限于医疗保健，更多母婴健康产品和服务持续涌现，形成新的产业业态。

青少年康养产业。青少年康养产业是指为满足青少年群体康养需要的产业集合。主要是围绕教育、体育、旅游、美容、养生以及心理咨询等方面形成的产业业态。

中老年康养产业。由于业界始终将健康和养老视为康养产业的核心组成部分，从现阶段该群体需求来看，中老年康养产业不仅包含养老产业和医疗服务业，还包含疗养医疗旅游、慢病管理、健康检测、营养膳食、老年文化等相关及周边产业。2024 年 1 月 11 日，国务院办公厅发布《关于发展银发经济增进老年人福祉的意见》，指出银发经济是向老年人提供产品或服务，以及为老龄阶段做准备等一系列经济活动的总和；特别强调要聚焦多样化需求，培育潜力产业；强化老年用品创新、打造智慧健康养老新业态；着力发展康复辅助器具产业、发展抗衰老产业。这必将全面、系统、深入地推进中老年康养产业的发展。

4. 康养产业的目的指向性与产业特色

康养产业的目的指向性是指满足康养目的的市场供给产品生产和服务提供。康养基本目的以健康保障为基本诉求，同时涵盖制造快乐、提升幸福感等服务，实现从物质到精神的健康养护，可以分为养身、养心、养神三类产业。

基于养身性的康养产业。养身性即是对身体的养护，保证身体机能不断趋于最佳状态或保持在最佳状态，是目前康养最基本的养护内容和目标。广西东兰县主打"睡眠康养产业"，统筹地磁休养、健康睡眠、养生长寿食品和中医药产业发展。

基于养心性的康养产业。养心性即是对心理健康的关注和养护，使康养消费者获得心情放松、心理健康、积极向上的心理体验。福建泉港区以"德孝福寿文化"为统领，推进"海丝福船"馆、锦绣福船公园、福盐文化旅游区、土坑"福"文化旅游区、台诚福美食创客中心、涂岭康寿福园、惠屿幸福之岛等"福"主题园区（公园）建设，全力构建鲜明"福传泉港"文化标识。

基于养神性的康养产业。养神性即是对人的思想、信仰、价值观念等精神层面的养护，旨在保证个人精神世界的健康和安逸。如长寿之乡福建省长汀县，是红军长征的起点，素有"红军的故乡""红色小上海"之称，以红色文化旅游产业来统领康养产业的发展。浙江永嘉县的南"永嘉医派"是中国最早的医学学派，也是中医病因学历史上的一座重要丰碑。永嘉县挖掘"永嘉医派"打造康养城市，以永嘉书院为主体的楠溪江国家森林康养基地围绕静态康养、运动康养、中医药康养、文化康养四大功能区块发展。

5. 康养产业的类型指向性与产业特色

康养产业的类型指向性是指根据产业分类标准，以及康养产品和服务在生产过程中投入要素，将康养产业分为康养农业、康养制造业和康养服务业三大类。

康养农业是指所提供的产品和服务以健康农产品、农业景观为基础和元素，或者是具有康养属性、为康养产业提供生产原材料的林业牧业渔业的融合业态。如长寿之乡四川雁江所产的红薯富含碳水化合物、膳食纤维、胡萝卜素、维生素以及钾、铁、锌、硒、镁、磷、钙等10余种微量元素，红薯还富含花青素，具有抗衰老、减轻疲劳等作用，镁铁钙硒对抗癌、抗糖尿病、增强免疫力等有一定效果。雁江以特色红薯、食用苕尖为主导的特色农业产业，打造"蜀色薯类""清水凤尖"等品牌，将小红薯做成了长寿之乡康养大产业。

康养制造业泛指为康养产品和服务提供生产加工服务的产业。如长寿之乡江苏启东市，全面构建以高端医药、生命数字、健康服务三大产业为重点的生命健康产业生态，着力打造国际一流的生命健康产业集群。重点发展植介入器械、全降解血管支架、生物再生材料等高端、高值耗材，影像设备、手术精准定位与导航系统、医疗机器人、康复器械等高端诊疗设备，全自动生化分析仪、化学发光免疫分析仪、高通量基因测序仪、五分类血细胞分析仪等创新型临床体外诊断设备和配套试剂等，打造高端医疗器械研发产业集群。

康养服务业主要由健康服务、养老服务和养生服务组成。如长寿之乡广西巴马瑶族自治县，拥有原始森林、天坑群、水晶宫、百魔洞、百鸟岩、赐福湖等自然康养长寿资源，积极培育健康旅游品牌，确立"巴马，新时代健康中国的领跑者"目标定位，围绕健康食品、健康服务、健康科技3大核心领域，着重发展天然饮用水、长寿食品、健康医养、精品体育、会议会展、生物科技、特色医药等7大产业领域的大健康产业体系，其健康服务业在全国长寿之乡之中发展全面且系统化。

（二）长寿之乡康养产业发展态势和特征

目前，长寿之乡的康养产业发展的呈现七大态势：以"医养结合"为中心的康养服务产业发展良好，以"绿色食品"为主体的康养食品产业基础稳固，以"长寿之乡"打造康养产业品牌发展势头迅猛，地方特色产业向康养人口的渗透发展明显，康养产业的民族特色浓重、长寿文化突出，通过"康养小镇"建设形成康养特色产业综合体，康养产业从"旅游康养"向"旅居康养"发展转型态势明显。

1. 以"医养结合"为中心的康养服务产业发展良好

党的十九大工作报告中要求，积极应对人口老龄化，构建养老、孝老、敬老政策体系和社会环境，推进医养结合，加快老龄事业和产业发展。2022 年 7 月，国家卫生健康委联合其他 10 家部门联合发文《关于进一步推进医养结合发展的指导意见》（国卫老龄发〔2022〕25 号），要求将推进医养结合发展纳入经济社会发展规划和国民健康、医疗卫生服务体系、老龄事业发展和养老服务体系等相关规划，通过完善价格政策、加大保险支持、盘活土地资源、落实财税优惠、多渠道引才育才等政策措施推进医养结合的发展，不断满足老年人健康和养老服务需求。

医养结合作为长寿之乡康养产业中最核心的内容之一，是最基础、最广泛的老年人照护模式，在"健康中国行动计划"和"积极应对老龄化"两大战略背景下，医养结合已经迎来最大的发展机遇。从各长寿之乡所拥有的医院资源及医疗人力资源情况可以看出，由于多数长寿之乡经济发展较为滞后，在三甲医院数量等硬件条件与医疗人才数量等人力条件上无法与大城市匹敌，这也是城乡二元化体制下资源分布不均衡的体现。但就二级医院与卫生院数量的分布情况而言，部分长寿之乡的医疗资源情况还是相对可观的。

目前长寿之乡医养结合老龄服务发展模式主要有三种。一是整合照料模式，即在单一机构内提供养老照护和医疗服务，既可以在医疗机构中设置养老照护中心，也可以在老龄服务机构内设医疗中心。在"医养结合"模式试点初期，政府一般在大型养老照护中心内设医疗机构，这是因为内设医疗机构需要投入的成本巨大，其运营成本高且多为公办性质，对于政府支持的依赖程度较高。此外，大型房地产企业投资建设"医养结合"模式的机构时，会投资加强建设周边社区卫生服务中心，以完善自身项目的配套，同时该社区卫生服务中心也会辐射周边社区。二是联合运营模式，即养老服务机构与医疗机构签订合作协议，互通资源，独立运营。养老服务机构仅承担老年人康复、照护等非医疗需求的功能，医疗机构提供长期定期和必要时的医疗服务。三是支撑辐射模式，健全长寿之乡内养老服务机构和卫生服务中心功能，两者紧密合作，在长寿之乡范围内全方位为老年人提供功能完善的照护服务和基础的医疗服务。目前长寿之乡范围内已经探索并兴办了各级出资主体不同、运营模式不同、医养侧重不同的医养结合机构。以中国长寿之乡广东省梅州市梅县为例，其通过筹资建设医养结合型养老院、提升医疗服务能力、制定老年人优待办法、完善体育健身场所等方式，让康养服务产业的发展惠及每一位居民，切实提高老龄保障水平。此外，其还鼓励、扶持民间资本进入养老市场，推动建成总投资超 2 亿的老年综合养老机构，提供更专业化、定制化的长寿服务。

2. 以"绿色食品"为主体的康养食品产业基础稳固

长寿之乡普遍具有特色资源禀赋优势,从已认证的长寿之乡的空间分布上看,除山东省和河南省的长寿之乡以外,其他都属于长江以南的省份,且80%以上的长寿之乡均生态资源条件优越、农业相对发达且具有特色农产品及国家地理标志产品,形成以"绿色食品"为主体的康养食品业。

根据已认证的六批长寿之乡名优特色产品的产业类型,其产业类型主要是在生态农业,包括种植—加工业、养殖业、食品与食品加工业、休闲食品的生产和酿造产业,尤其是制茶产业较为突出。其他的两大类:一是中医药产业,主要是中药饮片的生产;另一类是文化旅游业,包括文化康养旅游景区的建设工作。详见表4-2。

表4-2 长寿之乡名优特色产品的产业类型

产品类型	产品地理品牌	产业类型
茶	天目湖白茶,缙云黄茶,松岭头白茶,兴仁营龙茶,江苏周大敬白茶,天目湖黑金白茶,溧阳南山韵龙白茶,山东百士通玫瑰花冠茶,广东万斛源系列茶,丰顺高山绿茶,松阳仙岩谷红茶(绿茶),松阳有机茶,宁德野放茶,宁德白毫银针,石阡苔茶,福建恒馨龙舌白(白毫银针),福建八仙茯茶牌金花黑茶,梅州洞天碧茗牌红茶绿茶乌龙茶,江西上四坊牌青钱柳茶	食品加工业
树莓、坚果	河南树莓,广西寿乡香坚果	休闲食品
樱桃,苹果,桃,梨,金柚,地瓜	威海大樱桃,文登红富士苹果,文登鲜桃,连州水晶梨,莱州地瓜,莱州红富士苹果,广东木子金柚,梅州兴隆金柚	生态农业
油、糖	三本山茶油,天玉食用植物油,回龙山茶油,浙江山茶油,梅州油茶籽油,广东穗瑞油茶籽油,广西马山红糖	食品加工业
米、面	丰城富硒大米,缙云红花紫米,麻阳硒米,麻阳大米,溧阳溧湖大米,龙泉元侠系列,缙云新盛爽面	生态农业(种植—加工)
鱼、鸡	赤水生态鱼,赤水乌骨鸡	生态农业(养殖业)
食用菌、蔬菜、笋	浙江富来森食用菌,连州菜心,遂昌白马玉笋,景宁畲森山蔬菜	生态农业
糕点食品	斋仙圆系列,溧阳乌饭(方便食品),菏泽思达食品,浙江正德状元黑香肠,诏安四海食品	食品加工业
酿造	丽水鱼跃牌酿造,山东圣登堡山楂酒,重庆骄麻佬调味品,福建融盛曾氏辣,福建融盛红米醋,石阡和记绿色食品	酿造产业
中药饮片(菊花、石斛)、西洋参	丽水皇菊,缙云西红花,丽水铁皮石斛,丽水灵芝孢子粉,龙泉铁皮石斛,安徽三义堂中药饮片,广西猫千岁银耳饮品,龙泉灵芝孢子粉,缙云老姜汤,松阳九制黄精,天目湖灵芝五味子胶囊,安徽德昌药业薛阁塔系列产品,文登西洋参	中医药产业
旅游景区	莲都区东西岩景区,庆元仙都景区,遂昌汤沐园,湟川三峡龙潭旅游度假区,连州地下河景区,贵州赤水湖山国际休闲养生度假区,赤水丹霞溪谷养生度假区,松阳大木山茶园	文化旅游业

3. 以"长寿之乡"打造康养产业品牌发展势头迅猛

"绿水青山就是金山银山",发展适合长寿之乡的产业经济,依托长寿之乡特色资源和现有产业,深入挖掘长寿、康养资源,打造特质鲜明、与众不同的康养产业品牌,是符合目前康养产业发展规律的。现有的"中国长寿之乡"中,不乏全国综合实力前百强的县市,如河南永城、江苏太仓、山东莱州、山东乳山等,都是典型的富裕型长寿之乡。从其投资情况来看,兴建养老产业园、做强长寿文化、康养旅游产业、打造区域经济长寿、康养产品品牌等,是目前地方政企联合投资的主要阵地。例如:阳朔县当前正在建设桂林世界级旅游城市的先导区,打造一流康养休闲胜地,大力发展康养度假、健康医疗、健康运动、健康研学等产业,打造迷山国际运动休闲度假区、兴坪休闲养生度假区、兴坪广西养生养老小镇等高端度假区品牌,创建一批健康旅游示范基地、山水康养度假旅游目的地、体育休闲旅游融合示范基地;广西东兰是名副其实的"中国长寿之乡""全国异地养老基地""中国最佳养生休闲旅游目的地"和"中国气候宜居县",当前正积极打造"睡眠康养之城",聚焦"睡眠康养之城"定位,主打"深度好睡眠"品牌,积极谋划睡眠康养产业发展,力促地磁睡眠康养产业与休闲旅游度假产业相融合,引领多元睡眠康养业态高质量发展。

总体上看,有些长寿之乡在文化为魂、绿色为基、健康为本的发展宗旨下,认定了一批具有核心竞争力和行业带动力的地方龙头企业,并且推动政企对接、科企对接、银企对接。地方建立了长寿经济全产业链,品牌内容涵盖了上中下游的保险和金融、服务和医疗、用品和教育等。以绿色生态为核心的长寿之乡康养产业品牌全力打造"秀山丽水、诗画田园、养生福地、长寿之乡";以康养文旅为核心的长寿区域品牌聚焦"湿地森林、农业观光、民俗工艺、养生文化";以工农业产品为核心的康养产业品牌聚焦"电商+合作社+农户、贸易转型、农业资源"。各地"中国长寿之乡"发挥品牌名片效应,加速长寿之乡康养产业经济高质量发展。

4. 地方特色产业向康养人口的渗透发展态势明显

地方特色产业是一个地区在长期的发展过程中所积淀、成型的一种或几种特有的资源、文化、技术、管理、环境、人才等方面的优势,从而形成的具有国际、本国或本地区特色的且具有核心市场竞争力的产业或产业集群。地方特色产业向康养人口的渗透发展态势明显,这点可以从浙江丽水云和县"木制玩具产业"的成长轨迹清晰看到。云和木玩产业起源于从20世纪70年代木偶生产,不断向儿童木制玩具生产发展,成为"中国木制玩具城"。21世纪以来,云和木玩产业的发展空间不断延伸,开始向幼教、动漫、文化创意等产业拓展,掀起了一波转型热潮,先后多次与央视等大型媒体合作,将云和的木玩形象搬上了荧屏,云和木玩进入到全国很多城乡幼儿园。云和县现有木玩生产企业1 000多家,木玩产品达十大类、上千个系列、数万个品种,产品总量占全国的56%、世界的40%,70%以上的产品出口欧美等76个国家和地区,是全球最大的木制玩具生产基地、国内最大的出口基地,拥有"云和木玩""云和教玩"两大集体商标,成为全国首个出口木制产品国家级质量安全示范区。随着老龄化趋势和康养人口的需求转型,云和木玩产业不断向老年人口需求渗透,2021年,云和成功创建"中国长寿之乡敬老养老服务示范城市(县)"。以此为契机,云和县立足"木玩名城"产业优势,瞄准市场需求,探索"老年健康服务＋木玩产业"融合发展新模式，成立了促进老年木玩产业发展工作专班，将"老年＋木玩"融合发展列入老龄健康事业发展的重要内容，并将"打造云和老年木玩特色品牌"写入《云和县老龄事业"十四五"发展规划》，全力推进老年木玩产业发展。打造"老年木玩＋健康"新模式，以应用提高老年木玩发展的普及率，将老年益智类木玩投放至各老年人活动机构，推进老年益智木玩在老龄健康方面的"场景化应用"，形成了可复制共享、可创新推广的"老年木玩"应用模式，也全面推动了康养新业态的发展。

5. 长寿之乡康养产业的民族特色浓重、长寿文化突出

长寿之乡康养产业发展的民族特色浓重，长寿文化突出。以长寿之乡最多的省区广西为例，有壮、汉、瑶、苗、侗、仫佬、毛南、京、回、彝、水、仡佬等 12 个世居民族，各民族均有自己的特色文化，这些文化中包含有民族养生、民族饮食、民族工艺、民族活动等多种内容，由文化催生的康养产业也各具特色。截至 2022 年 12 月，全国有 97 个"中国长寿之乡"，其中广西有 37 个，数量占比超过 38％。结合良好的自然生态资源、丰富的中医药资源、独具特色的医药疗法，强化中医药技术应用和人才培养，部分长寿之乡正积极发展壮大中医药产业，并探索中医药康养融合发展。以"瑶医药"而闻名的长寿之乡恭城，大力支持"瑶医药"等少数民族医药治未病和康复技术的推广，支持在瑶医药特色基础上，聚集优秀民族民间特色医疗资源，建设集民族医疗、健康服务、康复疗养、养老养生等为一体的实体型民族医养健康服务区，并结合长寿之乡内丰富的节庆活动，推动医疗和康养产业、文化旅游产业融合发展。形成民族特色的医药康养产业。富川瑶族自治县发展大健康产业具有得天独厚的优势，依托富川优越的区位优势、优美的生态环境和突出的长寿特质，全力打造天养、医养、颐养、食养、康养"五养融合"的全生命周期、全产业链条、独具富川特色的大健康产业。长寿之乡积淀了丰富的长寿文化，长寿文化催生不同的康养产业，涵养着人们的价值观、健康观、生命观，进而影响着人们的身体与心理健康。

6. 通过"康养小镇"建设形成康养特色产业综合体

2020 年 9 月，国务院办公厅专门发布了《关于促进特色小镇规范健康发展意见的通知》，特别强调要错位发展森林、体育、康养等现代服务类特色小镇。

长寿之乡的长寿康养产业往往基于地方的特色资源，而地方的特色资源则成就了长寿之乡特色康养产业的形成和发展。有的长寿之乡拥有富硒土壤，可以种植富硒农作物，生产出富硒产品；有的适合中草药种植，可以种植高质量的中草药材，有利于推动中药产业发展；有的长寿之乡的环境负氧离子含量高，可以发展旅游和森林康养产业，等等。如寿宁县依托独特的硒锌资源，因地制宜推广发展硒锌康养旅游和高山茶叶、优质水果、食用菌、林下经济"1＋4"生态高效产业，积极支持、引导群众和经营主体参与硒锌产业发展，以"中国硒锌绿谷""中国长寿之乡"品牌为导向，贯彻"富硒锌＋生态＋大健康"产业发展理念，编制富硒锌功能康养产业开发规划，将寿宁打造成为全国功能农业生产基地、食疗康养胜地、科技研发高地，为构建全国、全省乡村振兴寿宁样板提供有力支撑。

以康养小镇为代表的康养特色产业也开始成为许多地方政府主打的康养产业之一。康养小镇是特色小镇的一种，可以将健康疗养、健康产品、生态旅游、医疗美容、休闲度假、体育运动和文化体验等业态聚合起来。根据长寿之乡政府"康养产业"的思路，近年来，部分长寿之乡加快了生态农业县向生态康养县转型跨越发展的步伐，平安康养特色小镇、恭城油茶小镇、莲花月柿小镇等独具康养特色的小镇在长寿之乡初具规模。

从目前的发展现状来看，已经有许多长寿之乡依托长寿文化，大力发展长寿经济，形成以食疗养生、山林养生、气候养生等为核心的康养产业，构建了以养生产品为辅助的具备健康餐饮、休闲娱乐、养生度假等功能的健康养生养老体系。它们或者与休闲农业相结合，通过发展绿色种植业、生态养殖业，开发出了适用于特定人群、具有特定保健功能的生态健康食品，同时结合生态观光、农事体验、食品加工体验、餐饮制作体验等活动，推动健康食品产业链的综合发展；或者依托良好的气候及生态环境，构建生态体验、度假养生、温泉水疗养生、森林养生、高山避暑养生、海岛避寒养生、湖泊养生、矿物质养生、田园养生等养生业态，打造休闲农庄、养生度假区、养生谷、温泉度假区、生态酒店、民宿等产品。例如福建省漳州市诏安县以全国首例离岸式人工岛——双鱼岛为核心，打造为国际高端休闲度假目的地，通过重点引进和培育广告策划、影视制作、文化演艺等文化创意类项目，滨海度假游、山地生态游、商务研学游、工业旅游等旅游类项目，医疗服务、康复护理、健康管理和养老养生等健康服务类项目，促进文化、影视、旅游、健康融合发展，打造滨海特色的文旅康养产业小镇。

7. 长寿之乡康养产业从"旅游康养"向"旅居康养"发展

2022年5月，国务院办公厅发布《"十四五"国民健康规划》，进一步强调促进健康与养老、旅游、互联网、健身休闲、食品等产业融合发展。强化国有经济在健康养老领域有效供给。推动健康旅游发展，加快健康旅游基地建设，打造健康产业集群。

在康养旅居中，"住"是一大关键，目的地的自然环境、文化民俗等都是游客对旅居品质的重要考量因素。因此，康养民宿凭借着独特的自然风光、养生功效、慢生活体验，从一众酒店、公寓中走出差异化路线，让游客通过地方文化体验、民俗体验、美食体验等，真正可以住下来、融进去，感受全新的异地生活状态。同时，依托中医药康养奠基"旅居康养"基础，也就是以传统中医疗法和中草药为核心的资源，结合儒家、道家文化，形成中医养生、修学、养性、旅游等产业基地。例如长寿之乡旅居康养推出"夏季避暑去贵阳，暖冬康养到罗甸"的互补型旅居康养新业态。广西梧州蒙山县正积极打造康养名县和睡眠小城，依托得天独厚的自然资源，全力打造面向粤港澳大湾区康养名县，推进生态、丝绸、武侠文化旅游康养示范带建设。"中国长寿之乡"广西河池巴马瑶族自治县，依托其独特的资源优势和生态环境，每年引得数以万计的旅居者，像候鸟一样有规律地往返居住于自己家和巴马当地的民宿之间，旅居周期短则十余天，长则数月半载。在火热的市场需求下，当地已形成以盘阳河两岸为主线的旅游康养区，除百鸟岩、百魔洞、水晶宫等主要景点，还沿河打造了康养旅游精品民宿带。下一步，当地还将规划打造文化民宿、健康小镇、健康住宅社区、健康产业园等一系列创新业态。

二、长寿之乡康养产业发展面临的机遇和挑战

党的十九大宣示我国进入了中国特色社会主义新时代，社会主要矛盾发生了转变，人民对美好生活的向往使长寿之乡康养产业的发展迎来了重要的机遇期。

2018 年 9 月，国务院印发《乡村振兴战略规划（2018—2022 年)》时，将发展"康养产业"同时作为提升农村养老服务能力和发挥乡村自然资源多重效益的一个重要抓手。

2019 年 3 月，国家统计局发布《健康产业统计分类（2019)》，对健康产业作了概念界定和科学分类，旨在加快推动健康产业进展，科学界定健康产业的统计范围，准确反映健康产业进展状况，这是保障产业发展的基础技术工程。建立可统计、可比较的产业分类体系，是保障健康中国战略实施的基础。健康产业统计分类更是推动全民康养、全生命周期康养产业体系完善的国家标准。

2021 年 6 月，文化和旅游部印发的《"十四五"文化和旅游发展规划》提出，丰富优质旅游产品供给创新旅游产品体系，优化旅游产品结构，提高供给能力和水平，发展康养旅游，推动国家康养旅游示范基地建设。

2021 年 12 月，国务院印发的《"十四五"国家老龄事业发展和养老服务体系规划》，明确要促进养老和旅游融合发展。引导各类旅游景区、度假区加强适老化建设和改造，建设康养旅游基地。

2023 年 2 月，中共中央、国务院印发《质量强国建设纲要》，在"促进生活服务品质升级"部分，特别提出"打造乡村旅游、康养旅游、红色旅游等精品项目"的意见。

2024 年 1 月 11 日，国务院办公厅印发《关于发展银发经济增进老年人福祉的意见》，要求加快银发经济规模化、标准化、集群化、品牌化发展，培育高精尖产品和高品质服务模式。

康养产业政策红利持续释放，国家提出"产业结构转型升级战略""健康中国战略""乡村振兴战略""积极应对人口老龄化国家战略""绿水青山就是金山银山的'两山'理论""五大幸福产业"等，为新时代经济与社会发展指明了方向。康养产业作为落实国家重大战略的产业集成，被视作促进民生福祉和产业结构调整的新引擎，也被视为建设健康中国的"大处方"。康养产业发展步入黄金时代，文旅康养上升至国家战略。"健康产业""长寿文化""养老养生产业""医养结合""康养旅游""智慧健康养老"等词语频频出现在国家政策和地方政府发展规划纲要中，康养产业在长寿之乡当地政府的发展战略中明显处于优势地位甚至主体地位。

（一）机遇：长寿之乡康养产业发展的宏观背景

目前，我国康养服务业发展已基本形成覆盖人类全生命周期的产业体系。依靠长寿之乡资源优势发展康养产业成为偏远地区实现经济发展、乡村振兴的重要趋势；建设具有竞争力的强势地域产品品牌和产业体系，将成为全国各个康养目的地发展的必由之路。

1. 健康中国战略的全面实施和持续推进

健康是促进人的全面发展的必然要求，是经济社会发展的基础条件。实现国民健康长寿，是国家富强、民族振兴的重要标志，也是全国各族人民的共同愿望。2016 年 8 月，《"健康中国 2030"规划纲要》，要求积极促进健康与养老、旅游、互联网、健身休闲、食品融合，催生健康新产业、新业态、新模式；积极发展健身休闲运动产业，打造健身休闲综合服务体、打造具有区域特色的健身休闲示范区、健身休闲产业带，把健康城市和健康村镇建设作为推进健康中国建设的重要抓手。一系列的战略规划，推动康养产业集群、康养产业区、康养产业带以及康养城市、康养小镇综合体的发展，成为地方政府建设的重要目标。2019年7月，《健康中国行动（2019—2030年）》发布，更是确立健康优先战略，通过共建共享，从供给侧和需求侧两端发力，实现全人群和全生命周期的健康发展。

2. 应对人口老龄化发展银发经济对康养产业的需求

按照国际上关于人口老龄化的衡量标准，根据第七次全国人口普查数据，我国60岁及以上人口超过2.64亿人，占18.7%（其中，65岁及以上人口为1.9亿人，占13.5%），与2010年相比，60岁及以上人口的比重上升5.44%。这一数据表明我国正在加速进入人口老龄化社会，老年群体数量庞大，也意味着我国的养老服务业拥有广阔的发展市场。我国自2000年进入老龄化国家行列以来，20多年过去了，人口老龄化问题日益严重，如何实现老有所养已成为我国社会发展面临的一大难题。为了解决这一难题，我国政府大力发展养老产业，出台了一系列指导意见，全面推进康养产业的发展。

美国著名经济学家保罗·皮尔泽在《财富第五波》中将健康产业称为继IT产业之后的全球"财富第五波"。2030年，健康服务业市场总规模将达到16万亿，"大健康"产业将成为经济发展的新引擎，未来20年最具爆发力的蓝海市场。特别是，2024年1月11日，国务院办公厅发布的《关于发展银发经济 增进老年人福祉的意见》，要求加快银发经济规模化、标准化、集群化、品牌化发展，培育高精尖产品和高品质服务模式；在京津冀、长三角、粤港澳大湾区、成渝等区域，规划布局10个左右高水平银发经济产业园区，推进产业集群发展；发展健康管理类、养老监护类、心理慰藉类等智能产品，打造智慧健康养老新业态。因此，康养产业拥有巨大的市场需求，迎来了重要的发展机遇，也能够有效缓解养老难题。

3. 康养产业是全面推进乡村振兴战略的重要产业抓手

乡村振兴发展的瓶颈和难点是相对贫困村落的振兴发展，相对贫困的村落往往都位于那些地理位置比较偏远的大山深处，而绝大部分长寿之乡所处的地理位置恰恰如此，这些村落由于生态环境条件比较好，森林产品天然绿色健康，自然资源丰富多样，具有发展康养产业的天然优势。相关研究指出，产业的发展将会为山区村落增添新的活力，山村林区具备得天独厚的生态优势，通过提供生态服务吸引游客，建立城市和山区的互动联系，特别是人才的吸纳与回流，为山村带来了先进的技术与服务，进而有力地推进山村的振兴。康养产业作为新兴产业，以森林生态环境为基础，依托当地丰富的生态资源、"长寿之乡"形象品牌因地制宜发展特色"康养＋旅游"等，让群众在家门口就业，通过自己的辛勤劳动，从"绿水青山"中收获"金山银山"，带动当地经济发展，全面推进乡村振兴。

4. 康养产业是推进产业转型升级和融合发展的新动力

习近平总书记指出："加快转变经济发展方式，是当前乃至今后一个时期内我国经济发展的重要任务"。新时代，人民向往更加美好的生活，其中对于良好生态环境的需求更为强烈，而康养产业恰好能够满足人民的这一需求。

"中国长寿之乡"正是长寿时代、长寿经济下特征最明显的实践之一。它是实现健康长寿美好愿望的一种载体和物化形式，是良好生态环境最具说服力的具体体现，是绿色生产和绿色生活的象征，是推动经济社会转型升级的重要力量，是地方发展特色产业经济的重要途径。中国长寿之乡认定是长寿经济发展的重要抓手，以"长寿之乡"品牌建设推动区域经济发展，既符合把"绿水青山"变成"金山银山"的理论依据，也符合我国经济转型升级、加快推进社会主义现代化背景下产业结构优化升级的需求。"中国长寿之乡"试点的成功率先在全国开启了推动生态文明建设站上新台阶的新篇章，真正打开了"绿水青山就是金山银山"的经济转化通道。

我国经济处于转型发展期，围绕健康、养生、养老与医疗卫生、体育健身、休闲旅游、一二三产业融合发展，创新健康养老新模式也成为传统产业加快转型升级的重要途径。科技的不断进步，技术创新迅速蔓延，生物技术、信息技术、互联网技术逐步向康养产业延伸，出现了"智慧康养""智慧养老"等系列热门词汇。康养产业与其他产业融合后，出现康体养老业、康养旅游业、康养休闲农业、康养地产等新兴产业链。康养旅游主要凭借良好的资源达到增进游客快乐感的目的，大致包括温泉旅游、森林旅游、运动旅游、医疗旅游、文化旅游等形式。康养与一二产业融合主要指现代休闲农业和新兴工业的融合，其中现代休闲农业指有机蔬果的种植、田园观光农业等，而新兴工业是指中草药种植加工、中药保健品、医疗器械的制造等（表4-3）。

表4-3 产业转型升级与康养产业融合发展的基本类型

类型	详细类型	融合内容
康养与医疗卫生	康养+医疗服务	医疗服务与养老服务相结合，开展中老年人康复服务
	康养+养生保健	心理咨询诊断与评估、推拿按摩
康养与体育健身	康养+体育休闲	完善体育设施，推进体育休闲场所建设，推动群众健身项目开展，举办国际重大赛事，促进观光、休闲、娱乐、度假、运动体验等为主要形式的运动休闲产业集群发展
康养与旅游	康养+文化旅游	整合当地的特色文化资源、旅游资源，建设特色产业园等项目，开发休闲旅游观光、文化体验等健康旅游产品和服务
	康养+温泉旅游	以温泉度假区为龙头，以温泉小镇为支撑，提供多层次、多类型的温泉健康养老度假产品，打造温泉旅游健康养生产业链
康养与一二产业	康养+现代休闲农业	发展以花、果园等为主要内容的观光农业、休闲农业，将城市与乡村有效衔接，打造都市田园景观，建设休闲农业与生态养生结合的"城乡融合型"新农村
	康养+新兴工业	依托当地的产业基础和优势，研发与健康养生相关的医疗器械等产业

（二）挑战：长寿之乡康养产业发展的障碍因素

近些年，长寿之乡坚持"推进大健康行动""打造中国长寿之乡品牌升级""美食驱动""康旅融合""医养结合"等，康养产业得到了一定程度的发展。与此同时长寿之乡在康养产业发展过程中也面临着几大挑战：一是长寿之乡基础设施建设相对薄弱，公共服务投入相对不足；二是康养发展战略不明晰，地域优势凸显不够；三是长寿之乡康养产品供给相似度高，且以食品产业为主导；四是外来资本进入盈利较弱，规模建设面临规划约束和生态保护挑战。基础设施不强，公共服务水平不高、医疗保障水平不高等诸多问题都会制约长寿之乡康养产业的发展。

1. 经济基础相对薄弱，基础设施公共服务投入不足

长寿之乡区域交通发展差异巨大，区县主城区才有宽阔的马路、绿化带、公共交通，一些通往康养地点的小路，没有公共交通设施和工具，一些康养指示性标志和设备业相对匮乏。经济基础薄弱导致的公共设施建设和公共服务投入不足是制约长寿之乡康养产业发展的一个重要因素。相较于经济发达地区，长寿之乡相关基础配套设施还不够完善，没有形成康养与餐饮、住宿、旅游、购物、娱乐等相互融合的现代康养产业集群，并且康养产业发展还处于初级点状发展阶段，未形成规模化和规范化产业雏形，导致吸引力不足。

2. 康养产业体系不明晰，产业服务范围具有局限性

康养产业同时涉及第一产业、第二产业以及第三产业，且融合性强。如果从现代服务业的角度分析，康养产业就是第三产业；如果从生态农业角度解读，康养产业就是第一产业；如果从工业旅游的角度分析，康养产业又是第二产业和第三产业的结合体。康养产业是以医疗、养老、养生、旅游的融合为关键的产业，医疗、养老、养生、旅游都属于服务性质的行业，它们都属于第三产业范畴，以此判断的话康养产业就是第三产业。但是在长寿之乡资源转型的过程中所开展的工业旅游，既融合了工业这个第二产业元素，又加入了旅游这个第三产业元素；还有从生态康养发展出的康养旅游，包括农业观光体验游、生态农业采摘游，都属于第一产业融合第三产业。所以康养产业中一二三产业都占有一定比重，界限不甚明朗。此外，多数长寿之乡所处地理位置特殊，产业服务范围具有局限性。

3. 康养产业产品供给相似度高，与健康保障领域的融合度低

长寿之乡康养产业还处于发展初期，或缺乏核心拳头产品，或基本以地方食品产业为代表，虽然具有地方辨识度，但是不具备不可替代性，业态相对单一。相关产品的供给重复性和相似度强，与康养人口多元化需求不匹配，产品需进一步升级换代，中高端、综合型康养产品尚有较大空缺。长寿之乡在人工智能、大数据、现代制药技术等还不够成熟，与健康医疗领域的融合还在摸索阶段，特别是智慧健康新业态较少，低水平的康养食品类重复生产，以及健康行业仿制现象频出等问题较为严重。

4. 外来资本进入盈利较弱，规模建设面临生态保护挑战

外来资本进入康养产业领域，商业盈利点主要依赖地产和旅游，具有短期盈利效应，亟待探索持续化盈利模式。长寿之乡大力发展康养产业的同时伴随着大量的商业开发、工程建设，规划约束和环境问题比较突出；与此同时长寿之乡康养产业的发展和环境优化还需要投入大量的财力，经济支撑不足是长寿之乡康养产业发展过程中面临的挑战。

三、长寿之乡康养产业发展中存在的问题

（一）政策针对性与顶层设计薄弱

康养产业作为一个新兴产业和领域，目前没有直接命名的政策文件，与之相近的政策

支持都分布在健康产业和老龄服务产业中（表4－4）。确切地说，康养产业与其他各类产业的界限并不清晰，导致以"中国长寿之乡"为首的康养产业在发展中与其他产业重合度较高，且政策多散落在各类产业政策中，如养老服务产业、健康产业等，可单独开展的产业项目较少。由于没有单独支持康养产业的政策，配套资金支持方面也只能依赖政府的单个项目，无法形成可持续发展的规模化产业链。政府筹资主导的项目多为试点项目，项目效率低，持续补贴情况多见，导致项目可复制性较差。政府用地、资金补助和人才建设等多方面支持健康产业积极发展，但顶层设计的缺乏导致一些无序开发、重复建设等现象比较普遍，为后续运营带来问题。

表4－4　2020—2024年国家层面支持康养产业发展的部分政策汇总

政策文件名称	发文单位	核心政策
《关于促进特色小镇规范健康发展意见的通知》	国务院办公厅，发国办发〔2020〕33号，2020年9月	错位发展森林、体育、康养等现代服务类特色小镇
《关于实施康养职业技能培训计划的通知》	人力资源和社会保障部、民政部、财政部等五部门，人社部发〔2020〕73号，2020年10月	健全培养、使用、评价和激励工作体系，加快培养数量充足、素质优良、技能高超、服务优质的康养服务技能人才
《关于建立健全养老服务综合监管制度 促进养老服务高质量发展的意见》	国务院办公厅，国办发〔2020〕48号，2020年11月	引导和激励养老服务机构诚信守法经营、积极转型升级、持续优化服务，更好适应养老服务高质量发展要求
《关于促进养老托育服务健康发展的意见》	国务院办公厅，国办发〔2020〕52号，2020年12月	分层次加强科学规划布局，统筹推进城乡养老托育发展，积极支持普惠性服务发展，强化用地保障和存量资源利用
《中华人民共和国国民经济和社会发展第十四个五年规划和2035年远景目标纲要》	十三届全国人大四次会议表决通过，2021年3月	构建居家社区机构相协调、医养康养相结合的养老服务体系
《关于科学绿化的指导意见》	国务院办公厅，国办发〔2021〕19号，2021年5月	采取有偿方式合理利用森林资源开展森林康养等
《"十四五"文化和旅游发展规划》	文化和旅游部，文旅政法发〔2021〕40号，2021年6月	发展康养旅游，推动国家康养旅游示范基地建设
《"十四五"国家老龄事业发展和养老服务体系规划》	国务院，国发〔2021〕35号，2021年12月	促进养老和旅游融合发展。引导各类旅游景区、度假区加强适老化建设和改造，建设康养旅游基地。开展智慧健康养老应用试点建设。推动智慧健康养老规范化、标准化发展
《"十四五"健康老龄化规划》	国家卫健委等15部门，国卫老龄发〔2022〕4号，2022年3月	推动老年健康与养老、养生、文化、旅游、体育、教育等多业态深度融合发展、大力推动老年健康领域新产业、新业态、新商业模式发展

（续）

政策文件名称	发文单位	核心政策
《"十四五"国民健康规划》	国务院办公厅，国办发〔2022〕11号，2022年5月	促进健康与养老、旅游、互联网、健身休闲、食品等产业融合发展。强化国有经济在健康养老领域有效供给。推动健康旅游发展，加快健康旅游基地建设。打造健康产业集群
《关于进一步推进医养结合发展的指导意见》	国家卫生健康委联合其他10家部门，国卫老龄发〔2022〕25号，2022年7月	实施智慧健康养老产业发展行动，发展健康管理类、养老监护类、康复辅助器具类、中医数字智能产品及家庭服务机器人等产品
《"十四五"文化发展规划》	中共中央办公厅、国务院办公厅，2022年8月	推动旅游与现代生产生活有机结合，加快发展度假休闲旅游、康养旅游、研学实践活动等
《户外运动产业发展规划（2022—2025年）》	国家体育总局、国家发展和改革委员会、自然资源部、住房和城乡建设部、文化和旅游部、林草局等八部门，2022年11月	推动户外运动与卫生、健康、养老等融合，开展户外运动健康干预、康复疗养、健康养老等多样化康体服务，发展户外运动康复产业
《关于推动非物质文化遗产与旅游深度融合发展的通知》	文化和旅游部，文旅非遗发〔2023〕21号，2023年2月	依托传统医药类非物质文化遗产发展康养旅游
《质量强国建设纲要》	中共中央、国务院，2023年2月	打造乡村旅游、康养旅游、红色旅游等精品项目
《关于发展银发经济 增进老年人福祉的意见》	国务院办公厅，国办发〔2024〕1号，2024年1月	加快银发经济规模化、标准化、集群化、品牌化发展，培育高精尖产品和高品质服务模式。打造智慧健康养老新业态，大力发展康复辅助器具产业，发展抗衰老产业，丰富发展养老金融产品等

（二）产业庞杂与专业人才缺乏

近些年，康养产业在国内逐渐兴起并得到一定程度的发展，但由于我国康养产业起步较晚，又受到经济、市场、政策等制约，康养产业在长寿之乡的发展还处于初级阶段。通过走访调研，发现人们对康养产业缺乏深入了解，对康养产业的认识还比较浅显，除了健康养老、休闲度假、观光旅游外，对康养产业的其他作用和价值不甚了解。有研究指出，"康养相关企事业单位在康养特色小镇、康养基地等界定不清晰"，对康养产业的未来性、跨界性、融合性认识不够充分，对康养产业的全生命周期、全方位养生和全时段发展认识不足，从观念认识方面限制了产业的进一步创新发展，这对康养产业的发展必然造成一定影响。

长寿之乡自然资源丰富，旅游资源富集，具备发展康养产业的自然优势，但存在康养相关专业人才不足的短板，尤其缺乏具备林业学和医学、护理学、心理学、旅游管理等多学科专业知识的复合型人才。目前从事康养产业的相关工作人员，无论是学历水平还是专业能力与素质，与发展康养的要求都具有较大差距，难以满足康养产业长远发展的人才需求。专业人才的匮乏，严重制约了长寿之乡康养产业的高速高质发展。

（三）产业规模不足与产业集群建设较弱

康养产业虽然已初步建立"康养+"发展模式，但是产业融合程度不够充分，不能完全发挥关联产业优势，特色产业集群尚未形成，长寿之乡康养产业的产业链条长、涉及产业内容多，康养产业的发展主要集中在医疗服务、卫生保健、健康旅游等主导产业，忽视了金融、法律、教育、文化等产业的重要作用，导致康养供应链不完整，很难建立合理的市场价格联动机制，从而造成供求错位，阻碍康养产业发展。同时，康养产业相关公司运营管理模式不完善、目标单一和创新不足，这些康养产品结构单一，种类不丰富，且中高端市场拓展不足，也是长寿之乡康养产业链无法形成的重要因素。康养产业品牌宣传不够全面，未能结合长寿之乡康养产业的特色和优势进行宣传，从而导致长寿之乡康养产业不能形成有效产业集聚与产业发展。

目前各地发展的康养产业主要以"中国长寿之乡"为载体。以区县为行政单位发展长寿经济，势必会受到各个地区资源禀赋差异的影响，其优先发展产业和政策倾斜产业也有巨大差异。发展模式与产业发展可行性仅在长寿之乡当地有效，产业可复制性较差，产业发展规模有限，不能以地级市为单位大规模发展。

四、推动长寿之乡康养产业发展的方向与主要路径

长寿之乡康养产业发展虽然已经初具规模，但仍然处于初期阶段，为了充分满足人口老龄化经济高质量发展对康养产业发展的内在要求，进一步彰显长寿之乡自身优势和特色，着力解决产业发展存在的突出问题，需要明确发展方向和主要路径。

（一）持续推进以"长寿之乡"引领"长寿经济"，打造特色康养产业品牌

"中国长寿之乡"多为自然生态良好、工业化程度低、高龄人口数量多的区县或村落。长寿现象是当地最大的特征，但长寿现象仅仅是百岁老人多的自然现象，将它转变为长寿红利才是使长寿现象价值增加的做法。长寿经济是利用长寿之乡品牌，统筹长寿资源，培育长寿产业，使长寿资源在生产、交换、流通、管理、服务等方面发挥出独特的经济、社会和生态效益，由此产生独具特色的长寿食品、长寿文化、长寿景区、长寿餐饮、长寿康养、长寿旅游等新经济形态。产业是"长寿之乡"和"长寿经济"的核心，结合长寿文化以及当地特色转化成康养产业，进而发展成为长寿之乡特色康养产业。对于开发地方特色康养产业，可以通过积极保护特色长寿文化资源、整合优势配置、市场主导政企合作、加强品牌建设、于文化中嵌入工业服务业等方式，发展长寿之乡康养产业品牌，形成区域经济发展模式，以点带面，加快长寿之乡康养产业发展。

构建多元化、多层次的康养产业体系。结合当前"健康中国""全域旅游"等理念，构建以全域康养旅游业为核心，以健康服务业、绿色农业、生态工业等为辅的产业联动层面，以文化创意产业等支持性产业为配套的可持续发展的产业体系。以全域生态康养旅游业为主的核心领域，发展文化旅游、温泉旅游、生态养生旅游、田园风光旅游等新型旅游

形式。以健康服务业、绿色农业、生态工业为主的延伸领域，构建中医医疗服务体系，打造特色的中医药文化及产业街区。发展运动健身产业，加强健康步道等基础设施的建设。生态工业以开发有机农产品和中医药康养产品生产为主，以中药材种植为先导，发展灵芝、杜仲、山葵、金银花、五味子等地方产品的生产制造，培养和打造生物医药龙头企业。

（二）促进康养产业与农业、制造业和旅游业的融合发展

依托长寿之乡优质森林生态大环境，结合乡村振兴，大力发展避暑休闲、乡村旅游、森林养生等旅游产品，与农业、康养产业进行高效融合，构建农家乐、避暑别墅、养生馆舍发展体系，建设集休闲、度假、养生、娱乐于一体的度假产业集聚区。打造集户外运动、生态度假、体育赛事于一体的高端运动休闲产业集聚区；发展康体医疗、养老度假、旅游地产产业，塑造康体养生品牌，建设康体养生产业集聚区；以部分长寿之乡的文化深度体验建设为特色的文化产业集聚区，建设乡村休闲产业集聚区。

康养产业与农业的融合，建成重要的绿色农业发展基地，有机食品生产、加工基地。以生态养生、绿色疗养为方向，构建观光旅游、体验旅游、养生旅游三大产品，实现康养产业与旅游业的融合。

在《夏邑县国土空间总体规划（2021—2035年）》产业支撑上，提出"构建以现代农业为基础，先进制造业为核心，现代服务业为支撑，康养产业为特色，三产融合发展的现代产业体系"、成为把"康养产业为特色"写入国土空间总体规划的典型长寿之乡。详见图4-2。

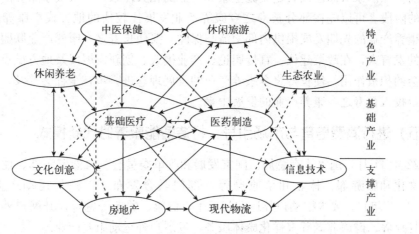

图4-2　康养产业链融合发展示意图

（三）加强规划引领，推广长寿之乡康养产业标准化和差异化发展

"中国长寿之乡"早在2007年就开始了第一批认定。回过头来总结被认定的区县特点，不外乎是气候宜人、沿江河分布等，除去与自然环境相关的因素，就是工业化程度较低、远离城市和工业区带来的影响。将此特征总结归纳，便可以分享给本不具备条件但能通过干预达到条件从而发展长寿之乡康养产业的区县。不同于特色小镇的商业化、人为性

程度高，长寿之乡依赖自然因素的程度高，其经济增长模式是可持续发展的。推广长寿之乡的康养产业发展模式，不仅符合"两山"理论，更顺应国内大循环的新发展格局。

根据长寿之乡的特点和康养资源，进行合理规划定位，打造"特色化""大融合"的产业布局。加强康养产业与农业、旅游业、文化、医疗产业、智能科技等诸多产业深度融合，呈现多种模式多元开发的状态。依托丰富的自然资源，开发观光旅游、自然教育、认知体验、养生康复、休闲度假等系列康养产品，推动康养产业发展，从而带动周边产业联动形成示范引领。建设康养产业示范基地与特色康养小镇，在康养基地及康养小镇的辐射下，打造一批独具特色、富有吸引力的森林康养活动项目，提供康养、休憩、观光和运动的良好场所，提高民众的生活水平和幸福感。

(四) 加强市场与基地联系，发挥联盟功能，促进长寿之乡康养产业发展

社会大众对康养产业还不甚熟悉，大力加强宣传推广，通过群众喜闻乐见的方式全方位、多层次地宣传康养相关知识，提高公众的认知度。打造"互联网＋康养"宣传模式，通过政府网站、微信公众号、抖音等官方网络平台大力宣传康养相关知识、长寿之乡康养产业发展和基地建设情况，扩大知晓率；建立"大健康"康养大数据平台，促进主管部门、经营主体、康养基地等各主体间的互联互通，为目标人群和广大人民群众提供一个深入了解康养的学习平台。围绕"长寿之乡"的形象定位，加强传统媒体和新媒体的融合，依托长寿之乡生态、文化、旅游优势，强化文旅康养产业整体宣传营销，以大宣传叫响文旅康养大产业、大品牌。

目前，在国家层面还没有建立健全康养产业的相关体系，但现实中康养产业已经处于待发展的阶段。可以先在部分长寿之乡康养产业发展比较快的地方成立康养产业发展联盟，为康养产业的先期发展提供内部交流与保障。要使长寿之乡康养产业联盟成为康养产业发展的发言人，在政策建议、宣传舆论、产业模式、创新发展以及地方试点等方面发挥行业协会的积极作用，使长寿之乡康养产业的发展理念进一步在全社会普及，吸引更多的社会力量投入长寿之乡康养产业的发展中来。

(五) 进行消费培育与市场引导，打造智能康养时代新模式

2022 年 11 月，国家体育总局、国家发展和改革委员会、自然资源部、住房和城乡建设部、文化和旅游部、林业和草原局等八部门联合发布了《户外运动产业发展规划（2022—2025 年）》，要求推动户外运动与卫生、健康、养老等融合，开展户外运动健康干预、康复疗养、健康养老等多样化康体服务，发展户外运动康复产业。

长寿时代正在不断发展，人们对于健康、长寿的需求会不断增强，而作为满足这一需求的康养产业市场，则需要更多的社会关注和消费引导。在目前长寿之乡康养产业还处于发展初期的状况下，对市场的培育和对消费的引导是必不可少的。一是在产品和服务的研发中，要增加对康养需求的关注；二是在市场的开拓上，可以在已经发展得比较好的健康产业、养老服务产业等领域进一步延长产业链条，提升满足全年龄人群长寿诉求的能力；三是在市场营销方面，可以增加长寿、大健康视角，引导消费观念与意识，以此促进长寿之乡康养产业发展。

紧扣养老高质量发展新思想、新目标，持续优化长寿之乡养老设施布局，加强政策资金要素保障，加快设施提档、服务升级，创新打造养老服务品牌，积极发展"健康＋养老"市场，通过多部门开展"智享时代"银龄关爱计划，发展银发经济，特别是推进智慧健康产业的发展，探索构建长寿之乡大健康时代下智慧养老新业态，推动长寿之乡养老服务从兜底、基本、普惠向品质多元发展，建立"覆盖长寿之乡、普惠优质、专业高效、文化鲜明"的养老模式，推进长寿之乡养老服务体系迈上高质量发展新台阶。

（六）完善康养人才培养路径，出台政策强化人才支撑

康养产业的发展涉及城市规划、旅游、环保、预防医学、老年学、社会学等多个学科。坚持多学科交叉融合，大力培养具备城市规划和医学、护理、心理学、旅游管理等专业知识的复合型人才，为康养提供专业人才支撑。

完善康养人才培养模式，建立健全学习培训制度。与高校合作建立培训基地，完善康养人才培养模式，建立健全学习培训制度。与高校合作建立培训基地，完善康养从业人员继续教育制度，加强职业培训，从而提升从业人员的业务能力和职业素养，进一步降低养老服务行业准入标准，拓宽参与渠道，引导物业、家政、医疗等行业从业人员参与养老服务，加快建设专职、兼职和志愿者相结合的养老服务人才队伍。

加强康养人才培训和部门合作交流。鼓励职业（技工）院校、社会培训机构和康养机构建立康养服务实训基地以及对从业人员进行技能培训。将老年医学、康复、护理、健康管理、医养照护与管理等专业纳入医疗卫生与养老服务紧缺人才培养目录，加强康养产业部门与相关高校、科研院所、社会组织等单位的交流合作，搭建"大健康"康养交流合作平台，联合开展康养相关科研项目和人才培训，形成跨学科的康养研究团队。

制定人才引进政策，落实人才补贴政策。通过优惠的人才引进政策，吸引留住一批在康养方面具有丰富经验的高质量高水平专业人才，促进康养的快速发展，落实在职在岗养老服务人员享受相应的持证奖励、特岗补贴、入职补贴等政策待遇，增强养老护理员的职业认同感和荣誉感。

（七）坚持创新、协调、绿色、开放发展，促进全民共享

坚持创新发展，打造康养产业集群。深刻把握国内外康养产业发展趋势，基于关联产业发展的良好基础，加强顶层设计，创新发展模式，精准把握"康养＋"融合发展需求，聚焦产业链高端和价值链核心，推动康养与运动、文旅、医疗、农业、工业深度融合，全面构建具有全球竞争力的康养产业融合发展体系。在区位选择、产业布局、发展定位、政策支撑等多个方面进行前瞻性考虑，集聚在一起的产业发挥各自优势，通过培养多元化的康养产业体系打造康养品牌，以康养为主题进行对接。依托长寿之乡的既有发展基础，衍生出森林康养、滨海康养、滨湖康养、田园康养等多种发展风格的特色康养模式，在内容上向旅游、禅修、民俗、客栈、度假、体验等多维度拓展，每种类型的康养产业集群都紧紧围绕"健身＋养心＋怡情＋开智"方面发展。以长寿之乡特色生物资源、特色农产品、特色工业资源和特色城市文化为载体，创新宣传角度和层次，不断提升长寿之乡康养产业品牌知名度，为产业集群打好创造基础。以"运动康养""旅游康养""居家康养"和"医

养结合"为举措,强化新技术和新理念引入,丰富康养产品种类,提升产品质量,不断拓展中高端市场,培育主体鲜明、多业态融合的特色产业集群。

坚持协调发展,优化康养产业布局。以"全域康养、全民健康"为目标,加快推进康养进社区、康养进乡村,大力发展运动康养、旅游康养、居家康养、医养结合,构建全域化布局、全龄化服务、全时段开发的康养产业发展新格局。坚持规划引领,优化空间布局,着力实施康养度假区、文旅体验区、少数民族和自然风光旅游区差异化发展,形成整体优势明显、区县特色鲜明和集群式发展的产业新态势;统筹长寿之乡内外两个市场,加大与中心城市对接,吸引国内外目标群体,建设康养旅游目的地。

坚持绿色发展,夯实康养产业基础。坚持技术创新,加大环保投入,不断减少工业发展带来的固体废物、水体和气体污染;坚持绿色出行引导,加大新能源等交通工具的研发和推广力度,提高其市场占有份额。强化绿色交通基础设施建设,推广公共交通,继续完善提升市内、城乡道路网络,建好康养旅游度假区内部路网,管好旅游专线,畅通市域内循环。结合全国文明城市创建,常态化治理长寿之乡内景区景点脏乱差问题,维护整洁、美观、有序的康养环境;规划建设一批游乐园和主题公园,开发更多健康向上、参与性强的康养项目;做优旅游配套设施,健全交通标识系统和导游系统;在绿色理念引领下,夯实康养产业发展基础。

坚持开放发展,拓展康养产业空间。加快推进长寿之乡重大重点康养产业项目建设,推动长寿之乡交通基础设施建设,打通对外大通道;用好各类宣传平台,开展定向、持续、系统的宣传,大力推广长寿之乡康养产品,着力为康养产业开放发展创造良好的外部环境。加强与体育、医疗、旅游、老龄等行业协会、商会及科研院所的交流,共同研发康养新产品,合作开展康养新项目;发挥康养产业长寿之乡联盟纽带作用,与各地互送客源、互换市场、共享资讯、共塑品牌,深化康养产业开放发展程度。

总之,在健康中国、乡村振兴及人口老龄化经济高质量发展背景下,长寿之乡康养产业需要主动适应,强化基础设施建设,充分发挥自然资源、人文资源和关联产业优势,以创新、协调、绿色和开放发展为根本要求,在打造产业集群、优化产业布局、夯实产业基础和拓展产业空间等方面进一步做好顶层设计和强化实施,以推动长寿之乡康养产业高质量发展。

附录:部分中国长寿之乡重大重点康养产业项目 (2021—2023 年)

省份	县(区市)	长寿之乡重大重点康养产业项目
广西	桂林市永福县	永福县百寿养生文化旅游主题小镇;龙江驿马罗汉果核心示范区四星级乡村旅游区;崇山"福寿田园"乡村生态旅游示范区;西江月康养度假中心;罗汉果文化康养小镇

（续）

省份	县（区市）	长寿之乡重大重点康养产业项目
广西	桂林市阳朔县	阳朔兴坪休闲养生度假区；迷山·阳朔国际运动休闲度假区；阳朔石头寨；阳朔体育文化产业园；阳朔之星浮空飞行器观光；诗画·遇龙；阳朔冰雪体育旅游综合体；阳朔·遇见地球村文化旅游
广西	桂林市恭城县	恭城瑶家油茶非遗文化产业园
广西	南宁市上林县	上林国际马术运动康养基地；上林县大龙湖东方梦境国际文旅康养；上林县环大明山东高康养基地；上林县澄江河养生度假旅游；上林县霞客桃源；上林县壮族老家田园综合体
广西	南宁市马山县	水锦·顺庄旅游综合开发；中国弄拉景区；三甲攀岩小镇
广西	河池市巴马县	巴马益生菌产品加工基地；寿源田园综合体百魔洞长寿康养度假；巴马县盘龙湾乡村振兴文旅项目（开元森泊度假乐园、国际研学基地、水上演艺中心、百草药园、花卉产业园、非遗文化街、瑶浴温泉疗养基地、瑶药养生休闲森灵谷、磁疗养仓、特色康养民宿、船坞酒店等）；巴马西山红色康养旅游小镇；茂雄生态康养农业产业园；巴马赐福湖国际长寿养生度假；中国同盟传统医学医药康养基地（首开区）；广西巴马甲篆养生养老小镇
广西	河池市东兰县	东兰县乡村振兴产业中药材种植康养基地建设；东兰县红水河第一湾森林康养
广西	河池市凤山县	凤山县鸳鸯谷健康小镇
广西	河池市宜州区	宜州区栗景湾生态康养小镇；宜州新区金山湖文化旅游康养
广西	河池市大化县	大化中医医院建设
广西	河池市天峨县	"云岭梦乡"田园综合体（天峨县老福山生态园工程）
广西	防城港东兴市	东兴区大冲山国际生态康养城项目
广西	防城港防城区	防城港威壮·滨海文旅康养；防城港马鞍岭游轮康养旅游度假区
广西	梧州市岑溪市	天龙顶康养旅游度假区
广西	梧州市蒙山县	天书峡谷武侠特色康养小镇；羽生故里养生谷
广西	梧州市藤县	藤县濛江镇龙昌界养生养老基地
广西	贺州市昭平县	昭平县悦和颐馨生态旅游养老产业园
广西	贺州市富川县	富川瑶族自治县七彩欢乐谷
广西	贺州市八步区	壮美南乡·康养园项目
广西	贺州市其他区域	姑婆山天沐温泉国际旅游度假区；亿航智能健康；南乡森林温泉康养休闲区
广西	来宾市金秀县	金秀瑶族自治县滴水村生态康养旅游景区
广西	来宾市象州县	象州县长村湖民俗生态景区
广西	来宾市武宣县	武仙古城建设
广西	崇左市大新县	大新恩城水乡国际康养旅游度假区
广西	崇左市龙州县	左江（龙州）国际旅游度假区

（续）

省份	县（区市）	长寿之乡重大重点康养产业项目
广西	百色市凌云县	"泗水缤纷"田园综合体
广西	百色市乐业县	广西森林康养基地群百色凤凰基地
广西	玉林市容县	容县特色名镇生态旅游示范区
广西	钦州市浦北县	浦北县人民医院康养综合楼
广东	佛山市三水区	多弗国际生态城
广东	清远市连州市	连州市福利院老人康养楼
广东	梅州市丰顺县	客都人家康养文旅综合体
广东	茂名市信宜市	信宜市绿思源公司康养旅居建设
山东	烟台市莱州市	莱州市昶济医养综合体；水发中昌上和春天康养
山东	威海市文登区	文登区营河福邸悠然康养社区
山东	威海市乳山市	蓝城康养中心
山东	潍坊市高密市	颐乐康综合体；高密市临港医养健康产业基地；高密市福祥养老中心；高密市新济医疗养老联合体
山东	潍坊市青州市	青州市中医药大健康产业园；长庚养生文化园；东篱居康养基地；九龙峪康养中心；南湖康养小镇；云门山桃花源里；仰天山养生基地；山水中医药产业园；南湖康养小镇中草药基地；九龙峪中草药基地；仰天山中草药基地
江苏	南通市如皋市	南通铭悦康养中心；搬经镇梅甸村养老服务中心；搬经镇万全村万寿养老院
江苏	苏州市太仓市	太仓金仓湖康养基地
江苏	常州市溧阳市	天目湖生命康原EOD；环球融创溧阳曹山未来城；溧阳市老年人供养中心（晚晴园）；再生医学管理中心；中德富尔达康颐社区（一期）
江苏	盐城市东台市	长三角（东台）康养基地
江苏	无锡市宜兴市	国际旅游度假区·窑湖小镇；隐龙谷温泉旅游度假村；义椿庄旅游度假山庄
浙江	温州市永嘉县	楠溪江山——康养云谷；三江生态康养中心
浙江	丽水市全域	龙泉瓯江文化休闲康养中心；龙泉氧吧长寿小镇；青田县威尼斯康养小镇；畲族风情康养度假综合体；云和县宏地云缦康养度假区；松阳县卯山森林康养项目；松阳县清露乡隐旅游度假区；松阳县南山大健康文化园
浙江	杭州市桐庐县	云顶桃源旅游康养
浙江	温州市文成县	铜陵山国际森林康养度假区；天湖国际旅游度假区（一期）；天顶湖生态农庄二期（天湖拓展基地）；云江依山国际养生度假中心
浙江	台州市仙居县	艾绿"新自然"度假综合体；温都水城——云鹤湾康养
河南	商丘市夏邑县	夏邑县康养中心建设；特色乡村旅游田园综合体
河南	商丘市永城市	永城市示范区三和源养老服务有限公司健康养老
河南	周口市淮阳区	第一康养中心建设；四通时庄康养中心建设；豆门乡乡镇社会养老服务中心
贵州	铜仁市石阡县	石阡县大健康服务中心

（续）

省份	县（区市）	长寿之乡重大重点康养产业项目
贵州	铜仁市印江县	印江县刘波医院特色医疗建设；印江县木黄红色文化旅游小镇
贵州	遵义市赤水市	旺隆金钗石斛温泉旅游小镇；赤城文化旅游综合体；丙安古镇·素日青禾悬崖瀑布野奢酒店
四川	眉山市彭山区	中国彭祖健康养老养生文化城
四川	都江堰市	五粮液青城山国际康养中心；灵岩山国际禅文化度假区；都江堰旅游综合体；普罗龙池湖高端度假酒店；中铁聚源新城现代农业产业园和田园康养
四川	资阳市雁江区	水龙灵度假村温泉康养基地；花溪间旅游度假区
海南	文昌市	文昌市先进康复医学科技产业综合体
福建	泉州市泉港区	泉州市医疗健康产业园；泉港岩山旅游特色小镇
福建	漳州市东山县	东山县矿泉湖生态修复与文化旅游（东山凯景水世界文化旅游）
江西	宜春市铜鼓县	铜鼓县上四坊神树康养文化基地；铜鼓县生物医药大健康产业园
江西	宜春市丰城市	唯美养生谷
安徽	亳州市谯城区	亳州市张李康养旅游
上海	崇明区	崇明国际生态岛（崇明岛·大爱城）
湖北	荆门市钟祥市	大洪山（钟祥）幸福里·温泉康养；"莫愁上村"文化旅游综合体
湖南	怀化市麻阳县	麻阳"长寿康养谷"综合型乡村旅游
重庆	江津区	四面山·天空星城；四面山国际文化旅游康养中心；骆来山休闲度假养生老旅游景区建设

推进长寿之乡特色养生产品发展[*]

中国特色社会主义进入了新时代，人民生活水平得到了极大提高，我国社会主要矛盾已经转化为人民日益增长的美好生活需要和不平衡不充分的发展之间的矛盾。与此对应的是我国的人均寿命和长寿老人数量也有了极大增加，根据 2022 年 7 月 12 日国家卫生健康委员会发布的《2021 年我国卫生健康事业发展统计公报》显示，中国居民人均预期寿命由 2020 年的 77.93 岁提高到 2021 年的 78.2 岁，比 2010 年的 73.5 岁高了 4.7 岁，比改革开放初期 1980 年 68 岁高了 10.2 岁。第七次人口普查数据显示我国百岁及以上老人数量是 118 866 人，比第六次人口普查多了 82 932 人，占总人口的比重由第六次人口普查的 2.7/10 万上升到 8.4/10 万。经过改革开放以来的快速发展，我国人民生活得到显著改善，生活水平不断提高。进入新时代，一方面，人民群众的需要呈现多样化、多层次、多方面的特点，人民对美好生活的向往更加强烈，期盼有更好的教育、更满意的收入、更可靠的社会保障、更高水平的医疗卫生服务、更舒适的居住条件、更优美的环境、更丰富的精神文化生活等。另一方面，随着长寿时代的到来，高龄人群数量增多，占总人口比例扩大，社会逐渐进入老龄化社会；部分高龄老人的生活条件较好，社会保障及退休养老金较高，进而个人消费水平较高。在人类基本生活的饮食方面，人们对健康长寿的追求催生了养生产品的发展，越来越多的人对有益健康的食品有着明显的追求，对食品的品质有着更高的要求，特别是对长寿养生产品的需求越来越迫切。因此，长寿之乡特色养生产品受到了越来越多的关注，这也对长寿之乡特色产品的发展提出了新要求、带来了新契机，如何规划和发展好长寿之乡特色养生产品成了各长寿之乡及联盟的重要工作，也是各长寿之乡高质量发展的迫切要求，更是长寿之乡响应党的二十大报告提出的积极应对人口老龄化国家战略的需要。

一、长寿之乡特色养生产品的认定标准

长寿之乡绿色发展区域合作联盟自成立以来非常重视产品的标准制定，企业家委员会先后制定了"中国长寿之乡养生名优产品认定规范——初级农产品""中国长寿之乡养生名优产品认定规范——加工食品"和"中国长寿之乡养生名优产品认定规范——环境体验类产品"等团体标准，规范了长寿之乡特色养生名优产品的评选工作。长寿之乡特色养生

---

* 作者：虞江萍，长寿之乡绿色发展区域合作联盟专家委员会总干事，中国老年学和老年医学学会健康长寿分会总干事，中国科学院地理科学与资源研究所高级工程师。

产品首先是一个养生产品，其次具有长寿之乡方面的特殊性，可以是地域性特色或者健康养生功能特色或者制作工艺、文化传承等方面特色。在长寿之乡特色养生产品发展的过程中，各界对于养生产品并没有一个准确的定义，也就是说它并没有一个标准的界定，它是一个很宽泛的概念，一切有利于人体健康的产品都可以被认为是养生产品，各种有利健康的食品也可以被称为养生产品，有利于健康的活动类产品也可以成为养生产品，甚至一些人工营造的美好环境体验也可以认为是养生产品。养生产品过于宽泛，考虑到长寿之乡目前申报的养生名优产品主要都是食品及中药材类的，本文对长寿之乡特色养生产品的认定标准讨论将以食品及药材的养生类产品为主要关注对象，并兼顾部分环境体验类养生产品。长寿之乡特色养生标准的认定除应考虑申报主体、品牌影响、产品品质、服务质量等一般评价考核标准外，还应重点考虑产品标准认定中的以下几方面。

（一）养生性

中国自古以来就十分重视养生保健，中医素有"药食同源"一说，表明中药与食物属同一起源，许多食物即药物。与养生产品相关的食品说法或定义，从国家层面有保健食品的规定，保健食品与一般食品有着一定的共性和区别。国家标准 GB/T 15091—1994 将一般食品定义为：可供人类食用或饮用的物质，包括加工食品、半成品和未加工食品，不包括烟草或只作药品用的物质。在国家标准 GB 16740—2014 中则将保健食品定义为：声称并具有特定保健功能或者以补充维生素、矿物质为目的的食品。即适用于特定人群食用，具有调节机体功能，不以治疗疾病为目的，并且对人体不产生任何急性、亚急性或慢性危害的食品。因此，可以认为保健食品是食品的一个种类，具有一般食品的共性，能调节人体的机能，适于特定人群食用，但不以治疗疾病为目的。一般食品和保健食品共性是都能提供人体生存必需的基本营养物质，都具特定色、香、味、形。区别是保健食品含一定量功效成分，能调节人体机能，具有特定功能；而一般食品不强调特定功能。保健食品一般有特定的食用人群范围，而一般食品没有。从这个方面看，长寿之乡特色养生产品似乎应该介于保健食品与一般食品之间，即宣传其功效性，但不强调食用人群的范围或者说一般没有食用人群范围的限制。养生食品与保健食品一样源于中国几千年的饮食文化和养生文化，其养生的概念可以在很多中医药的古籍文献中找到。我国医学对养生保健的研究由来已久，从两千多年前的《黄帝内经》开始，历代有众多的医家、佛家、道家对养生之道作过详细而深刻的发掘和论述，逐步形成了一套系统涵盖饮食养生的中医养生理论。我国保健食品的发展大致可分为三个阶段：第一代保健食品是初级保健食品，这代保健食品大多都建立在经验的基础上或传统的养生学理论之上；第二代保健食品是指经过人体和动物实验证明具有某一种生理调节保健功能的食品，要求经过严格的检验程序，并提供科学的剂量效应试验数据，证明食品确实具有保健功能；第三代保健食品是在第二代保健食品的基础上，还需要确定具备该项保健功能物质的化学结构和含量，即具有功能成分明确、含量可测定、作用机理明确、研究资料丰富、临床疗效肯定的特点。长寿之乡特色养生食品目前绝大多数类似初级保健食品，即养生概念多建立在经验的基础上或传统的养生学理论上，其标准认定可以提倡进行一些实验证明和成分测定，但不强制。应明确规定，产品要富含营养，满足人们养生需求，并尽可能提供申报产品相关营养成分的检测报告；如果本身属于中药材类或保健食品类，则需要有严格的动物实验或临床试验数据证明。长寿之乡环境体验类养生产品的养生性认定则相对较为宽泛，包括利用自然环境中的空气、水、动植物、地形地貌或综合生态环境要素设计森林浴、SPA、温泉、药膳、体育健身等养生产品；或利用中医药、宗教、茶道、艺术等人文资源，设计中医理疗、养生药膳、艺术修身等产品；还可以是因地制宜挖掘当地生态农业、生态工业等产业的养生旅游价值，通过"养生旅游＋"，促进养生旅游与相关产业融合，开发出养生旅游活动和养生旅游用品等。即一切可以使参与体验的人群达到强身健体、修养身心和延年益寿等效果的活动，都可归于环境体验类养生产品。

（二）特色性

长寿之乡特色养生产品的特色性可以包括产品生产地的地域特色、文化特色和产品本身某方面的独特性等，地域特色的概念上与国家市场监督管理总局的国家地理标志产品、农业农村部的农产品地理标志登记保护产品有着高度的相似性，一般应根据产品的类别、范围、知名度、产品的生产销售等方面的因素，分别制定相应的国家标准、地方标准或管理规范。长寿之乡本身的优良环境就是长寿之乡特色养生产品的一个良好体现，也是绿色有机食品生产的优势。产品本身特色上与中药中的道地药材有一定相似性，道地药材是经过中医临床长期应用优选出来的，产在特定地域，与其他地区所产同种中药材相比，其品质和疗效更好，且质量稳定，具有较高知名度。道地药材具有明显的地域特点，主要体现在产品对于特定产区的独特依赖性；或体现为其产地形成了独特的生产技术，为其他地方所不及；或是在出产地传承着精湛的加工工艺，其他地域的技艺无法取代；或是药材在特定产区的产量长期保持稳定，占据着药材交易的主体地位。长寿之乡特色养生产品在产品养生特性的追求上，应该以道地药材为参照，努力把长寿之乡得天独厚的环境资源、自然资源、文化资源优势转化为经济发展的竞争优势，打造独特的生产技术和加工工艺，培育长寿之乡特色的健康养生品牌产品、品牌企业，形成长寿之乡的道地养生产品，实现长寿之乡健康产业的高质量发展。为促进长寿之乡特色养生产业的发展，联盟在开展的一些相关评审认定活动中，评价指标均增加了特色养生产品的要求，如健康养生服务示范城市（县）认定评价指标明确规定，应拥有特色养生食品，应有区域特色的康复旅游服务业，应有健康养生的特色服务；康养示范基地认定评价指标明确规定，应针对入住人群特点，开展养生养老特色服务活动，包括应有药食等健康养生特色服务、特色康养产品、康养文化体验活动、老年健康营养膳食，以及有利于老年心理健康的活动等。

（三）规范性

长寿之乡特色养生产品强调的是产品的健康养生效果，要使产品的质量稳定可靠，产品良好的生产环境和管理规范是前提，在标准认定指标的设置中，对养生产品的规范性要求应具有引领性和科学性，对完整生产过程的评价应具有可操作性，并使评价标准与市场适应性高度统一。首先，养生食品应以绿色产品、有机产品为基础，要严格按国家食品安全系列标准和农业农村部绿色食品系列标准的要求，要建立完整的质量保证体系，规范企业按标准化方式来组织生产、经营、管理和服务。考虑到长寿之乡特色养生产品较多、产品品质和产销量差异较大等情况，应通过规范认定使社会大众能获得一个可信的产品名单。因此，对认定产品的规范性要求中，应注重品质指标特性的检验数据，将特色具体化，如外观形状、特定成分含量等应尽量具有定量要求，使评价具有可操作性。规范的认定应确定"长寿之乡特色养生产品"认定的基本原则、基本要求、认定程序和方法、品牌标识与管理的规范要求，对于长寿之乡最为常见的初级农产品、加工食品的申报要注重产品生产流通全过程的评价指标，包括产品的质量指标、可追溯性、过程控制、产品流通、管理体系、获得的荣誉以及可以较好地反映相关产品的地域特点、风格特色、质量层次、安全水平、市场认可、社会信誉等方面的综合评价。应通过对养生名优产品近几年的认定过程进行总结，使认定标准规范切实可行，可以较好指导引领品牌评价实践，以利于长寿之乡特色养生产品的品牌建设，有效地突出长寿之乡品牌蕴含的健康养生特色和独特魅力，推动长寿之乡产业经济高质量发展。

二、长寿之乡特色养生产品的发展及成效

中国老年学和老年医学学会自 2007 年开始在全国范围评审认定中国长寿之乡以来，就一直将推动长寿之乡的养生产业发展和促进老龄健康长寿作为一个主要工作。2016 年长寿之乡联盟成立，各长寿之乡在特色养生产品的发展方面做了不少工作，也取得了很好的成效，以下仅从长寿之乡总体情况和联盟中工作较为突出的产业（柘荣太子参、溧阳白茶）及典型长寿之乡（丽水市）的发展情况等分别作一概述。

（一）长寿之乡特色养生产品发展的总体成效

长寿之乡各自都有很多好的养生产品，在长期的发展中，长寿之乡特色养生产品生产企业在国家、地方政府及行业协会的组织和指导下，通过改进和完善产品的全过程生产技术、标准，逐步规范了特色养生产品的发展，取得了很好的成效。在获得长寿之乡联盟认定的 104 个名优产品中，共有 33 个产品属于国家市场监督管理总局的国家地理标志产品或农业农村部的农产品地理标志登记保护产品，占食品及药材类名优产品的 34%；37 个产品获有机产品认证，占食品及药材类名优产品的 38%；其他产品也多为绿色食品。16 个企业的注册商标获得国家驰名商标或省市著名商标称号，还有 5 个产品的特殊生产工艺和传承技艺获得了国家及地方的非物质文化遗产等荣誉（表 5-1），这些成果对长寿之乡特色养生产品的发展起到了很好的宣传作用。总体来说，长寿之乡特色养生产品的发展成效可以归纳为以下几方面。

表 5-1　长寿之乡联盟养生名优产品的获评荣誉情况

奖项类别	企业或产品
国家地理标志产品或农产品地理标志登记保护产品	丰城富硒大米（1）、文登西洋参（2）、青州"敞口"山楂（1）、石阡苔茶（2）、封丘树莓（2）、柘荣太子参（1）、梅州金柚（4）、龙泉灵芝（1）、龙泉灵芝孢子粉（3）、松阳香榧（2）、赤水竹乡乌骨鸡（1）、连州菜心（2）、江津"九叶青"花椒（1）、溧阳天目湖白茶（7）、连州水晶梨（1）、文登大樱桃（1）、文登苹果（1） 注：括号里为属于该标志产品的品牌产品数

（续）

奖项类别	企业或产品
农业农村部认证的有机产品	丰城市乡意浓富硒生态科技有限公司有机稻米
	福建三本农业高科技有限公司三本牌山茶油
	河南津思味农业食品发展有限公司树莓
	丰城天玉油脂企业山茶油
	缙云县宏峰西红花专业合作社西红花、红花紫米
	缙云县轩黄农业发展有限公司"轩黄"牌黄茶
	丽水市轩德皇菊开发有限公司轩德皇菊
	溧阳市玉莲生态农业开发有限公司"玉莲"牌天目湖白茶
	溧阳市天目湖玉枝特种茶果园艺场"玉枝"牌天目湖白茶
	连州市高山公诚蔬果专业合作社连州水晶梨
	生命果有机食品有限公司树莓系列产品
	广东代米生物科技有限公司杏鲍菇、金针菇
	广西君宝颜食品有限公司 食用菌、"猫千岁"牌银耳饮料产品
	贵州奇垦农业开发有限公司赤水竹乡乌骨鸡
	溧阳松岭头生态茶业公司"松岭头"牌天目湖白茶
	溧阳市天目湖茶叶研究所"伍员山"牌天目湖白茶
	连州市龙坪镇孔围蔬菜专业合作社"龙旺荣记"牌连州菜心
	龙泉市科远铁皮石斛专业合作社"唯珍堂"牌铁皮石斛
	皇尊庄园采用的青州"敞口"山楂、"圣登堡山楂干红"
	兴仁市富益茶业有限公司高山生态有机茶
	浙江丽水绿谷生态食品有限公司铁皮石斛
	天和农业集团有限公司"斋仙圆"灵芝及灵芝孢子粉、香菇等产品
	龙泉市科远铁皮石斛专业合作社"唯珍堂"铁皮石斛
	浙江山茶润生物科技有限公司"山茶润"牌山茶油
	广东万斛源生态农业有限公司"家家发"红茶、绿茶
	溧阳市欣龙生态农业发展有限公司"南山韵龙"牌白茶
	澄迈恒怡农业发展有限公司金江菠萝
	龙泉市年年丰家庭农场"项永年"牌灵芝孢子粉
	广西龙州北部湾现代农业有限公司食用菌
	松阳县昌明香榧专业合作社"雅贞"牌香榧
	松阳县君凯安农家庭农场"君可轩"牌香榧、"君若可"牌九制黄精
	贵州祥华生态茶业有限公司"苔尊"牌毛峰茶
	松阳县玉泉香榧专业合作社"玉泉仙人"有机茶
	溧阳市海斌粮食作物专业合作社"溧湖"牌大米
	浙江龙泉元俫农业有限公司"元俫"牌系列产品
	福建恒馨茶业有限公司"龙井岗"白茶
	福建桂岭茶业有限公司桂岭高山白茶
国家及省市非物质文化遗产	浙江缙云烧饼制作技艺
	浙江丽水鱼跃酿造食品有限公司鱼跃传统酿造技艺
	福建诏安四海食品有限公司的黄金兴传统制作技艺
	福建诏安福益食品有限公司闽南青梅精丸制作技艺
	浙江老土地食品有限公司番薯制作技艺

（续）

奖项类别	企业或产品
国家驰名商标或 省市著名商标	柘荣太子参 "麻阳"柑橘商标 连州市连正农业发展有限公司"连正牌"连州菜心 广东代米生物科技有限公司"代米牌"杏鲍菇、金针菇 贵州奇垦农业开发有限公司赤水竹乡乌骨鸡 天目湖玉莲珍稀茶果场的"玉莲"白茶 玉枝特种茶果园艺场的"玉枝"商标 溧阳市天目湖茶叶研究所"伍员山"牌天目湖白茶 浙江富来森食品有限公司富来森食品 安徽三义堂中药饮片有限公司"三义堂"牌中药系列 重庆凯扬农业开发有限公司"骄麻佬"花椒油 贵州省石阡和记绿色食品开发有限公司"和记佛顶山"牌糟辣椒、泡椒、豆瓣酱、红酸汤 溧阳市天目湖保健品有限公司"天目湖"牌灵芝五味子胶囊 梅州市兴缘农业发展有限公司"Dr you"牌金柚 石阡县夷州贡茶有限责任公司"华贯"牌石阡苔茶、"苔紫茶"牌石阡苔茶 福建省诏安四海食品有限公司"黄金兴"咸金枣、梅灵丹、宋陈咸榄

一是围绕某一产品重点发展，如湖南麻阳以冰糖橙为主的柑橘产品、诏安的青梅、蒙阴的桃、连州的水晶梨和贵州石阡的苔茶等。其特点是结合地方特点和优势，抓住某一产品做强做大。以麻阳县为例，政府把柑橘产业化建设作为产业精准扶贫的抓手，纳入县直相关部门、主产乡镇绩效考核范畴，发展了从事柑橘生产的龙头企业、专业合作组织等新型经营主体326家。其中，冰糖橙产业龙头企业9个（省级2个、市级7个），农民专业合作社131个，家庭农场314个，社会化服务组织4个。柑橘生产企业、专业合作社千亩以上的16个，30～100亩的种植大户813户。全县柑橘种植面积38.5万亩，总产量62.8万吨，年产值17.67亿元，其中：冰糖橙28.5万亩，总产量46.8万吨，年产值12.5亿元，面积占全省的1/3，面积与产量均居全国首位，为全国著名的冰糖橙主产区。"麻阳"柑橘多次在部、省级优质水果评比中获得金奖。2004年，"麻阳"柑橘商标成功注册为证明商标；2008年，其被认定为湖南省著名农产品商标称号；2011年，其获得了中国驰名商标称号，成为怀化市第一个农产品驰名商标、湖南省第一个柑橘类驰名商标、全国第二个柑橘类驰名商标。目前麻阳柑橘产业已成为国内规模最大、品种最多、品质优、效益好的当地绿色支柱产业之一。

二是围绕某一产品的产业链发展，如江西铜鼓的黄精产业、山东文登的西洋参、福建柘荣的太子参产业、江苏溧阳的白茶、河南封丘的树莓和金银花等，这些地区的主要做法是以该产品为核心，打通上下游产业链做大做强。以江西铜鼓县为例，铜鼓是黄精的天然分布区，有"中国黄精之乡"的美誉。2019年，"铜鼓黄精"获得农产品地理标志登记保护。2022年，"铜鼓黄精"已申报江西省农产品区域公共品牌。目前，铜鼓全县黄精种植总面积 5 万亩,其中高标准种植基地 1.4 万亩,黄精年产量达 3 000 吨,共有黄精产业企业 11 家、合作社 69 家,电商 21 家,从业达 1.13 万人。相关企业在种植、种苗繁育、加工、销售、产品研发等方面积极开展科技攻关合作,开发出了黄精果脯、黄精片、黄精茶、黄精酒、九蒸九晒黄精等 10 多个产品,并向口服液、饮片、面膜等方面推进研发。铜鼓特色的"黄精土鸡煲""黄精排骨汤""黄精炖猪肚"等已经成为当地宴客佳肴,铜鼓正举全县之力打造百亿黄精产业。

三是围绕某些特色产业发展,如重庆江津的富硒产业、安徽亳州谯城区的中药材产业,湖北钟祥的长寿食品产业等,主要是以当地某一特色效应来推动养生产品和产业的发展。以江津为例,江津以富硒为抓手,打造特色富硒食品。江津区 90.2% 的土壤硒含量为中高硒水平,且硒资源分布均衡,适合大规模发展富硒产业。通过打造标准化示范基地 10 个、培育重点企业 100 家、引进富硒产品精深加工生产线 10 余条,发展了粮油、花椒、茶叶、蔬菜、水果、畜禽、水产和中药材等 8 大类富硒产业;通过创新研制硒资源循环利用技术和品控技术、制定富硒农产品的重庆市地方标准"富硒农产品标准化生产技术规程",规范发展富硒种植 45 万亩、水产 3.8 万亩,富硒畜禽年出栏超过 500 万头,实现了全区富硒产值达 100 亿元。

四是以一个公共母品牌规范和带动整个区域的养生产品发展,典型的有丽水的"丽水山耕"、钟祥的"长寿园"和封丘的"长寿封丘"等。以钟祥为例,钟祥首先通过抢注带有长寿二字的"长寿园"品牌商标,为发展长寿产业奠定了品牌基础,再通过建立长寿产业核心基地和制定长寿园品牌产品的一系列标准为长寿产业发展引导方向,将"长寿园"品牌定位为"一个特色"(长寿之乡精品,富硒有机)、"两个面对"(面对追求健康长寿的人群、面对讲究生活品质的人群)、"三个原则"(产品必须产自自己的生产基地,品种必须是绿色健康、富硒有机,每款产品必须有权威部门检测报告),"四化"运营(基地标准化、生产工厂化、产品精品化、包装精美化)。钟祥成立长寿园品牌协会,组织涵盖了粮食、油料、食用菌、盘龙菜、葛粉、豆制品、长寿桃、生猪、畜禽等 26 家有代表性的骨干企业"抱团"发展,树立"长寿园"品牌形象,将"长寿园"品牌协会产品销往全国各地。此外,钟祥先后引进中粮、雨润、汇源、希望、牧原等 10 多家"500 强"企业和上市公司,实施了台湾食品产业园、年余冷冻食品、忠厚乳业等一批转型项目,促进了产业做大做强。中粮祥瑞、盘龙肉类分别被评为湖北省油脂行业和生猪行业"五强龙头企业",拥有国家级重点龙头企业 1 家、省级重点龙头企业 21 家,有力推动了长寿园品牌产品的发展。

五是通过组织申报国家级称号产品来带动辖区企业发展,如江苏如皋市通过组织企业申报国家地理标志产品和农业农村部的"两品一标"产品的认证,规范和促进养生产品发展。该市市场监管局联合专业协会对地理标志产品质量标准或种植规范进行监管和落实,要求地理标志产品加工企业都建立健全质量管理体系,严格依照标准、管理规范和保护措施的要求组织生产经营,对地理标志产品包装进行规范化管理,指导行业协会和使用单位统一印制标牌、包装,累计认证绿色食品、有机食品等共 226 个,建成全国绿色食品原料标准化生产基地面积 42.7 万亩,绿色优质农产品占比达 52.7%,有力促进了长寿之乡特色产业及产品提质增效。

（二）柘荣太子参产业的发展成效

柘荣县为"中国太子参之乡"，种植太子参历史悠久，至今已有 180 多年的历史，是全国最大的太子参主产区。"柘荣太子参"色泽晶黄、块根肥大、有效成分高，是柘荣传统特色优势产业，也是当地农民收入的最主要来源。全县太子参种植面积达 4.3 万多亩，"柘荣太子参"已成为柘荣农业的支柱产业，年产量长期占全国的 50% 以上。柘荣县为做实做强"柘荣太子参"产业，针对太子参产业发展的关键技术，组织实施了《"柘荣太子参" GAP 研究及示范》《太子参规范化种植研究》《太子参优良种质评选及质量控制关键技术》等国家级、省级重大科技专项，有效突破了良种繁育、规范种植、病害防治等技术难题，成功筛选出"柘参 1 号""柘参 2 号""柘参 4 号"及利用脱毒技术与离体培养技术筛选出的太子参抗病新品种等优势品种。近年来，柘荣太子参 GAP 基地通过国家药品监督管理总局认证，柘荣太子参 GAP 研究及示范和太子参规范化种植技术研究项目通过科技部验收。柘荣太子参国家级农业标准化示范区通过福建省专家组验收。在此基础上，柘荣县太子参协会先后制定了柘荣太子参种子、种根（T/ZRTZS 01—2022）、柘荣太子参种苗繁育技术规程（T/ZRTZS 02—2022）、柘荣太子参土壤环境质量管控要求（T/ZRTZS 03—2022）、柘荣太子参种植技术管理规范（T/ZRTZS 04—2022）、柘荣太子参采收和产地加工技术规范（T/ZRTZS 05—2022）、柘荣太子参质量等级（T/ZRTZS 06—2022）、柘荣太子参产品质量追溯规范（T/ZRTZS 07—2022）、柘荣太子参工厂化育种技术规程（T/ZRTZS 08—2022）、柘荣太子参须（T/ZRTZS 09—2022）等九个团体标准，柘荣太子参生产标准也因此成为了全国太子参生产的指导标准。柘荣县通过实施太子参规范化种植，科学合理调整太子参生产基地的布局，建立优良种繁育基地等措施，确保了柘荣太子参的品质与产量。全县太子参标准化种植面积比重近 90%。太子参亩产量达到 150 千克，比国内其他产区高出 30%。

柘荣太子参生长环境具有其独特性，区域的高海拔昼夜温差促进了太子参块根积累光合物质，温凉的夏季延长了柘荣太子参的生长期，充分的降水满足了自然生长需求，红土为主的栽培土壤保证了微量元素丰富和外观色泽晶黄，形成其地道的环境条件特征。柘荣太子参在化学成分和药理药效作用上的优质，从 20 世纪 80 年代起，已逐渐被中医药界所公认。据研究，太子参含有甙类、糖类、甾醇类、脂肪酸类、油脂类、磷脂类、环肽类、挥发油类、氨基酸类、微量元素和其他物质。柘荣太子参中某些化学成分如人体必需氨基酸明显优于其他产区；药理学研究表明，太子参具有抗应激、抗疲劳、降血糖、降血脂及增强免疫功能等作用，特别对于小孩盗汗、改善贫血、老人体虚失眠等有显著功效。刘华轩先生所著《中国中药材资源分布》中认定柘荣产太子参为全国同类产品中的优质产品，一向被药材市场作为质量参照标准。柘荣太子参以其上乘的品质和特殊的药理保健功效，不断被国内外消费者所认识，倍受医药界重视。1992 年获首届中国农业博览会金奖；2001 年获国家市场监督管理总局产地证明商标；2006 年被认定为中国驰名商标称号；2008 年，获国家市场监督管理总局"柘荣太子参"地理标志产品保护。

柘荣太子参的发展与行业参与者紧密依靠科技进步有很大相关性，柘荣县加强与涉参高等院校，如中科院上海药物研究所、厦门大学药学院、福建中医药大学、山东省医学科学院等的"产、学、研"协作,整合各方优势资源,推进"厦门大学药学院——柘荣县生物医药研发中心"建设,强化太子参基础性研究和研发成果的转化。鼓励县内企业与研发中心合作,设立国家中药材产业体系建瓯综合试验站柘荣太子参工作站等,提升县内企业的新技术消化吸收、新产品研发能力。以太子参为原料,开发了太子参中药饮片、健胃消食片、复方太子参颗粒、肾衰宁胶囊、玉液消渴冲剂、维血宁、肝复康片、降糖甲胶囊、护肤品等60多个太子参相关产品。当前柘荣县域太子参饮片企业主要集中在福建时珍堂药业有限公司、福建天人药业股份有限公司、福建海诚药业有限公司、福建柘参生物科技股份有限公司、新生命(福建)生物科技有限公司等。柘荣县域的闽东力捷迅药业股份有限公司则是目前柘荣县域内涉及含太子参中成药的生产和研发企业,研发的产品包括复方太子参颗粒、复方太子参口服液等。保健品方面,柘荣县的"中食北山酒业"研发的"十二时辰®太子参黄精酒"保健食品在2020年度获得国家商标注册和生产许可证后正式启动年产万吨生产线,这是柘荣首个、也是全国首个添加太子参的国产保健酒。太子参保健酒的获批,对于推动太子参精深加工、完善太子参产业链条具有积极意义。太子参黄精酒投产后,每万吨"十二时辰®太子参黄精酒"将带动太子参600吨、黄精400吨、黄金糯玉米10 000吨消费,将成为撬动乡村振兴的新杠杆。

(三)溧阳白茶产业的发展成效

溧阳白茶也称天目湖白茶,是江苏省溧阳市特产,也是全国农产品地理标志产品。经理化分析,天目湖白茶氨基酸含量为6.26%～9%,比普通茶高2倍以上,具有抗辐射、抗氧化、抗肿瘤、降血压、降血脂、降血糖的功能。溧阳白茶属于绿茶的白化品种,其特点是毫色银白,茶叶外形细秀略扁,色泽碧绿、透显金黄,内质香气馥郁,汤色鹅黄、清澈透明,滋味醇厚,鲜爽可口,叶张玉白、茎脉翠绿。因为在加工上就会产生大量的白色茸毛,所以制作出来的干茶多半是白色的。

天目湖白茶的品质与产区的地形气候及土壤特征有很大关系。发育于天目山山麓的黄棕壤亚类的黄砂土是天目湖白茶茶园的主要土种,成土母质是石英砂岩、古代沉积岩、页岩的风化物,土质属壤土至轻黏土,表土酸性,心土黏粒含量高,蓄水保肥性能好,有机质、氮素水平适宜,是苏南地区最适宜种植茶的土壤。天目湖白茶产区属于中亚热带北缘过渡季风型气候,春夏秋冬四季分明,春季温凉多雨,夏季炎热湿润,秋季先湿后干,冬季寒冷干燥,全年日照充足,雨量充沛,无霜期长。从农业气候角度分析,光、温、水配合良好,具有春夏季雨热同步,秋冬季光温互补的特点,年平均气温15.4℃。优越的地理自然条件,丰沛的水资源,适宜的土壤,非常有利于天目湖白茶产业的发展。

溧阳种茶的历史始于宋元,兴于明清,盛在当代。1978年,改革开放以来,溧阳市把茶叶产业作为发展农村经济的重中之重来抓,促进了茶业的可持续发展和农民增收致富,成为江苏省重点产茶县(市)。20世纪90年代,白茶从天目山脉零散分布到规模化、产业化生产以来,溧阳茶产业进入了一个新的发展阶段。在天目湖白茶发展过程中创制了天目湖玉枝白茶、玉莲牌白茶、田家山白茶、富子白茶等一批名茶。溧阳市高度重视茶产业发展,近十多年来,通过大力培育茶叶龙头企业、打造茶叶品牌、弘扬茶文化等措施,努力提升天目湖白茶品牌价值，全力推进特色白茶产业高质量发展。截至 2022 年，全市获生产许可证企业 85 家，省级龙头企业 2 家，地市级龙头企业 44 家。茶产业有力带动农户共同致富，成为溧阳乡村振兴、农业增效和农民增收的主导产业。2006 年开始，溧阳市先后有 36 只次白茶茶样在省级以上名优茶评比中获大奖，被中绿华夏有机食品认证中心认定为有机食品的白茶产品有 20 个。天目湖白茶还被评为江苏省名牌产品。2009 年，天目湖白茶被选定为中国 2010 上海世博会联合国馆指定用茶，成为"中国世博十大名茶"之一。2010 年农业部批准对"天目湖白茶"实施农产品地理标志登记保护，划定了保护范围，从产地条件、管理技术等进行严格规定。截至 2023 年，分别有天目湖玉莲珍稀茶果场的"玉莲"牌天目湖白茶、玉枝特种茶果园艺场的"玉枝"白茶、溧阳松岭头生态茶叶公司的"松岭头"牌天目湖白茶、溧阳市天目湖茶叶研究所的"伍员山"牌天目湖白茶、江苏大敬茶业有限公司的"周大敬"牌天目湖白茶、天目湖龙鑫农业生态园的龙鑫益生茶、溧阳市欣龙生态农业发展有限公司的"南山韵龙"牌白茶先后获得长寿之乡联盟的名优产品称号。"玉莲白茶" 2015 年荣获中国驰名商标，"玉枝"商标被国家市场监督管理总局评为"中国著名商标"，"伍员山"牌天目湖白茶获江苏省著名商标、省名牌农产品。在新产品开发方面，天目湖龙鑫农业生态园的龙鑫益生茶有效利用了春秋两季的白茶鲜叶，提高了白茶鲜叶利用率，在规避同质化竞争时增加了亩均效益，每亩可增加产品 400 多斤，实现亩均增收 4 万多元。大敬茶业通过加大科技投入，研制了速溶茶、茶多酚含片等新产品。目前溧阳茶叶种植面积 7.2 万亩，其中天目湖白茶近 5 万亩，拥有各类茶叶生产经营主体 300 余家，茶叶总产量每年达 1 300 余吨，年产值 15 亿元。

（四）丽水市特色养生产品的发展概况

丽水市作为联盟牵头单位，非常重视长寿之乡特色养生产品的发展，养生食品方面形成了菌、茶、果、蔬、药、畜牧、油茶、笋竹和渔业等九大主导产业。丽水市生态农业协会于 2014 年在全国率先推出了覆盖全区域、全品类、全产业链的地市级区域公用品牌"丽水山耕"，申报了 19 个地理标志产品，形成了含庆元香菇、庆元甜橘柚及青田稻鱼米等地标特色产品。针对"丽水山耕"四大类食用产品、三类非食用类产品制定团体标准，形成以"A 标（通用标准和认证规程）＋B 标（产品标准）"为主要内容的品牌标准体系，搭建农产品溯源体系"四级九类"监管体系，有力推动了丽水特色养生产品的发展。丽水特色养生产品的发展成效主要体现在以下几个方面。

1. 环境优良，绿色有机食品多

截至 2022 年，在长寿之乡联盟评出的养生名优产品中，丽水有 32 家企业的 34 种产品入选，这些产品中除 4 个环境体验类产品外，其他产品均符合有机产品或绿色食品认证标准，这充分表明了丽水自然环境和农作物生长环境的优越，同时也说明了各企业在产品生产过程的严格管理。

2. 养生产品地域特色明显，地理标志产品多

丽水市 8 县 1 区中获得国家地理标志产品称号的食品有庆元香菇、景宁惠明茶、龙泉灵芝、松阳茶、龙泉灵芝孢子粉、云和黑木耳、景宁泡笋等 7 个产品，有 19 个农产品获得农业农村部批准的地理标志登记保护，分别是云和雪梨、缙云米仁、缙云麻鸭、缙云菱

白、缙云黄花菜、青田杨梅、青田御茶、青田田鱼、遂昌菊米、遂昌三叶青、遂昌土蜂蜜、遂昌龙谷茶、庆元甜橘柚、庆元灰树花、庆元香菇、丽水枇杷、处州白莲、景宁惠明茶、龙泉金观音。地理标志产品涵盖果、茶、菜、菇、鱼、禽、粮等7大类种养殖产品，区域特色农产品的地理标志登记保护实施有利促进了农产品质量提升、产业升级、农民增收及农业增效。

3. 名优养生产品种类多元

丽水获评的联盟名优养生产品包括了茶叶、食用菌、中药材、坚果、谷物及制品、豆类、油脂类、肉及肉制品、蔬菜、酒、饮料、调味品、薯制品等13个种类，有种植历史悠久的稻米、香菇、皇菊等，也有最近几十年才开始人工栽培的铁皮石斛、灵芝等；有一百多年前源自北宋传统技艺酿造的鱼跃牌养生橘醋、白莲酒，也有近几十年开发的"丽露"牌老姜汤和"正德和"牌状元黑香肠；生产企业既有几千人国家龙头企业，也有几十人的家庭农场。

4. 养生产品的历史传承性较好、文化底蕴深

丽水市的养生食品行业发展历史悠久，传说明朝开国元勋刘基路途劳累后喝了处州叶平头村农户种植的皇菊冲泡水而病情大减、神清气爽、清心明目，叶平头村皇菊因此而得名，其平肝利目、清火解毒、抑菌抗炎等功效得到了大家的认可，成为村民日常生活不可缺少的饮品。成立于1919年的丽水市鱼跃酿造食品有限公司，以源自北宋鱼跃传统酿造技艺，精选传承千年的非遗技艺酿造的黄酒、白酒、酱油、食醋（养生橘醋）及豆豉等产品，口味纯正，回味悠长，成为丽水特色的代表性产品。此外，丽水的养生产品中还包含了国家级非物质文化遗产的缙云烧饼制作技艺、浙江省非物质文化遗产的青田传统榨油技艺（始于唐代以前）、香菇砍花法技艺、丽水市非物质文化遗产的番薯制作技艺等，这些非物质文化遗产的保护传承极大丰富了丽水特色养生产品的历史文化属性。

三、长寿之乡特色养生产品的主要特点和存在的不足

（一）长寿之乡特色养生产品的主要特点

长寿之乡养生产品由于"长寿之乡"名号的加持，从一开始就带有长寿之乡的特色，长寿之乡联盟从2016年开始评定名优产品，共有104个（类）产品获得名优产品称号（表5-2），这些产品主要是食品药材类和少部分环境体验类，产品的主要特点是：

（1）产品的品质安全性相对较高，食品药材类产品基本都获得有机产品认证或绿色食品认证；

（2）产品的种类相对较为集中，主要表现为茶叶类、中药材类、谷物类和水果类数量相对较多，占获评产品总数的59%，占食药材类的63%；

（3）食品类产品多为初级产品和一般性食品，功能性食品或者说具有明确保健功能的食品相对较少；

（4）产品的地域特色明显，种植类产品多数都属于当地的国家地理标志产品或农产品地理登记保护产品，加工产品也多是以当地特色产品为原料。

表 5 - 2　联盟历年获名优产品的企业和产品分类

类别	获评企业及产品
茶叶及其制品	1. 溧阳市天目湖玉莲珍稀茶果场　天目湖白茶 2. 溧阳市天目湖玉枝特种茶果园艺场　天目湖白茶 3. 丽水市轩德皇菊开发有限公司　"康玥"轩德皇菊 4. 缙云县轩黄农业发展有限公司　"轩黄"缙云黄茶 5. 江苏松岭头生态茶业有限公司　松岭头白茶 6. 溧阳市天目湖茶叶研究所　"伍员山"牌天目湖白茶 7. 兴仁市富益茶业有限公司　"营龙茶"系列产品 8. 江苏大敬茶业有限公司　"周大敬"牌白茶 9. 溧阳市天目湖龙鑫农业生态园　"鑫"牌天目湖黑金白茶（饼） 10. 溧阳市欣龙生态农业发展有限公司　"南山韵龙"牌白茶 11. 山东百士通生物科技股份有限公司　"玫伦美焕"牌玫瑰花冠茶 12. 广东万斛源生态农业有限公司　"家家发"牌系列茶叶（红茶、绿茶） 13. 丰顺县龙丰农业综合开发有限公司　"老茶丰亭"牌高山绿茶 14. 松阳县仙岩谷茶业有限公司　"仙岩谷"牌红茶、绿茶 15. 松阳县玉泉香榧专业合作社　"玉泉仙人"牌有机茶 16. 松阳县旅游发展有限公司　大木山茶园生态茶 17. 宁德石古兰农业开发有限公司　"石古兰"牌产品（野放茶、白毫银针） 18. 福建恒馨茶业有限公司　"龙井岗"牌茶叶（龙舌白、白毫银针） 19. 石阡县夷州贡茶有限责任公司　"华贯"牌石阡苔茶、"苔紫茶"牌石阡苔茶 20. 贵州祥华生态茶业有限公司　"阡纤美人红茶"牌石阡苔茶、"苔尊"牌石阡苔茶 21. 福建省仙茶美科有限公司　"八仙茯茶"牌金花黑茶 22. 梅州振声生态农业旅游有限公司　"洞天碧茗"牌红茶、绿茶、乌龙茶 23. 江西省与杉同寿实业发展有限公司　"上四坊"牌青钱柳茶 24. 福建桂岭茶业有限公司　桂岭高山白茶 25. 宁德茗鼎茶业有限公司　二月山如雪白毫银针白茶
中药材及其制品	1. 威海市东旭西洋参有限公司　"可保康"西洋参 2. 威海市文登区双顶山西洋参加工厂　"御龙旗"西洋参 3. 浙江丽水绿谷生态食品有限公司　"绿谷丽水"牌铁皮石斛系列产品 4. 龙泉市科远铁皮石斛专业合作社　"唯珍堂"牌铁皮石斛 5. 安徽三义堂中药饮片有限公司　"三义堂"牌系列产品（三七粉、九蒸九制黄精、燕窝、铁皮石斛、西洋参、赶黄草、百湿消） 6. 龙泉市年年丰家庭农场　"项永年"牌灵芝孢子粉 7. 松阳县君凯安农家庭农场　"君若可"牌九制黄精 8. 溧阳市天目湖保健品有限公司　"天目湖"牌灵芝五味子胶囊 9. 龙泉市泉灵谷生物科技有限公司　"泉灵谷"牌灵芝孢子粉 10. 丽水芝护康生物科技有限公司　"芝护康"牌竹林灵芝孢子粉 11. 福建天人药业股份有限公司　"瑞祥天人"牌太子参 12. 福建省诏安四海食品有限公司　"黄金兴"牌咸金枣、梅灵丹、宋陈咸榄

（续）

类别	获评企业及产品
水果及其制品	1. 威海市厚德大樱桃专业合作社　"大水厚土"大樱桃 2. 威海市文登区昆嵛人家农业科技有限公司　"思甜果"红富士苹果 3. 威海市文登区勾勾吉果品专业合作社　"勾勾吉"鲜桃 4. 河南津思味农业食品发展有限公司　树莓、树莓系列加工产品 5. 生命果有机食品股份有限公司　树莓系列产品 6. 连州市高山公诚蔬果专业合作社　连州水晶梨 7. 莱州市琅琊岭小龙农产品农民专业合作社　"琅琊岭"牌红富士苹果 8. 广东十记果业有限公司　十记金柚 9. 澄迈恒怡农业发展有限公司　"恒怡"牌鲜果（莲雾、凤梨） 10. 广东李金柚农业科技有限公司　"木子"牌金柚 11. 梅州市兴缘农业发展有限公司　"兴缘"牌金柚 12. 梅州市兴缘农业发展有限公司　"Dr you"牌金柚 13. 重庆市瑞远农业开发有限公司　富硒柑橘纤维精萃片 14. 福建省诏安福益食品有限公司　青梅精丸
谷物及其制品	1. 丰城市乡意浓富硒生态科技有限公司　"乡意浓"牌系列大米 2. 缙云县宏峰西红花专业合作社　"懿圃"西红花、红花紫米 3. 溧阳市天目湖肉类制品有限公司　"味禾滋"牌乌饭（方便食品） 4. 湖南米米梦工场科技股份有限公司　"米米梦工场"牌富硒米系列产品（麻阳硒米、麻阳大米） 5. 溧阳市海斌粮食作物专业合作社　"溧湖"牌大米 6. 浙江龙泉元侏农业有限公司　"元侏"牌系列产品（红米、红糖米、黑糯米、黑糖米、丝苗米、薏米、白糯米、大豆、小黄姜、原味糙米浆粉、伍米浆粉） 7. 缙云县业盛家庭农场　"农家湘"牌新盛爽面 8. 柘荣县锌硒农业专业合作社　富硒富锌大米 9. 浙江龙泉元侏农业有限公司　"元侏"牌系列产品（发芽伍米浆粉、全植物蛋白营养粉、混元春醾） 10. 丽水市欣风食品有限公司　传统特色产品——缙云小烧饼
薯类	1. 莱州市东岗果蔬专业合作社　"大兰邱家"牌地瓜 2. 连州市嘉农现代农业发展有限公司　"自劳地"牌紫心番薯 3. 浙江老土地食品有限公司　传统特色产品——薯类制品
油脂类	1. 福建三本农业高科技有限公司　三本山茶油 2. 江西省天玉油脂有限公司　食用植物油 3. 浙江回龙油茶开发有限公司　山茶油 4. 浙江山茶润生物科技有限公司　山茶油系列产品 5. 梅州长荣生物科技有限公司　露香油茶籽油 6. 广东穗瑞农林发展有限公司　"佰佳惠"牌油茶籽油
蔬菜及其制品	1. 连州市连正农业发展有限公司　连州菜心 2. 遂昌县羽峰食品厂　白马玉笋 3. 丽水一山绿色实业有限公司（浙江景宁畲乡物流有限公司）　"畲森山"蔬菜 4. 连州市龙坪镇孔围蔬菜专业合作社　"龙旺荣记"牌连州菜心 5. 缙云县山里人家农产品开发有限公司　传统特色产品——油焖鲜笋

（续）

类别	获评企业及产品
食用菌及其制品	1. 天和农业集团有限公司　"斋仙圆"品牌系列产品（灵芝及灵芝孢子粉、香菇、黑木耳、银耳、牛肝菌等食药用菌） 2. 浙江富来森食品有限公司　"富来森"牌食用菌系列产品（香菇、黑木耳） 3. 广东代米生物科技有限公司　"代米"牌杏鲍菇、金针菇
肉类及其制品	1. 贵州奇垦农业开发有限公司　赤水竹乡乌骨鸡 2. 浙江正德和食品有限公司　"正德和"牌状元黑香肠 3. 浙江正德和食品有限公司　黄精茯苓鸡
水产类	1. 赤水市月亮湖生态渔业有限公司　生态鱼 2. 诏安县兴港水产食品有限公司　牡蛎
坚果类	1. 广西寿乡香有机农业开发有限公司　"寿乡香"澳洲坚果 2. 松阳县君凯安农家庭农场　"君可轩"牌香榧 3. 松阳县昌明香榧专业合作社　"雅贞"牌香榧
酒及饮料类	1. 山东皇尊庄园山楂酒有限公司　"圣登堡"牌敞口山楂酒 2. 广西君宝颜食品有限公司　"猫千岁"牌银耳饮料产品 3. 缙云县丽露农业开发有限公司　"丽露"牌老姜汤系列产品
调味品类	1. 丽水市鱼跃酿造食品有限公司　"鱼跃"牌系列酿造产品 2. 重庆凯扬农业开发有限公司　"骄麻佬"牌调味品 3. 福建融盛食品有限公司　"融盛"牌产品（曾氏辣、红米醋） 4. 贵州省石阡和记绿色食品开发有限公司　"和记佛顶山"牌产品（糟辣椒、泡椒、豆瓣酱、红酸汤）
糖类	广西马山南华糖业有限责任公司　"金伦"牌红糖
综合类	1. 菏泽思达食品股份有限公司　"思达良品"牌系列产品（果蔬菌藻类杂粮粉、果蔬菌藻类冲调粉、脆美洋姜、黑芝麻酱、黑豆腐竹、小磨香油、黑豆皮、西瓜酱、辣椒酱、面膜粉、御足灵、小麦胚芽、红酒、坚果组合） 2. 安徽德昌药业股份有限公司　"薛阁塔"系列产品（赤豆、黑豆、黑芝麻、绿豆、菊花、蜂蜜、红曲、桑葚）
环境体验类	1. 清远市连州爱地旅游发展有限公司　连州地下河景区、湟川三峡——龙潭旅游度假区 2. 浙江丽水东西岩旅游开发有限公司　莲都区东西岩景区 3. 庆元县旅游发展有限公司　百山祖景区 4. 缙云县仙都旅游文化产业有限公司　仙都景区 5. 遂昌汤溪生态温泉开发有限公司　汤沐园温泉 6. 贵州赤水湖山置业有限公司　云中·湖岸森邻国际休闲养生度假区（天岛湖） 7. 赤水华越房地产开发有限公司　丹霞溪谷长寿养生度假区

（二）长寿之乡特色养生产品存在的主要不足

1. 品牌较多，知名度不高，品牌管理有待提高

长寿之乡特色养生产品发展到现在，全国知名度高的产品缺乏，全国著名的品牌和行业代表性企业很少，多数企业相对于全国，甚至相对于全省来说，其品牌影响力都是有限的。长寿之乡各自有各自的品牌，存在一城一品、一城多品等问题，且品牌知名度不高，基本都是只在本地范围内被知晓。公共区域品牌做得较好的"丽水山耕"，随着加盟商企的增多，也面临着主体合作难协调、母子品牌难融合等问题。部分加盟商企对"丽水山耕"品牌"法自然、享纯真"的核心理念认知尚不够，子品牌市场性与母品牌公益性矛盾日益凸显，母子品牌契合度不强导致品牌价值受损等。长寿之乡联盟从 2016 年起组织开展长寿之乡名优产品评定，目的是尽量将精品、名品推荐给市场和消费者；但从结果来看，对品牌知名度的提升有限，联盟认定的 100 多个中国长寿之乡养生产品中，绝大部分产品在其长寿之乡或在某个区域是名特优产品，但很少能做到全国知名。从长寿之乡名优产品申请逐年减少的现象来看，也说明其特色养生产品发展遇到了瓶颈，需要加强对评定"中国长寿之乡名优产品"品牌的管理和宣传，提高品牌的可信度和美誉度。

2. 深加工产品和功能性食品偏少

从联盟评定的名优养生产品可以看出，食品类产品中多为初级产品，深加工产品较少，仅重庆市瑞远农业开发有限公司的富硒柑橘纤维精萃片和福建省诏安福益食品有限公司的青梅精丸等少数几款产品；食品中绝大多数为一般食品，具有明确养生保健功能的食品少，尽管多数产品都声称有保健养生作用，但就所评定的食品类产品中，没有一种产品获得了国家保健食品证书，也就是说除药材类产品外大多数产品只能认为是有营养作用和一般经验认可的养生作用。

3. 产品特色不明显，具有独特工艺和特色风味的产品较少，针对性不够

一是长寿之乡特色不明显，有利于长寿的产品少，利用长寿元素研发的产品、发展起来的产业，或者发挥长寿之乡优势、用好长寿之乡品牌培育发展的产品、产业都较少，多数产品宣传上缺乏实验数据支撑和实际食用过程中的认可度评价；二是高科技和独特工艺生产的产品少，企业在产品开发和高新技术应用的投入较少，提取有效成分精制而成的产品少，体现技术含量的高端产品少；三是生产企业有较长历史传承的不多，特色产品有历史故事的少，将产品与文化结合起来的少，能讲的故事不多；四是将传统与时尚相融合的产品不多，针对年轻群体的产品较少；五是针对目前保健养生重视的低脂肪、低能量、低胆固醇产品少，企业开发重视不够。

4. 企业规模小，营销模式创新不够

生产企业规模普遍不大，除广西君宝颜食品有限公司、生命果有机食品股份有限公司等几个企业外，产值过亿元的企业不多，多集中在百万元到千万元级，企业员工数也多在百人以内。企业规模小导致营销投入不多，打开市场的能力不足。在营销手段方面，多数企业停留在原始的自产自销、产地销售和熟人销售模式上，缺乏代理销售、连锁销售、网络销售等专业化的产销联结机制。

5. 产品质量标准制定有待加强

稳定可靠的产品质量是一个产品成功的关键，这方面标准的制定和严格遵守至关重要。长寿之乡企业多数规模较小，资金实力、技术力量和人员素质等限制了其标准制定能力，长寿之乡养生产品多数都属于农产品，从生长环境、种养殖管理、加工储运到销售等涉及的环节和人员较多较广，质量标准的落实和全过程管理难度较大，加上部分企业因为技术力量较弱、工艺相对落后和委托生产等问题，产品质量的稳定性有待加强。

四、发展长寿之乡特色养生产品的努力方向

（一）加强品牌建设

品牌是企业和产品的形象，是消费者对一个企业及其产品、售后服务、文化价值的一种评价和认知，是一种信任，也是一种商品综合品质的体现和代表。品牌也总是和时尚、文化、价值联想到一起，企业在创立品牌时不断地创造时尚、培育文化，随着企业的做强做大，品牌不断从低附加值向高附加值升级，向产品开发优势、产品质量优势、文化创新优势的高层次转变。当品牌文化被市场认可并接受后，品牌就会产生市场价值。因此，品牌建设是一个企业或企业联盟需要特别重视的方面。长寿之乡特色养生产品的品牌建设包含三个层次：一是长寿之乡总体的品牌建设，即联盟的养生名优产品认定和"寿"字标识的授权使用；二是各长寿之乡区域公共品牌的建设，如浙江丽水的"丽水山耕"、湖北钟祥的"长寿园"、河南封丘的"长寿封丘"等；三是各企业自身产品的品牌建设。

联盟通过养生名优产品认定活动和"寿"字标识的授权使用，希望能让中国长寿之乡"健康、长寿、绿色、和谐"的文化内涵和中国长寿之乡的品牌形象得到充分彰显，同时希望以长寿之乡产品中所蕴含的健康养生特性吸引消费者的关注，推动长寿之乡特色养生产业的高质量发展。在此过程中，长寿之乡联盟主要负责长寿之乡养生名优产品"寿"字标识的使用授权和管理工作，各长寿之乡县市则需要担负起具体实施管理的主体责任。依托"中国长寿之乡"的影响力，长寿之乡名优产品初步得到社会认可，但要获得持续的社会信任和认可，还需要在产品宣传、品质管理和名优产品的评定机制上深入开展工作，需要不断提升品牌自身含金量。从产品生产过程来看，应该考虑增添产品特色使其具有独特性并且难以复制，要保证产品的质量水平、建立良好的口碑，以及提高售后服务、产品文化体现等；从品牌维护的角度看，需要通过一种相对稳定的程序和方式，来验证品牌的含金量，如组织"长寿之乡名优产品"抽查复评验证产品品牌的可靠性和稳定性，擦亮产品品牌亮点的作用，持续增强社会信任和认可。长寿之乡特色养生产品的发展与长寿之乡这块招牌是紧密相连的，长寿之乡的环境、人文、品牌效应是其优势，要利用和发挥好，也要维护好。

区域品牌建设是在特定的地域范围内，以地方政府为主导、以集群企业为主体、以中介机构为辅助实施、以产业集群为载体创立，旨在带动区域经济发展的集体品牌战略。其中，地方政府扮演了至关重要的角色，发挥着不可替代的作用，这既是区域品牌的公共产品属性和地方政府的经济管理职能所决定的，也是区域经济转型升级的外部环境所需要的。各长寿之乡的区域品牌本质上来说也是要让长寿之乡的优势得到充分发挥，打造区域公用品牌的宗旨是服务企业，推动区域经济品牌化发展，进而推动地方产业发展，带动人

民增收致富。长寿之乡联盟和长寿之乡区域公用母品牌一般覆盖了全区域、全产业链、全品类，其作用是要利用其公益性和可信性取得消费者的认可，将助推子品牌为使命担当，以成功孵化和培育子品牌的数量作为其成效。要努力打造具有代表性的、市场影响力较大的高质量特色产品，提升品牌的附加值，带动其他产品的发展。

加盟商企的品牌一般都有对应的特定产品和具体的品类指向，在努力发展自己的子品牌时，需要充分认识和认同联盟和区域公共品牌的核心理念，要注意提升母子品牌融合度，协调好子品牌市场性与母品牌公益性关系，通过提炼和传播本身独特的、有竞争力的差异化价值，明确子品牌内涵，提升品牌价值，推动品牌建设和产业发展。同时，要结合所在长寿之乡的特色，深挖当地长寿文化内涵，加强商标和品牌建设，有效地突出长寿之乡品牌蕴含的健康养生特色和独特魅力，推动长寿之乡产业经济高质量发展。

（二）加强产品标准的制定与强化标准的落实管理

一流企业做标准，这句话充分表明了标准对企业发展的重要性。标准按其适用范围，分为国家标准、行业标准、地方标准、团体标准和企业标准；按标准化对象又分为技术标准、管理标准和工作标准。用标准来规范企业和团体的行为、推动产品的发展是一种趋势，也是产业发展的要求，长寿之乡特色养生产品的发展更离不开标准的规范。产品标准是技术标准的一种，是为保证产品的适用性，对产品必须达到的某些或全部要求所制定的标准，是对产品结构、规格、质量和检验方法所做的技术规定，它是一定时期和一定范围内具有约束力的产品技术准则，是产品生产、质量检验、选购验收、使用维护和洽谈贸易的技术依据，对于保证和提高产品质量，提高生产和使用的经济效益，具有重要意义。《中华人民共和国标准化法》规定：企业生产的产品没有国家标准和行业标准的，应当制定企业标准，作为组织生产的依据。已有国家标准或者行业标准的，国家鼓励企业制定严于国家标准或者行业标准的企业标准，在企业内部适用。

长寿之乡特色养生产品多数都属于食品，且农产品又占其中的较大部分，限于资金实力和技术力量，多数企业都是执行国家、行业和地方的已有相关产品标准，并没有制定企业自己的更高更严标准。这方面长寿之乡联盟、长寿之乡相关部门和部分实力较强的加盟商企是可以发挥引领作用的，为长寿之乡特色养生产品制定更能体现其特点的产品标准。长寿之乡联盟可以在已经编制的养生名优产品团体标准的基础上，继续发挥联盟企业家委员会和专家委员会的优势，对一些长寿之乡产量和品质优势较大的特色养生产品，组织人员进行立项研究，尽快形成这类产品的团体标准，在通过实际应用检验取得成效后，争取成为行业甚至国家标准，使长寿之乡相关企业成为行业标杆。实力强的加盟商企则可以利用自己资金和技术力量，改进产品功效、提升产品品质，总结分析产品生产全过程关键点，提出技术含量高，可操作性强，具有科学性、先进性和市场适应性的产品标准，起到引领联盟相关企业发展的作用。地方政府则可以通过相关部门和协会等引导和组织企业来制定相关标准，如丽水市一方面通过成立"丽水山耕"市级专业标准化技术委员会，制定出台种植业、养殖业、加工业等产业的"丽水山耕"产品标准，从生长环境、种（养）殖环节、加工过程、贮运操作、文化内涵、销售方式等六方面统一规范"丽水山耕"农产品的基本要求，逐步形成覆盖全类别、全产业链的产品标准体系和覆盖生产经营全过程的管理标准体系；另一方面，建立农产品质量安全追溯体系，与民营企业共同合作，成立丽水市蓝城农科检测技术有限公司，依托"物联网＋农业"体系的顶层设计，对"丽水山耕"产品实行实时抽检，实现检测准入、溯源追踪等农产品流通过程的透明化；同时，还建立了市、县、乡联动监管机制，企业负责数据的采集和输入，乡镇级管理员对数据真实性进行核查，再实施县、市产业层层监管，有力保证了"丽水山耕"农产品的品质和信誉。

　　针对长寿之乡养生产品较多的初级农产品，要积极推进标准化生产，制定实施优质产品的标准体系，对种子、种植、投入品、仓储、加工、环境、产品、溯源管理等实施标准化管理，研究制定销售、物流管理标准，建立完善"从田间到餐桌"的全过程标准体系。推动产品的产业链升级、价值链重构、供应链优化，在生产端推进作物种植由增产向提质转变，在加工端培育引进精深加工项目，在销售端重视长寿之乡特色产品的宣传，实现长寿之乡特色养生产品品质提升和品牌增效。

（三）加强新产品研发、提升现有产品品质

　　产品是企业的核心，也是企业的生命力。一个好的产品可以带动一个产业的发展，给企业创造丰厚的利润。长寿之乡特色养生产品的发展从根本上说是要做好产品的研发和品质的改善，具体可以从以下几个方面考虑。

　　一是要注重传统养生产品的品种保护和品质改善。长寿之乡现有的养生名优产品主要为传统的种养殖产品和初加工农产品。对于种养殖产品，要在原种繁育、品种优化、新品种开发等方面要重点关注，确保原种纯、良种优，实现良种全覆盖，打牢优质农产品的品质基础。对于获国家地理标志的产品或农产品地理标志登记保护的产品，要科学划定核心区、过渡区和潜力区，探索分区、分品定价，实行严格的环境保护措施，制定农业投入品准入清单，实施土地保护提升工程，推广病虫害的绿色防控技术，推进标准化生产和管理，确保优质产品品质的稳定可靠。对于加工性农产品，在保护好传统生产工艺的同时，要积极引入新技术，适应人们的新需求，在产品的工艺、外观、口感、包装等方面进行改进，提高产品档次和增强市场竞争力。针对传统的养生加工食品，在保留产品功效和品质的基础上，要科学研究改进配方和工艺，提升产品的针对性，扩大产品的人群接受度，并注重开发一些便利型的食品，以适应快节奏生活的需要。

　　二是利用长寿之乡的资源优势，加强特色养生产品的开发。长寿之乡有着丰富的野生生物资源和中药材资源，长寿之乡企业应充分利用好长寿之乡丰富的药食资源，加强与科研机构合作，开发特色养生新产品，尤其是具有特殊的生物活性和多种生理调节功能的功能性食品。从全球市场来看，2020 年欧美、日本等发达国家人均功能食品支出均在 100美元/人以上，其中日本人均功能食品消费已突破 150 美元/人，我国则还不到 30 美元/人，潜力还很大。我国居民日常饮食中历来有注重滋补习惯，新时代消费者对功能性食品的需求更是不断增加，因此要充分利用长寿之乡丰富的生物资源，开发满足人们对健康新要求的产品，如低脂肪、低能量、低胆固醇产品等，新产品开发要注重科技含量高的运动支持类、体重管理类、缓解压力类、降血压类、降血糖类、改善保护视力类和微量营养素补剂等当前消费需求较大的功能性食品，这类产品要加强产品的功效成分和作用机理研究，最好能取得国家保健食品证书。

三是对于长寿之乡资源丰富且增长潜力大的名优养生产品，要在产业链延伸上做工作，向产品多元化方向发展，并针对不同人群的需求，有针对性地开发相应养生新产品，包括养生食品和环境体验类产品。以溧阳市的天目湖白茶拓展产业链为例，相关企业通过统筹茶文化、茶产业、茶科技，以"茶+模式"实现产品、品质、体验多元创新，将茶叶店升级为茶文化生活馆，将传统与时尚相融合，以重体验的方式推广新式茶饮；通过引入新技术，研制出速溶茶、茶多酚含片等新产品；通过与科研单位合作，以白化茶树鲜叶为原料，利用现代生物技术，采用益生菌发酵而成的一款越陈越好有着独特养生功效的益生"黑金白茶"，该茶陈放越久功效越好，有效提高了白茶树叶的利用率。通过茶叶的集聚加工，把明前采摘后留下的茶叶整合起来变废为宝，研发茶粉、抹茶等各类茶产品，提高附加值。依托农业产业强镇示范建设项目的白茶小镇，开发茶旅、休闲、养老项目，完善茶产业链条，促进一二三产融合发展。

四是要积极响应国家发展银发经济的政策，挖掘和研发长寿之乡的银发产品，开拓新产业。国务院《关于发展银发经济增进老年人福祉的意见》指出，银发经济是向老年人提供产品或服务，以及为老龄阶段做准备等一系列经济活动的总和，涉及面广、产业链长、业态多元、潜力巨大。长寿之乡在丰富老年文体服务、发展抗衰老产业和强化老年用品创新方面都可以有较多作为，如丽水的老年木玩、永嘉的老年教玩等已经做了一个很好的尝试。长寿之乡企业还可以在研发适合老年人咀嚼吞咽和营养要求的食品、特殊医学用配方食品等方面充分发挥长寿之乡众多特色养生资源和品牌的优势。比如近年兴起的预制菜，老年人也是一个潜在的消费人群，银发族购买量近两年增长很快，逐渐成了老年人的刚需。长寿之乡企业如果能够根据老年人的需要和健康状况制定食谱，一次配制多天的不同饭菜，将能够极大便利银发人群的营养改善。

（四）加强"抱团"发展

长寿之乡特色养生产品的发展依靠的是长寿之乡的品牌背书，长寿之乡良好的生态环境和自然资源是其基础，发展和维护好长寿之乡特色养生产品品牌是加盟企业的共同愿望。长寿之乡多数地区的经济相对落后，对外交流及资金、人才、技术的引入能力相对较弱，因此，"抱团"发展、共同进步是长寿之乡绿色发展区域合作联盟成立的主要目的之一，对于长寿之乡特色养生产品的发展来说，"抱团"发展也是可以有效推动其产业做大做强的主要途径。长寿之乡特色养生产品的"抱团"发展可以通过联盟、长寿之乡、企业三个层面展开。

联盟层面的"抱团"发展，主要应通过认定长寿之乡养生名优产品，来培育长寿之乡品牌产品、优势产业；通过发挥长寿之乡品牌影响力、产业带动力，把长寿之乡环境、资源、文化优势转化为经济、发展、竞争优势，推动特色养生产品的发展；通过强化机制创设，努力提升为加盟会员服务的层次、水平，促进各长寿之乡之间的交流和发展能力的提升；通过利用中国长寿之乡的品牌优势，组织加盟企业参与国内外有影响力的产品展销会，积极宣传和推广长寿之乡企业的特色养生产品；通过和各长寿之乡政府合作，推动加盟企业之间的合作，做大做强长寿之乡的特色养生产业。

长寿之乡层面的"抱团"发展，一是可以政府引导企业组织起来，成立相关协会"抱团"发展,通过制定区域产品品牌的系列标准,提高了打造区域公用品牌的能力和水平;通过做强做优做大企业,打造"航母型"企业,有效连接企业、产品与市场,提升长寿之乡区域公用品牌的影响力。以优质企业的子品牌发展,来带活一个产业,实施产业提升工程,协力打造区域公用品牌。二是政府出面打造产业园区,形成产业的聚集性发展,产业链上下游企业的集聚发展,可以大大节约物流、原料等方面的成本。同时,园区内企业也可以通过相互交流、相互借鉴、相互支持,实现产业联手、共同发展。三是可以通过组织协调区域内的"村村联合"或"乡(镇)联合"来"抱团"发展,克服区域内不同行政范围的经济发展不均衡情况,以及资源、技术、资金、土地等的错位问题,实现发展要素互补,取长补短共同发展,做强做大当地特色养生产品。

企业层面的"抱团"发展,纵向上可以围绕优质特色养生产品产业链分工合作,拓展上下游产业,实现共同发展,横向上对于同一类型产品的发展,企业间要相互协调、统一标准、共同维护长寿之乡品牌。同时,避免恶性竞争,深化产业协作,更好地提升产业发展水平和市场话语权。企业间应以资源盘活优势互补为基础、以产业合作为助力、合作共赢共同发展。

总之,无论是联盟整体,还是长寿之乡政府、企业群体,"抱团共进"应成为促进发展的新趋势,同时"抱团"发展也是顺应时代、走得更远的现实选择。对于一个企业、一个区域,虽然可以依靠自身快速发展,但总会碰到能力极限,如何克服瓶颈,寻求更大的发展空间,势必需要借势借力,这就是"独行快、众行远"的道理。"抱团"发展在于立足联盟、长寿之乡和加盟企业的现实状况和共同需要,形成凝聚力,相互合作,创新联合,共同促进长寿之乡特色养生产品的发展,推动长寿之乡实现共同富裕。

附录:各长寿之乡特色养生产品荟萃
中国长寿之乡养生名优产品

序号	评选年份	中国长寿之乡养生名优产品
1	2016	溧阳市天目湖玉莲珍稀茶果场　天目湖白茶
2	2016	溧阳市天目湖玉枝特种茶果园艺场　天目湖白茶
3	2016	威海市东旭西洋参有限公司　"可保康"西洋参
4	2016	威海市文登区双顶山西洋参加工厂　"御龙旗"西洋参
5	2016	威海市厚德大樱桃专业合作社　"大水厚土"大樱桃
6	2016	威海市文登区昆嵛人家农业科技有限公司　"思甜果"红富士苹果
7	2016	威海市文登区勾勾吉果品专业合作社　"勾勾吉"鲜桃
8	2016	赤水市月亮湖生态渔业有限公司　生态鱼
9	2016	福建三本农业高科技有限公司　三本山茶油
10	2016	丰城市乡意浓富硒生态科技有限公司　"乡意浓"牌系列大米

（续）

序号	评选年份	中国长寿之乡养生名优产品
11	2016	江西省天玉油脂有限公司　食用植物油
12	2016	河南津思味农业食品发展有限公司　树莓、树莓系列加工产品
13	2016	生命果有机食品股份有限公司　树莓系列产品
14	2016	连州市高山公诚蔬果专业合作社　连州水晶梨
15	2016	连州市连正农业发展有限公司　连州菜心
16	2016	清远市连州爱地旅游发展有限公司　连州地下河景区、湟川三峡——龙潭旅游度假区
17	2016	广西寿乡香有机农业开发有限公司　"寿乡香"澳洲坚果
18	2016	浙江丽水东西岩旅游开发有限公司　莲都区东西岩景区
19	2016	丽水市轩德皇菊开发有限公司　"康玥"轩德皇菊
20	2016	天和农业集团有限公司　"斋仙圆"品牌系列产品
21	2016	庆元县旅游发展有限公司　百山祖景区
22	2016	缙云县仙都旅游文化产业有限公司　仙都景区
23	2016	缙云县宏峰西红花专业合作社　"懿圃"西红花、红花紫米
24	2016	缙云县轩黄农业发展有限公司　"轩黄"缙云黄茶
25	2016	浙江回龙油茶开发有限公司　山茶油
26	2016	遂昌县羽峰食品厂　白马玉笋
27	2016	遂昌汤溪生态温泉开发有限公司　汤沐园温泉
28	2016	丽水一山绿色实业有限公司（浙江景宁畲乡物流有限公司）"畲森山"蔬菜
29	2017	江苏松岭头生态茶业有限公司　松岭头白茶
30	2017	溧阳市天目湖茶叶研究所　"伍员山"牌天目湖白茶
31	2017	浙江富来森食品有限公司　"富来森"牌食用菌系列产品
32	2017	丽水市鱼跃酿造食品有限公司　"鱼跃"牌系列酿造产品
33	2017	浙江丽水绿谷生态食品有限公司　"绿谷丽水"牌铁皮石斛系列产品
34	2017	浙江山茶润生物科技有限公司　山茶油系列产品
35	2017	龙泉市科远铁皮石斛专业合作社　"唯珍堂"牌铁皮石斛
36	2017	莱州市东岗果蔬专业合作社　"大兰邱家"牌地瓜
37	2017	莱州市琅琊岭小龙农产品农民专业合作社"琅琊岭"牌红富士苹果
38	2017	山东皇尊庄园山楂酒有限公司　"圣登堡"牌敞口山楂酒
39	2017	广东代米生物科技有限公司　"代米"牌杏鲍菇、金针菇
40	2017	梅州长荣生物科技有限公司　露香油茶籽油
41	2017	广东十记果业有限公司　十记金柚
42	2017	连州市龙坪镇孔围蔬菜专业合作社"龙旺荣记"牌连州菜心
43	2017	贵州赤水湖山置业有限公司　云中·湖岸森邻国际休闲养生度假区（天岛湖）
44	2017	赤水华越房地产开发有限公司　丹霞溪谷长寿养生度假区

（续）

序号	评选年份	中国长寿之乡养生名优产品
45	2017	贵州奇垦农业开发有限公司　赤水竹乡乌骨鸡
46	2017	兴仁市富益茶业有限公司　"营龙茶"系列产品
47	2018	江苏大敬茶业有限公司　"周大敬"牌白茶
48	2018	溧阳市天目湖龙鑫农业生态园　"鑫"牌天目湖黑金白茶（饼）
49	2018	溧阳市欣龙生态农业发展有限公司　"南山韵龙"牌白茶
50	2018	重庆凯扬农业开发有限公司　"骄麻佬"牌调味品
51	2018	安徽三义堂中药饮片有限公司　"三义堂"牌系列产品（三七粉、九蒸九制黄精、燕窝、铁皮石斛、西洋参、赶黄草、百湿消）
52	2018	山东百士通生物科技股份有限公司　"玫伦美焕"牌玫瑰花冠茶
53	2018	广东万斛源生态农业有限公司　"家家发"牌系列茶叶（红茶、绿茶）
54	2018	广东李金柚农业科技有限公司　"木子"牌金柚
55	2018	梅州市兴缘农业发展有限公司　"兴缘"牌金柚
56	2018	丰顺县龙丰农业综合开发有限公司　"老茶丰亭"牌高山绿茶
57	2018	连州市嘉农现代农业发展有限公司　"自劳地"牌紫心番薯
58	2018	广西马山南华糖业有限责任公司　"金伦"牌红糖
59	2019	溧阳市天目湖肉类制品有限公司　"味禾滋"牌乌饭（方便食品）
60	2019	广西君宝颜食品有限公司　"猫千岁"牌银耳饮料产品
61	2019	广东穗瑞农林发展有限公司　"佰佳惠"牌油茶茶籽油
62	2019	菏泽思达食品股份有限公司　"思达良品"牌系列产品（果蔬菌藻类杂粮粉、果蔬菌藻类冲调粉、脆美洋姜、黑芝麻酱、黑豆腐竹、小磨香油、黑豆皮、西瓜酱、辣椒酱、面膜粉、御足灵、小麦胚芽、红酒、坚果组合）
63	2019	澄迈恒怡农业发展有限公司　"恒怡"牌鲜果（莲雾、凤梨）
64	2019	湖南米米梦工场科技股份有限公司　"米米梦工场"牌富硒米系列产品（麻阳硒米、麻阳大米）
65	2019	龙泉市年年丰家庭农场　"项永年"牌灵芝孢子粉
66	2019	缙云县丽露农业开发有限公司　"丽露"牌老姜汤系列产品
67	2019	松阳县仙岩谷茶业有限公司　"仙岩谷"牌红茶、绿茶
68	2019	松阳县君凯安农家庭农场　"君可轩"牌香榧
69	2019	松阳县君凯安农家庭农场　"君若可"牌九制黄精
70	2019	松阳县玉泉香榧专业合作社　"玉泉仙人"牌有机茶
71	2019	松阳县昌明香榧专业合作社　"雅贞"牌香榧
72	2019	松阳县旅游发展有限公司　松阳大木山茶园
73	2020	溧阳市海斌粮食作物专业合作社　"溧湖"牌大米
74	2020	溧阳市天目湖保健品有限公司　"天目湖"牌灵芝五味子胶囊
75	2020	宁德石古兰农业开发有限公司　"石古兰"牌产品（野放茶、白毫银针）

（续）

序号	评选年份	中国长寿之乡养生名优产品
76	2020	福建融盛食品有限公司 "融盛"牌产品（曾氏辣、红米醋）
77	2020	梅州市兴缘农业发展有限公司 "Dr you"牌金柚
78	2020	安徽德昌药业股份有限公司 "薛阁塔"系列产品（赤豆、黑豆、黑芝麻、绿豆、菊花、蜂蜜、红曲、桑葚）
79	2020	石阡县夷州贡茶有限责任公司 "华贯"牌石阡苔茶、"苔紫茶"牌石阡苔茶
80	2020	贵州省石阡和记绿色食品开发有限公司 "和记佛顶山"牌产品（糟辣椒、泡椒、豆瓣酱、红酸汤）
81	2020	贵州祥华生态茶业有限公司 "阡纤美人红茶"牌石阡苔茶、"苔尊"牌石阡苔茶
82	2020	浙江龙泉元侏农业有限公司 "元侏"牌系列产品（红米、红糙米、黑糯米、黑糙米、丝苗米、薏米、白糯米、大豆、小黄姜、原味糙米浆粉、伍米浆粉）
83	2020	龙泉市泉灵谷生物科技有限公司 "泉灵谷"牌灵芝孢子粉
84	2020	缙云县业盛家庭农场 "农家湘"牌新盛爽面
85	2020	丽水芝护康生物科技有限公司 "芝护康"牌竹林灵芝孢子粉
86	2020	浙江正德和食品有限公司 "正德和"牌状元黑香肠
87	2021	福建恒馨茶业有限公司 "龙井岗"牌茶叶（龙舌白、白毫银针）
88	2021	福建天人药业股份有限公司 "瑞祥天人"牌太子参
89	2021	福建省诏安四海食品有限公司 "黄金兴"牌咸金枣、梅灵丹、宋陈咸榄
90	2021	福建省仙茶美科技有限公司 "八仙茯茶"牌金花黑茶
91	2021	梅州振声生态农业旅游有限公司 "洞天碧茗"牌红茶、绿茶、乌龙茶
92	2021	江西省与杉同寿实业发展有限公司 "上四坊"牌青钱柳茶
93	2022	重庆市瑞远农业开发有限公司 富硒柑橘纤维精萃片
94	2022	福建省诏安福益食品有限公司 青梅精丸
95	2022	诏安县兴港水产食品有限公司 牡蛎
96	2022	福建桂岭茶业有限公司 桂岭高山白茶
97	2022	宁德茗鼎茶业有限公司 二月山如雪白毫银针白茶
98	2022	柘荣县锌硒农业专业合作社 富硒富锌大米
99	2022	广西马山南华糖业有限责任公司 金伦红糖
100	2022	浙江龙泉元侏农业有限公司 "元侏"牌系列产品（发芽伍米浆粉、全植物蛋白营养粉、混元春酥）
101	2022	浙江老土地食品有限公司 传统特色产品——薯类制品
102	2022	丽水市欣风食品有限公司 传统特色产品——缙云小烧饼
103	2022	缙云县山里人家农产品开发有限公司 传统特色产品——油焖鲜笋
104	2022	浙江正德和食品有限公司 黄精茯苓鸡

分论六

加强长寿之乡区域协作[*]

一、区域发展中长寿之乡的品牌价值

长寿之乡认定和利用是中国老年学和老年医学学会、各长寿之乡贯彻落实国家"五位一体"总体布局和"四个全面"战略布局,顺应新时代人民群众对美好生活的向往,挖掘和发挥区域长寿的优势,推动差异化发展、创新发展、绿色发展、高质量发展的探索实践活动。经过17年多的努力,长寿之乡认定和利用已成为当今中国一张经济社会综合性"金名片",对长寿之乡经济社会发展发挥了积极的推动作用,产生了良好的经济社会效应,受到了广泛的认可和推崇。长寿之乡品牌价值体现在以下几个方面。

(一)长寿之乡自身品牌价值

一是权威性。长寿之乡是中国老年学和老年医学学会牵头组织评审、认定后命名公布的,它有科学的指标体系、严格的认定标准、规范的认定办法和程序。其认定必须经过调查摸排、中介机构核查、专家实地考察评审,由理事会审议、向社会公示,再命名公布。长寿之乡认定标准和办法是由中国老年学和老年医学学会设立专门委员会,组织各方面专家团队,深入调研、广泛征求意见、长时间反复研究后建立的。长寿之乡的指标和标准除了百岁老人、80岁及以上老年人在老年人口中占比及人均预期寿命等人的基本标准以外,还有经济、社会、文化、自然、环境等重要参考指标,是一个综合的、系统的、体系化的科学指标、标准。与此同时,长寿之乡认定指标体系、认定标准不断丰富提升,认定办法和程序不断优化完善,并上升为国家社团标准。因此,中国老年学和老年医学学会的长寿之乡认定是当今社会最具有科学性、客观性、权威性的,区别于历史、民间传说和经验判断,也区别于其他社会机构、社会人士的自发命名、无序评估,它是在全面、综合、科学的基础上反映客观事实的,是具有公信力的。二是创新性。当前已进入国家追求高质量发展、人民追求高品质生活的新时期,高质量发展的核心是以创新为动力、以优质供给为支撑、以人才为核心、以绿色为导向,实现经济增长质量的提升和结构的优化升级,这对新时期长寿之乡的发展提出了新的要求,也提供了新的机遇。生态发展、绿色发展、创新发展、协调发展、科学发展是高质量发展的核心要素,是长寿之乡最具优势和潜力的发展领域。健康长寿已成为当今社会人们追求的主流,是人民对美好生活向往最主要的方面之

---

* 作者:朱雪飞,浙江省丽水市卫生健康委原副主任,长寿之乡绿色发展区域合作联盟常务副秘书长。

一，长寿之乡认定活动顺应了国家高质量发展的目标要求和人们对美好生活的向往，是服务长寿之乡发展和人民对健康长寿追求的创造性实践。三是融合性。长寿之乡认定和利用是生态产品价值实现、"绿水青山"向"金山银山"转化、绿色发展、乡村振兴、区域协调发展的重要抓手，符合积极应对人口老龄化国家战略和健康中国建设，是对"绿水青山就是金山银山"理念和中国式现代化建设的具体实践。四是独特性。长寿是生理、心理、自然环境、社会经济、历史文化等多方面因素综合作用的结果，区域长寿现象有明显的区域聚集性特征和规律性，有别具一格的独特性、特殊性，对各长寿之乡来说，其长寿之乡品牌具有独有性、特别性，非常珍贵、独具价值、优势特有。

（二）成就长寿之乡元素的价值

一是历史人文价值。中国老年学和老年医学学会 2006 年制定了第一届"中国长寿之乡"评审标准、评审办法和中国长寿之乡标准技术说明，2013 年、2019 年两次进行了修订提升，但不管哪一届的标准、办法，一个区域想被认定为长寿之乡，都必须要满足百岁老人在总人口中占比、人均预期寿命、80 岁以上高龄老人在老年人口中占比等三个必达指标。也就是说，长寿之乡的区域，相对于其他区域，必须满足人群长寿的代表性、整体性和可持续性，长寿之乡的区域长寿非个别现象、暂时现象、偶然现象，因此长寿之乡有其历史的必然性和规律性，有其历史人文价值。二是自然环境、资源物产价值。大量的研究发现某区域成为长寿之乡和该区域良好的自然环境、丰富的资源物产密不可分，它们是支持区域人口持续长寿的关键因素。中国环境监测总站关于长寿之乡"绿水青山"指数测算显示，我国各长寿之乡"绿水青山"指数普遍高于全国其他区域，长寿之乡生态环境处于"优"级的比例约为全国平均比例的 2 倍。良好的自然环境、资源物产成就了长寿之乡，长寿之乡也赋予了区域内自然环境、资源物产特殊价值。三是生活理念、生活方式的价值。某区域成为长寿之乡，该区域人群的生活理念、生活方式也是重要支撑，因此长寿之乡人群的生活理念、生活方式也具有了特殊的意义和价值，可以为当今社会追求健康养生的人群和人类对健康长寿的探索作出长寿之乡特有的贡献。

（三）高质量发展的目标要求和人们对健康长寿的追求赋予的价值

一是影响力。长寿之乡给了获认定区域最具辨识度、个性化的"金名片"，极大地提高了获认定区域的知名度和美誉度，提升了其形象，扩大了影响力，广西巴马因长寿之乡被国人知晓，山东文登、江苏溧阳、重庆江津、贵州赤水、广东大埔等因为是中国长寿之乡而声名远播，浙江丽水因"秀山丽水·诗画田园·养生福地·长寿之乡"名闻遐迩、家喻户晓，它们的知名度和影响范围因长寿之乡从县域、市域扩大到省域、全国，区域长寿从地域现象上升为品牌。二是竞争力。长寿之乡让获评区域相对于其他地方有了比较优势，相关产业和产品因此也成为了优势产业、产品，有关的环境资源成了绿色发展、绿色生活的优势环境资源，因而独具魅力和竞争力。获评地区可以发挥好这个优势，促进农林传统产业向生态精品农林产业转型升级，培育发展健康、文旅、生态工业、养生养老等产业及其相关服务业，深化提升老龄、医疗卫生、体育等社会事业的发展，架起桥梁，打通通道，把长寿之乡优势转化为经济优势、竞争优势、发展优势，推动特色发展、绿色发展、快速发展。三是合作力。因其鲜明特色和独特优势，长寿之乡成了对外合作交流的平台和招商引资的招牌，彰显了如何落实绿色发展、创新发展、科学发展，是促进区域人口、经济、社会、文化、环境协调发展的重要抓手和载体。

二、长寿之乡协作发展的探索和实践

长寿之乡价值需要挖掘研究，长寿之乡优势转化为发展优势需要开发利用，只有打响长寿之乡品牌、建设长寿之乡品牌，长寿之乡价值才能转化为优势，长寿之乡优势才能转化为具体产业，长寿之乡的生态环境、特色资源、人文历史才能转化为发展动力，长寿之乡的潜能才能转化为前景。各长寿之乡高度重视长寿之乡品牌建设利用，为此进行了积极探索，作出了不懈的努力，也取得了不俗的成绩，产生了很好的影响。2016 年 4 月，在中国老年学和老年医学学会的支持指导下，丽水市牵头江苏溧阳、山东文登、贵州赤水、广西老年学学会等长寿之乡和发起单位，和江苏如皋，浙江桐庐、永嘉，江西丰城，山东莱州、青州、单县，湖北钟祥，广东梅县，广西东兰、龙州，四川彭山、雁江，贵州兴仁、罗甸等 43 个长寿之乡、发起单位建立长寿之乡绿色发展区域合作联盟，尝试将各长寿之乡联合起来，在中国老年学和老年医学学会的指导和支持下，汇聚智慧、整合力量、"抱团"合作、优势互补、整体营销、形成合力、扩大影响、争取支持，共同建设长寿之乡品牌、打响长寿之乡品牌，推动长寿之乡品牌走出当地、走出省域、走向全国，实现绿色发展及快速发展，建设生态文明。长寿之乡绿色发展区域合作联盟的建立，把长寿之乡认定和利用实践活动推向了一个新阶段：由以长寿之乡评审认定为主转入了以长寿之乡推广利用为主，长寿之乡品牌建设由各长寿之乡各自为战、单打独斗发展到"抱团"合作、整合资源阶段，从利用长寿之乡一域的智慧、资源、力量上升为整合全国的智慧、资源、力量阶段，从以老龄工作、理论学术、历史文化等社会事业为主向以价值转化、产业培育、经济发展聚焦的促进经济社会发展的综合开发利用转换，参与品牌建设的主要力量也以县级或市级政府老龄部门为主，相应人员、单位参加，升级为全国相关产、学、研力量进行整合。目标更明确，重点更突出，通过加强品牌建设和创造性地开展各类服务活动，促进长寿之乡政府、绿色产业和专业社会组织的有效合作，促进长寿之乡生态、资源、文化优势向产业、经济、发展优势转化，实现乡村振兴、区域协调发展，并在实现长寿之乡更快更好发展的同时为人类追求健康养生和建设生态文明作出长寿之乡的积极贡献，长寿之乡品牌建设因此更具目标性、发展性，更具整合性和带动性，更具整体性和全国意义。联盟成立以来，在中国老年学和老年医学学会的支持指导下，各长寿之乡和加盟会员共同参与，齐心协力，开拓创新，奋发有为，取得了明显成效，在全国初步打响了长寿之乡品牌。

（一）积极开展宣传，提高长寿之乡知名度，扩大影响力

把宣传作为联盟的主要任务之一，大力开展宣传：宣传长寿之乡，宣传长寿之乡品牌建设实践，宣传长寿之乡相关的经济社会发展；宣传长寿老人，宣传长寿故事，宣传长寿老人的长寿经验；宣传长寿理念，宣传长寿生活方式，宣传长寿典型案例。为此，联盟开

设了微信公众号和网站，全方位全天候进行宣传；和湖北长寿文化研究所合办了《长寿探秘》杂志，编印相关手册，出版有关书籍，制作各种视频开展宣传；争取各级各类媒体支持，开设版面，拍摄专题开展宣传；组织征文、摄影等比赛，举办有关活动进行宣传；整合各长寿之乡、加盟会员联动开展宣传。在宣传过程中，重视不断创新方式、提升宣传效果，通过努力，把长寿之乡的宣传从独奏变成了合唱，从零散走向系统，从单一变成综合，从区域走向全国，受到了广泛关注，被越来越多的方面接受和认可，产生了全国影响。

（二）积极推动研究，深入探寻长寿奥秘，开展绿色产业理论创新

建立联盟专家委员会，广泛吸收全国高等院校、研究机构、社会团体有关专家学者参加，推动专家力量关注、重视、研究长寿之乡和长寿之乡绿色发展，特别重视吸收能够和善于把长寿、长寿之乡和绿色产业培育、长寿之乡发展结合研究的专家学者参加，开展绿色产业发展理论创新，引导、指导长寿之乡品牌建设的具体实践。与中国科学院地理科学与资源研究所、中国环境监测总站、中国老年学和老年医学学会健康长寿分会、江苏华瑞老龄服务产业发展研究院等合作开展丽水长寿之乡品牌建设探索和实践、长寿之乡绿水青山指数、长三角地区长寿之乡品牌建设、中医药与健康长寿、长寿之乡与康养产业等专题研究，积极举办论坛，推动和组织有关机构、专家学者对长寿之乡建设进行研究和探讨。2016—2023 年，联盟先后举办了"长寿之乡与金山银山""中国长寿之乡康养旅游""新时代长寿之乡绿色发展与美好生活""'两山'理念与长寿之乡高质量发展""长寿之乡与健康产业""长寿之乡与高质量绿色发展""长寿之乡与特色康养产业发展"等高峰论坛。每年征集和选编长寿之乡品牌建设和绿色产业发展的典型案例和经验，进行会议或书面交流，每年开展长寿之乡品牌建设十大亮点工作评选活动，推动各长寿之乡积极探索和创新，不断深化和加强长寿之乡品牌建设。积极举办长寿文化研讨会，编撰出版《中国长寿之乡发展报告（2021）》《中国长寿之乡百岁老人传奇故事》，编印《长寿之乡与金山银山》论文集、《情牵长寿之乡》征文集，支持《感悟中国长寿之乡》《百年微笑》等书籍出版，推动长寿之乡绿色发展的研究走深走实、科学化系统化体系化。

（三）积极推动产业培育，促进把长寿之乡环境资源文化优势向产业经济发展优势转化

建立联盟企业家委员会，发动组织长寿之乡企业家加盟，发挥企业家主力军和主体作用，引导推动他们重视长寿之乡品牌，发挥长寿之乡优势加强提升传统产业，培育发展养生养老、生物医药、文化旅游等绿色产业，"抱团"合作，形成合力，打造富有长寿之乡特色、具有独特竞争力、发展前景良好的长寿之乡名产品、名企业、名产业，目前已有300 多家企业加入企业家委员会，同时还在十多个长寿之乡建立了联盟企业家委员会分会。搭建平台，努力宣传推介长寿之乡养生产品、特色产品。从 2016 年开始，联盟借助丽水市政府支持，在杭州市连续三年举办"丽水生态精品农博会暨中国长寿之乡养生名优产品博览会"，组织长寿之乡养生名优产品参展，产生了良好的社会反响。从 2018 年开始，与广州保利锦汉展览有限公司合作，在广州第五届、第六届、第七届、第八届中国国

际老龄产业博览会上设立"中国长寿之乡特色展区",展示推介各加盟长寿之乡、加盟企业名优产品、旅游及养生养老产业,举办对接洽谈会,帮助其和市场建立沟通对接。2022年,联盟作为协办单位,首次组织长三角地区的长寿之乡企业赴苏州参加第二届长三角国际健康养老产业交易会,并由联盟企业家委员会与苏州旅游文化产业协会签订战略合作协议,尝试将长寿之乡与长三角地区健康养生产业资源平台对接。与广东省居家养老服务协会合作,设立粤港澳办事处,与合作单位上海尚耕、北京二商集团积极努力帮助长寿之乡、加盟会员产品进入有关销售渠道,拓展市场。开展中国长寿之乡养生名优产品等认定工作,自2016年以来,严格按照认定标准和规范程序,每年开展认定活动,至今已累计认定中国长寿之乡特色服务业示范城市18个、乡情体验基地18个、康养示范基地22个、养生名优产品99个、传统特色产品3个(系列)。积极对中国老年学和老年医学学会授权使用的"寿"字标识进行扩注,推动其由社会领域类标志标识向产品、产业类标志标识拓展,在认定过程中,根据具体认定实践,不断优化完善《中国长寿之乡养生名优产品认定标准和办法》等,并按照有关规范程序将其上升为全国团体标准,不断提升认定工作的科学化、规范化、标准化水平。对获认定的长寿之乡养生名优产品,通过推出专题、编印画册、制作视频,不遗余力地进行宣传推介。

(四)积极推动整合,形成合力建设长寿之乡品牌

整合各长寿之乡,握手成拳,聚木成林,把各长寿之乡相对有限的资源叠加,形成集聚放大效应,把各长寿之乡品牌建设的努力、实践往更大范围扩大、更高层次提升,因而形成长寿之乡品牌建设全国网络,建立全国范围队伍,产生全国性影响。整合全国的产学研融合投入品牌建设,为长寿及长寿之乡专家学者提供更多的机会、更大的支持。整合吸引更多的专家学者关注参与研究长寿及长寿之乡,深化和提升对长寿及长寿之乡的研究;引导推动产业界企业家重视长寿之乡品牌的发挥利用,推动理论和实践的结合,特别发挥联盟平台的作用;有力有效地推动专家学者和企业家融合,促进长寿理论产业化、产业在理论引导和指导下积极利用长寿、长寿之乡形成优势和竞争力,进一步使得长寿及长寿之乡更具实践意义和价值,彼此促进,共同发展。整合扩大长寿之乡影响力,提升长寿之乡知名度,促进交流合作,增强长寿之乡整体实力,争取到了更高层次更有利的支持更多更好的服务,为长寿之乡之间的学习交流创造条件、搭建平台,吸引商业资本、社会力量投资长寿之乡。

(五)积极推动拓展发展,充分发挥长寿之乡品牌综合带动效应

良好的生态环境是长寿之乡的根本特点和优势,老龄事业的发展、健康中国建设的深入不断夯实长寿之乡发展基础,同时长寿之乡品牌建设带动、推动老龄事业、健康中国建设、生态环境保护和生态文明建设更好发展。首先是有力推动和促进了老龄事业的发展,各长寿之乡把积极应对人口老龄化作为主动自觉的行动,迭化升级养老服务体系,努力推进老年健康服务体系建设,大力建设孝老敬老文化,打造老年友好环境,聚焦产业为老,着力推动老龄产业发展。其次是深化提升了健康中国建设,把促进健康中国有关目标和长寿之乡、长寿人群、长寿文化、生活理念、生活方式等有机结合,统筹推进,互促共进,

推动了和健康长寿相关的生物科学、中医药、食品餐饮、体育运动、养生文化的发展，促进了食养、药养、水养、体养、文养等长寿产业和长寿经济的形成。三是促进了生态环境保护和生态文明建设。从现有长寿之乡看，不管哪一类型的长寿之乡，它们有一共同特点就是生态环境优良。良好的生态环境成就了长寿之乡，成了长寿之乡的重要支撑，所以获认定为长寿之乡各县区市就更加重视生态环境保护，更坚定地走绿色发展科学发展之路，有力有效地促进和加强了生态文明建设。四是促进了长寿之乡品牌建设的总结提升，推动其系统化、品牌化、标准化、规范化发展，特别是联盟在工作实践中，积极探索、勇于实践、不断创新，建立了相对健全的网络和有效的运行机制，摸索出了不少成功经验和做法，保证了工作实效和水平，保持了联盟的凝聚力和战斗力。

三、进一步加强协作整合擦亮长寿之乡"金名片"

习近平总书记说"绿水青山就是金山银山"。党的二十大提出要"以中国式现代化全面推进中华民族的伟大复兴"，要加快构建新发展格局，着力推动高质量发展，要推动绿色发展，促进人与自然和谐共生，要增进民生福祉，提高人民生活品质。长寿之乡认定活动和品牌建设工作，是对总书记"两山"理念和党的二十大精神的坚决贯彻，是人与自然和谐共生的现代化、健康中国建设、积极应对人口老龄化国家战略的具体实践。在中国老年学和老年医学学会的有力推动和指导下，各长寿之乡与有关单位、人员经过共同努力，已取得了积极成效，产生了很好的经济社会效应。但是必须正视的是，长寿之乡品牌价值和作用远没有受到其应得的重视，各长寿之乡普遍存在重评轻用的情况，统筹谋划协同推进欠缺，投入不足；因为长寿之乡具有区域聚集性和区域独有的特性，不可能是普遍、共有现象，也不具可复制性，在进入国家发展战略和工作部署上存在着局限性；长寿之乡之间"抱团"合作、整合发展还非常有限，合作的积极性参差不齐，很多长寿之乡的主动性积极性没能充分发挥，共谋共建共享的局面尚未形成，合作整合的潜力无限；长寿之乡品牌建设虽然以政府为主，但许多长寿之乡还只是老龄部门或涉老部门在努力，干部队伍也大多以老龄工作人员及其相关人员为主，尚未建立与当地经济社会发展统筹谋划、有机结合、一体推进的机制，统筹能力有限，部门间整合不够，社会力量动员发动不足，工作着力点上偏老龄事业和老龄产业，还没有被从全局整体上重视，也还没从全局整体上充分发挥作用；长寿之乡产业化程度有待提高，缺少有影响力的产业和产品，市场机制、市场规律尚未能有效发挥作用，社会资本和社会力量参与度不高，长寿之乡优势转化为经济发展的成效不明显等，需要作出更大的努力，强化区域协作和整合，进一步擦亮长寿之乡"金名片"。

（一）强化长寿之乡内部的整合，形成合力

新时代新征程国家全面推进中国式现代化建设，建设人与自然和谐共生的现代化，要求要像保护眼睛一样保护自然和生态环境，坚定不移走生产发展、生活富裕、生态良好的文明发展道路；要加快构建新发展格局，着力推动高质量发展；要增进民生福祉，提高人民生活品质，不断实现人民对美好生活的向往，推进健康中国建设，实施积极应对人口老

龄化国家战略，以及差异化发展、供给侧改革等，这些都凸显了长寿之乡的优势，给长寿之乡提供了千载难逢的机遇。长寿之乡响应高质量发展的目标要求、顺应人们对美好生活的向往和对高品质生活的追求，是实现"绿水青山"向"金山银山"转化和生态产品价值实现的重要通道，是健康中国建设的重要目标和重要抓手，是积极应对人口老龄化的"先行兵"和"示范生"。建设好长寿之乡品牌，发挥好长寿之乡品牌作用，长寿之乡在新时代新发展中就能形成独特发展优势和竞争力，实现跨越式发展、绿色发展、高质量发展。因此各长寿之乡要从新时代新发展的形势、经济社会发展全局提高对长寿之乡价值和意义的认识，进一步重视和加强长寿之乡品牌建设和利用，要特别重视长寿之乡品牌对产业发展、经济建设独具优势的推动、促进作用。政府要把长寿之乡品牌建设和利用纳入经济社会发展战略，统筹谋划、统一规划，从全局和整体上设计和推动。要设立相应综合协调机构，建立督促推进机制，进行统筹整合，发改、农林、文旅、民政、卫健、商务、科技、体育等部门要积极主动从自身职责和任务出发，挖掘长寿之乡品牌价值、作用，找到结合点着力点，善于把长寿之乡品牌利用和其自身发展相互融合、有机结合，善用长寿之乡品牌加强提升自身发展和通过自身发展加强提升长寿之乡品牌建设，并整合形成长寿之乡独有的优势，在绿色发展中走在前列，在差异化发展上赢得主动。要加大投入，积极争取上级支持，广泛动员发动，营造长寿之乡品牌建设浓厚氛围。

（二）强化长寿之乡之间整合，形成放大效应

目前，全国已有 100 个长寿之乡。在全国发展格局中，单个县域的发展是有局限的，但 100 个县域的叠加，其能量就完全不一样了。长寿之乡品牌建设也如此。长寿之乡绿色发展区域合作联盟创造性开展各类活动，为各长寿之乡、长寿之乡发展服务，各长寿之乡也可以借助联盟这个平台，走出县域走向全国。同时各长寿之乡之间也可以进一步进行整合合作，进一步形成更强烈的放大效应。各长寿之乡的宣传资源可以整合，各长寿之乡的名特优产品可以集聚，各长寿之乡的文旅景点可以整合谋划，统筹设计，统一宣传推介，活动可以相互支持，研究可以合作深化，项目可以优势互补。各长寿之乡可以不断深化合作内容，拓展合作形式。各长寿之乡进行整合的同时，专业部门不同业务口也可以开展专项专业的业务整合。各长寿之乡的工作通过整合就能产生放大效应，把品牌建设的效果最大化，同时通过整合，各长寿之乡能做到单凭自身力量做不到的事。联盟成立以来，对长寿之乡整合建设品牌起了一定的推动作用，但所做工作非常有限，有些长寿之乡整合意识还很薄弱，积极性主动性还不高，很多领域工作还没有开展，可整合的空间、潜力巨大。为此，联盟要加强协调谋划，对接沟通，牵线搭桥，加大力度予以推动。

（三）强化企业间的整合，形成集群效应

要把长寿之乡品牌优势转化为发展优势，把长寿之乡的生态环境、资源、文化优势转化为产业、经济、竞争优势，把生态产品变成价值，把"绿水青山"变成"金山银山"，并为追求健康养生和品质生活的人群作出贡献，产业是基础，企业是主体。在推动绿色发展、高质量发展、协调发展过程中，企业家们可以高举长寿之乡这个招牌，用好长寿之乡这个品牌，发挥长寿之乡良好的生态环境、特有的资源物产、独特的习俗文化等优势，做

好健康养生的文章,把健康养生与当地的农林、文旅、工业经济、养生养老发展结合起来,突出长寿之乡健康养生的特性,推动传统农林产业、工业经济、文旅向健康养生生态农林、生态工业、生态文旅转型升级,推进与健康养生相关的用品产品研发生产和相关产业的培育,加强以促进健康长寿为理念的特色健康、体育运动、养生养老、教育培训、商务金融、医疗服务、日常生活等服务业发展,并积极开展相应的文化、节庆、会展、体育赛事、学术研讨等活动,大力发展生态绿色产业,大力推动当地绿色发展,打造长寿之乡健康养生区域特色产业品牌,把品牌效应转化为经济效应,把生态产品变为价值,让长寿之乡为当地带来源源不断的"金山银山"。在这方面,需要长寿之乡及其相关企业家对长寿之乡品牌有充分的认识,重视长寿之乡品牌的利用,善于发挥长寿之乡的优势;需要政府的引导推动、政策的扶持支持;需要科研的研发开发;特别需要长寿之乡产业、企业的品牌化、标准化、规模化。但是鉴于长寿之乡都是以县域为单位,其产业产品大多是农林产品及其加工品、传统特色、自然景观环境体验类等产业产品,传统自然简单初级,普遍有低小散等特点,长寿之乡要培育健康养生特色产品,发展健康养生优势产业,长寿之乡企业就要整合发展,"抱团"发展、集群发展。只有整合才能形成集聚,改变产品零散单一状况,产生规模,扩大影响,促进标准化规范化生产经营,保证长寿之乡健康养生产品的质量和信誉,从而产生影响,形成优势和吸引力、竞争力,争取政策支持,吸引科研力量、社会资本参与投入长寿之乡健康养生产业的培育提升和发展。当前,各长寿之乡企业和企业家应特别重视发挥长寿之乡优势,挖掘和利用健康养生的特性,将其有机结合融合;要积极参加长寿之乡养生名优产品认定,用好这个品牌,并严格按照品牌管理有关规定生产经营,加强特性保证质效;要积极参加联盟企业家委员会和联盟企业家委员会各长寿之乡分会,"抱团"合作,形成集聚,共同努力壮大实力、扩大影响;要积极参加各类与健康养生有关的博览展示会、交易销售活动,积极推介营销长寿之乡健康养生产品,树立长寿之乡健康养生产品整体形象;要重视挖掘长寿之乡特色资源、物产、文化,研发生产健康养生新产品,开拓新领域,培育新产业,不断推陈出新,引领新发展,满足新需求。长寿之乡政府要重视政策引导支持,搭建平台推介营销,制定标准规范管理,加强招商引资,培特扶新育强,通过综合施策、多方努力,推动长寿之乡企业抱团发展、整合发展、集群发展、培育发展健康养生、生态绿色的代表性产品、标志性产业。

(四)强化长寿之乡与其他社会力量的整合,形成聚合效应

要发挥长寿之乡品牌综合带动和联盟平台协调服务作用拉动整合社会力量、社会资源、社会资本支持参与长寿之乡品牌建设,带动相关产业、事业发展,助力推动长寿之乡生态文明建设和高质量发展。要带动推动整合全国长寿之乡专家、健康养生专家以及与之相关的绿色发展专家、机构,重视、关注长寿之乡发展,创造性开展研究,进行理论创新,给予理论指导,建构长寿之乡、长寿之乡健康养生产业的理论支撑。要推动长寿之乡发展对接国家、地方发展战略,融入国家、地方发展战略,争取国家政策支持与行政推动,要探索市场化机制,发挥市场作用引导推动全国有影响有实力的集团、公司、企业家等社会资本、社会力量重视和利用长寿之乡的品牌,参与长寿之乡产业培育和发展,整合打造"长寿之乡,养生福地""长寿之乡,康养胜地"品牌形象,建设长寿之乡产品"健

康养生，品质品味"的特征、标志，培育长寿之乡健康养生产业体系、品牌市场。要推动整合医药、文化、科技等相关行业产业，使现代物流、数字经济、金融商贸等关注重视长寿之乡品牌建设，参加长寿之乡品牌建设实践活动，并带动推动相关的交流、合作、拓展。要争取各级各类媒体支持，拓宽宣传渠道，整合宣传资源，创新宣传方式，不断提升扩大长寿之乡品牌的传播力和影响力，引导和推动更多的人关注、关心、参与长寿之乡品牌建设实践活动，营造关心参与长寿之乡品牌建设、支持长寿之乡发展的良好氛围。要以充当"先行兵"和"模范生"的意识积极应对人口老龄化战略、健康中国建设、乡村振兴、区域协同发展，抓住机遇，先行先试，发挥优势，走在前列，引领和推动国家经济社会发展有关部署的落实，恪尽长寿之乡的责任、担当，以此夯实长寿之乡的基础，丰富和提升长寿之乡自身品牌内涵，互相促进，相互成就，共同奏响中国式现代化的进行曲，为国家高质量发展和人类健康事业作出长寿之乡应有的贡献。

长三角地区长寿之乡发展及案例研究*

长江三角洲（以下简称"长三角"）地区包括上海市、江苏省、浙江省和安徽省，共41个城市。这一地区不仅是我国经济发展最活跃、开放程度最高、创新能力最强的区域之一，也是人民生活最为富裕、幸福指数最高、长寿之乡最为密集的区域之一。据第七次全国人口普查数据测算，2020年末，长三角地区常住人口总量2.35亿，是全国平均水平的4.5倍；区域面积21.07万平方公里，以不到全国4%的土地面积，创造了全国近四分之一的经济总量。多年来，长三角地区先后有16个长寿之乡在区域发展中发挥着独特的优势和品牌效应，呈现出区域性长寿之乡发展贯穿于长三角一体化发展全过程的鲜活样态——它与经济、社会和文化的发展有着源源不断的能量互换，与应对人口老龄化有着遥相呼应的涌动初心。沿着长三角地区长寿之乡的发展脉络，可以清晰地看到一个个长寿之乡的健康元素、文明表征和长寿密码。

一、长三角地区悠久的历史：绵延发展孕育长寿基因

长三角地区位于华东平原，四季分明，物产丰富，交通便利，水网发达，自古以来就是一个富庶之地。

（一）长期的富足为长三角地区健康长寿奠定良好的物质基础

长寿源于健康，健康才能长寿。通常而言，物质生活质量越高，对身体机能的物质性供应和保障越好。自宋代以来，随着经济重心的南移，长三角地区的经济发展水平一直较好，在明清时期成为全国的"银库"和"粮仓"。新中国成立后，长三角地区得到了长足的发展，尤其是改革开放以来，长三角地区利用优良的区位优势和利好的政策支持，经济发展跃上新台阶，社会建设取得全面进步，人民生活水平显著改善，生活在这里的人们既是这个区域经济社会发展的贡献者，也是成果享有者。据统计，2022年长三角地区的经济总量达到29万亿元，接近全国GDP的1/4。物质的富足极大地解放了人们的思想观念，改善了人们的生活方式，也带来了大众生活水平的殷实富足和生活品质的提升。《长

*　作者：张伟新，江苏省老年学会副会长、江苏华瑞老龄服务产业发展研究院院长、副研究员；郑识玉，江苏华瑞老龄服务产业发展研究院学术研究部主任；张春龙，江苏省社会科学院社会政策所所长、研究员、江苏区域现代化研究院常务副院长；朱鸿辉，江苏省社会科学院社会政策所助理研究员。

三角城市高品质生活评价分析报告》课题组专家指出，长三角地区是中国生活水平最高的地区之一，主要城市高品质生活总指数值的均值为 0.43。上海在智慧便捷生活、多彩奋进生活上保持着显著的领先优势，高品质生活总指数值为 0.68。江苏、浙江、安徽主要城市的高品质生活总指数值均值分别为 0.41、0.46 和 0.34。高品质生活水平的提升为长三角地区健康长寿提供了良好的物质保障，也为改善人们的社会心理和精神面貌奠定了良好的基础。

（二）勤劳善良成为长三角地区健康长寿的人文基因

一个地区的发展离不开当地群众的广泛参与和全力贡献。树立正确的劳动价值观，弘扬劳动最光荣，创造幸福生活是长三角地区人民群众一贯的精神追求，也是建立区域文化自信的一个历史基点。长期以来，长三角地区人民坚持辛勤劳作和与人为善的人文品格，不仅使人们的身体素质在劳动中得到了锻炼和增强，还使区域的经济水平及其自身的物质生活质量因其辛勤劳动而得到充分的发展提升，从而为健康长寿奠定了良好的基础。研究显示，乐观、外向、善良、自信和包容，更容易保持身心健康和延长寿命。长三角地区一代代传承下来的与人为善、和谐共处、自信包容、求同存异的价值观念和社会交往方式，不但使劳动尊严得到维护、劳动价值得以实现，还营造了勤奋做事、勤勉为人、勤劳致富的社会氛围，勤劳善良和自信包容已然成为该区域健康长寿的内生动力和人文基因。

（三）率先发展为长三角地区长寿之乡建设创造了优越宜居的生活环境

2014 年以来，为推动长三角地区高质量发展，党中央和国务院将长三角地区一体化发展上升为国家战略。在国家战略协调下，长三角地区三省一市围绕三个重点推进率先发展。一是率先编制"一张规划图"。几年来，在编制全国首个跨省域国土空间规划的基础上，长三角一体化示范区率先发布国内首个跨省域规划建设导则。这个导则聚焦生态环境、城市设计、综合交通三大重点领域，实现"一套标准管品质"，是示范区率先发展的重要制度创新成果。二是率先打造"一张交通网"。长三角一体化，交通要先行。统计显示，目前长三角高速铁路总里程突破 6 000 公里，覆盖区域内 90% 以上的地级市。"轨道上的长三角"内涵更加丰富，除了干线铁路，城际铁路、市域（郊）铁路、城市轨道也进入了密集建设期。三是率先实施"一张民生卡"。物理界限消弭的同时，长三角地区居民的心理距离也随着公共服务同城化而拉近。迁入地办理户口迁移、异地购房提取公积金无需材料，异地就医门诊费用直接结算。一张看似普通的政务服务"地图"，集成了 116 件"跨省通办"事项。率先发展，不仅为在长三角地区生活的人们创造了巨大的物质发展成果，同时也为长寿之乡建设提供了优越宜居和高品质的生活环境。

（四）一体化建设为长三角地区长寿之乡创造了无限可能

长三角一体化建设是区域协调发展的高级形态。自长三角地区一体化战略实施以来，长三角地区以一体化的思路和举措打破行政壁垒、提高政策协同，让各类要素在更大范围畅通流动，发挥了各地区比较优势，实现更合理分工，凝聚更强大的合力，促进长寿之乡高质量发展。几年来，高水平建设长三角生态绿色一体化发展示范区，已推出两批八大类73项一体化制度创新成果。虹桥国际开放枢纽、G60 科创走廊、皖北承接产业转移集聚区、宁马宁滁等一批跨界区域率先突破。一体化发展也创新了制度供给，让公共服务变得更有温度，138 个政务服务事项在长三角 41 个城市跨省市通办，长三角社保卡实体卡持卡人数约 2.4 亿。区域一体化发展已从项目协同走向一体化制度创新，为全国其他区域一体化发展作出示范，也为区域性长寿之乡的建设发展创造了无限可能。

二、长三角地区长寿之乡在健康长寿时代中的引领作用

根据专家研究，长寿时代的显著特征是死亡率降至低水平、预期寿命持续延长、生育率降至低水平、人口年龄结构呈柱状、65 岁及以上人口占比长期超过 1/4。我国从 2000 年进入老龄社会，仅用了 20 余年就进入深度老龄化社会。而经济社会的快速发展以及平均预期寿命的不断延长标志着我国已逐步进入了长寿时代。

（一）长寿之乡为长寿时代发展奠定了交相辉映的坚实基础

人均预期寿命是衡量一个国家或地区经济社会发展水平及医疗卫生服务水平的重要指标，也是衡量群体长寿的一个主要指标。据统计，2022 年长三角地区居民平均预期寿命达 80.8 岁，比全国居民平均预期寿命 77.7 岁提高了 3.1 岁。多年来，长三角地区 16 个长寿之乡的发展经历了一个由物质养老向精神养老的逐步转型和提升的过程。他们以解放思想为前提，以改革开放为动力，以健康长寿为目标，以康养产业为抓手，使长寿之乡的服务领域不断拓展，长寿之乡的思路不断提升，长寿之乡的品牌效应不断突出，形成了长三角地区、长寿时代、长寿之乡即"三长一融合"的新特点和新趋势，逐步呈现了"老有富养、学有优教、病有良医、老有快乐、老有价值"，与时俱进，构建了内涵更为丰富、生活更有质量、精神更有活力、生命更有价值和更有尊严的长寿品牌。

（二）长寿之乡为健康中国建设发挥了融会贯通的引领作用

习近平总书记强调，健康是 1，其他是后面的 0。随着经济社会的发展，越来越多的人认识到，财富不是唯一，健康最重要。"健康中国"深入人心，这将有力地提升长三角地区国民健康素质。站在新的历史交汇点上，长三角地区的长寿之乡建设是坚持人民至上、生命至上：一是把人民健康放到优先发展的战略位置，以健康建设为统领，以高质量发展为主题，不断深化医药卫生体制改革，提升卫生健康服务能力和水平，使人民群众的健康素养和健康获得感不断增强；二是建立和完善包括健康教育、预防保健、疾病诊治、康复护理、长期照护、安宁疗护的综合连续的老年健康服务体系，积极构建养老、孝老、敬老和爱老的社会环境；三是各长寿之乡充分发挥生态环境优良、历史文化厚重的优势，积极推进天然的"健康长寿密码"发展，从而构建了各具特色的健康长寿之乡。丽水的仙都、崇明的生态岛、溧阳的竹海等地，这些地区的独特地理环境和历史文化，孕育了长寿之乡的人们热爱自然、饮食绿色的生活习惯和善良淳朴、宽厚包容、孝亲敬老的优秀品质，也孕育了他们心态平和、知足常乐的健康生活心态。

（三）长寿之乡为长三角地区演绎了社会和谐的幸福品牌

长三角地区长寿之乡建设是构建和谐社会的重要一笔。中国传统文化最为推崇的是福与寿的文化，福寿文化离不开和谐文化的精神支撑，"寿比南山，福如东海"是人们永恒的向往和追求。"福寿文化体系"是长三角地区长寿之乡建设的重点和亮点。各长寿之乡在构建和谐健康的福寿文化体系时，既蕴涵着人文经济的价值取向，也包含着物质文明和精神文明的道德规范，且记载着长寿之乡人民崇尚美、创造美的执着追求。长寿之乡如皋将福寿文化转化为可操作的全民健康行动，积极推进三个乐。一是调整心态，知足常乐。老年人不管是从领导岗位上退下来的，还是从一般劳动岗位上退下来的，都有一个适应的过程，都须调节好心态，做到自身和谐，这是和谐养老的基础。二是走向社会，大家同乐。转变观念，走出家门，融入集体，与大家和谐相处和同乐。三是培养兴趣，自寻其乐。根据自己的能力和爱好，进行一些有利于健康养生的活动，如书法绘画、栽花种草、饲养宠物、体育活动等，提高身心健康水平，让生命在福寿文化构建中生辉，在和谐社会中远航。长寿之乡仙居县积极开展"慈孝仙居"创建，为原本丰硕的仙居人文精神文明加上了浓墨重彩的一笔，他们实施"以文化人""典型感召""全民践行"和"制度督孝"四大模式，努力创建慈孝村居、慈孝机关、慈孝企业、慈孝学校，涌现出最美妈妈王雪娟、最美母亲严雪花、最美奶奶金冬梅、最美兄弟吴春勇、最美媳妇季一婷、最美女儿俞仙红、最美女生朱耀婷、最美男生曹贵林等仙居新二十四慈孝人物。

三、长三角地区长寿之乡发展共同特征：认识、行动和制度

几年来，通过长三角地区长寿之乡发展的实践，可以看出其共性的发展特征，就是在充分认识长三角地区长寿之乡建设的重要性和紧迫性的基础上，从生态环境、经济发展、人文环境与政策制度等各维度共同发力，形成建设合力。

（一）充分认识和高度重视长寿之乡建设的重要性

1. 提高对长寿之乡建设重要性认识的政治站位

长寿之乡的建设是在不断实现"人民对美好生活的向往"的历史大背景下推进的重大举措，也是经济社会高质量发展成果不断惠及民生的必然要求，更是积极应对人口老龄化的战略措施。长三角地区各长寿之乡充分认识和高度重视长寿之乡建设的战略重要性和现实紧迫性，将长寿之乡的建设作为推进高质量发展的重要抓手，努力传承长寿文化和现代生活融合发展的历史文脉，坚持守住生态底色，使长寿经济惠及人民，滋养生活，从而激发出凝聚人心、汇聚民力的强大动力，让人民有更多的安全感、获得感和幸福感。浙江丽水是习近平总书记"绿水青山就是金山银山"理念的重要萌发地和先行实践地，在建设"中国生态第一市"目标中，丽水牢固树立和践行"绿水青山就是金山银山"的理念，站在人与自然和谐共生的高度谋划发展，坚持发展与产业协同，产业与生态相融，转型与重构并进，在绿色发展、生态富民、科学跨越的长寿之乡建设道路上打造典范，如今"两山"理念正在丽水这方神奇美丽的生态净土上转化生动现实。

2. 紧紧抓住长三角地区一体化发展的重要机遇

长三角一体化在加快形成以国内大循环为主、国内国际双循环相互促进的新发展格局中应当发挥好开路先锋、示范引领和攻坚突破的作用,深化区域内分工,为产业集聚和长寿之乡建设提供重要的经济条件。随着设施联通、资源共享、协同治理水平的不断提高,区域一体化发展不但为长三角城市创造高品质生活带来了巨大红利,也成为长三角地区长寿之乡建设抢抓机遇、利用机遇、发展机遇的关键。正是由于长三角地区深厚和共同的文化积淀,加之养老服务需求和供给的同质性,从而推进了该区域长寿之乡和长寿文化的高质量共生性发展。抓住长寿之乡建设的挑战和机遇,既关系一个地区的当前发展,更关系这个地区的长远发展。从某种意义上讲,抓住长寿之乡建设就是把握了创新发展主动权,赢得了未来更大发展的新优势。

3. 密切关注人民群众的期盼是长寿之乡建设的基础

习近平总书记指出,中国共产党根基在人民、血脉在人民、力量在人民。由此,长三角地区长寿之乡建设必然要紧紧围绕人民群众对健康长寿的新需求和新期盼。首先,坚持为民服务的政策导向。问政于民、问需于民、问计于民,充分了解人民群众所想和社会所盼,把人民拥护不拥护、赞成不赞成、高兴不高兴、答应不答应作为衡量长寿之乡建设工作的根本标准,增强政策制定的针对性、精准性、有效性,使各项建设举措相互配合、相互促进、相得益彰。其次,围绕三个关注开展需求服务。长寿之乡建设围绕人民所想所盼所求,紧紧把握三个关注:高度关注国内外经济形势的新变化,准确把握长寿之乡建设在经济社会发展中的阶段性特征和机遇;高度关注来自实践的新问题和新矛盾,善于发现和总结长寿之乡建设实践中的创新经验,使之上升为指导全局工作的方针和政策;高度关注和不断满足人民群众日益增长的物质和精神文化的新需求,维护好、实现好、发展好人民群众对健康长寿的权益和利益。第三,实施高质量的民生保障政策。各长寿之乡结合各地实际,研究出台了"普惠型养老保障机制""推进医养结合服务""健全养老医疗服务补贴制度""老年健康促进工程政策"等一系列养老服务创新和民生保障政策。长寿之乡桐庐在落实老年健康促进工程政策中,逐年提高失能、重残、高龄、空巢、计划生育特殊家庭等老年人家庭医生签约服务覆盖率,落实各项签约服务举措;根据"早筛查、早发现、早治疗"原则,建立重点疾病早筛早诊早治制度,持续开展城乡老年人免费健康体检、结直肠癌免费筛查、慢性阻塞性肺疾病免费筛查和流感疫苗免费接种等工作。江苏长寿之乡东台市实施百岁老人健康管理行动,开展百岁老人长寿成因分析,探索防衰老、抗衰老前沿新技术;专门建立 90 岁以上老年人档案库,建立市镇村三位一体的老年人签约服务团队,做到村有专人、镇有支撑、市有协同;每年实施"百千万"系列活动,即出动市级专家 100 人次,镇、村开展活动不少于 1 000 场次,受益群众 50 000 人以上。同时,各地还创新探索出台家庭紧急援助、喘息服务等支援活动和政策支持等;通过政策性倾斜或优惠,大力推动农村成立专业化、低收费上门服务的养老照护类社会企业发展,加快建立和完善支持老年人力资源参与养老照护服务的各项政策有效衔接和高效协同。

(二) 绿水青山造就了优良的宜居环境

1. 绿水青山成为长寿之乡最显著特征

良好的生态环境是最普惠的民生福祉,也是长寿之乡建设的最大优势和宝贵财富。长寿之乡山清水秀，森林覆盖率较高，水资源丰沛而且洁净，空气新鲜，气候宜人，许多地方处于原生态；例如丽水的仙都、崇明的生态岛、溧阳的竹海等地，都是山清水秀、人杰地灵。独特的地理环境孕育了长寿之乡人民热爱自然、绿色饮食的生活习惯；孕育了善良淳朴、宽厚包容、孝亲敬老的优秀品质；也孕育了心态平和、知足常乐的生活心态。2005年，习近平总书记在浙江调研时提出"绿水青山就是金山银山"的科学论断。浙江长寿之乡仙居县坚持打赢"蓝天保卫战、碧水攻坚战、净土持久战、清废歼灭战"四大行动，推动绿色化发展改革，成为浙江省首个县域绿色化改革试点县、第二批国家生态文明建设示范县。长三角地区各长寿之乡建设正是依靠生态环境的优势，推动老龄事业和老龄产业的协调发展，构建了康养和文旅发展的金字招牌，同时长寿之乡的品牌优势又筑牢和推进了"长寿之乡"根基的绿色产业支撑和产业集聚发展。

2. 生态环境保护与经济社会发展形成良性互动

绿水青山不仅仅是保障长寿生活的人居必要环境所需，更是长寿之乡的生态环境保护与经济社会发展良性发展的基础。欲求长寿，首要健康。健康产业已然成为 21 世纪世界经济产业中一大"朝阳产业"，成为带动整个国民经济增长的强大动力。"长寿之乡"健康产品日益受到关注和好评，长寿健康产业也呈现出增长的发展趋势。长寿之乡如皋，依托良好的生态环境和现有的产业基础，立体打造富硒农业产业化，形成以盆景产业化、食品加工产业化、乡村旅游产业化、社会养老产业化"五大产业化"为内涵的大健康产业体系，构建了一个产业链长、覆盖领域广、经济社会效益显著的健康产业体系，有力有效地推进生态环境与产业协同的高质量发展。

3. 加强生态文明建设，全面推动绿色发展

生态文明建设是长三角地区长寿之乡建设的根本大计，参与构成了新时代生态环境保护和生态文明建设的全局性的政策体系。保护生态环境就是保护生产力，改善生态环境就是发展生产力。坚定不移走可持续发展战略，加强生态文明建设，全面推动绿色发展是长三角地区长寿之乡建设的主要做法。一是完善生态文明领域统筹协调机制，构建生态文明体系，促进经济社会发展全面绿色转型，建设人与自然和谐共生的现代化。二是以全面深化改革为强大动力，调整产业发展结构，以转型升级和结构调整为主线，加快形成生态农业、生态工业、生态服务业，生态旅游业、康养产业、长寿文化产业等特色鲜明的产业格局。三是注重产业特色发展，加快推进休闲旅游景区、养生基地、养生乡村三大平台建设，推动休闲民宿、养生乡村、生态休闲体育和创意农业等农旅融合业态发展。四是围绕经济生态化、生态经济化，建设全国生态文明体制机制创新区、全国绿色发展转型发展示范区，为长寿之乡生态文明建设、转型创新发展的实践路径提供先行经验。浙江长寿之乡文成县坚守生态底线，狠抓生态和风貌建设，连续获评国家"绿水青山就是金山银山"实践创新基地，跻身全国"两山"发展百强县，入选第一批省级山水工程，打造了人人向往的养生福地。

（三）优化资源、扬长避短，提高发展效率

1. 建设为基，注重统筹谋划和优化整合

长三角地区长寿之乡建设坚持系统观念，加强统筹谋划，从生态、经济、政治、文化、技术、历史、治理等多维角度和因素甚至体制机制的考虑，形成建设的合力。一是将

系统观念贯穿长寿之乡建设的全过程。坚持长寿之乡建设的全局视野、注重整体谋划、构建协同发力的组织结构，营造良好的经济社会发展环境。长寿之乡桐庐在建设中聚力推进"美丽环境"向"美丽经济"转化，大力实施"美丽生态＋N"产业导入方式，重点培育发展生命健康产业、医药器械产业、中医药产业、体育运动产业、健康服务产业等五大领域，加快健康产业向高端化、精细化、品质化发展，努力实现生态与经济的双重富裕。二是从战略高度统筹长寿之乡建设。长三角地区的长寿之乡坚持以习近平生态文明思想为指引，坚持走生态优先、绿色发展之路，坚持"守住生态就是守住未来"的发展逻辑，让生态经济和绿色发展成为长三角地区最动人的色彩。三是坚持长寿之乡建设的全局观念与重点突破相结合。既有战略的全局观，又有围绕长寿之乡建设中的主要矛盾和中心任务，在整体推进中谋划重点突破。长寿之乡东台市站在人与自然和谐共生的高度，围绕"绿色智造地、生态康养城"的发展定位为重要突破口，深入推动养老与医疗健康、森林康养、旅居康养等产业的融合，打造生态康养新业态，实现特色养老服务产业发展。

2. 优势为要，加快转化为现实生产力

长三角地区的每个长寿之乡均具有区位优势、历史优势、资源优势、人文优势等，这只是一种潜在的生产力，只有整合资源，发挥优势，注重"转化"这篇大文章，才能让诸多优势进入生产过程，转化为现实的生产力。长三角地区各长寿之乡应充分挖掘自然资源以及政策创新、人才管理、技术服务等优势资源，相互整合和互补，取长补短，互利互惠，构建各具特色的养老服务产业联盟、示范基地、创新示范点等，加快打造要素丰富、业态创新的养老服务产业链。各地的养老服务行业学会和协会，也积极发挥作用，开展各具特色和有影响力的"养老服务博览会""长三角地区国际健康养老产业交易会"，举办丰富多彩的专题性的高峰论坛和研讨会，推进了长三角地区长寿之乡建设的科学和可持续发展。

3. 提升为标，及时调整和寻找突破口

长三角地区各长寿之乡建设始终把解决问题、破解难题作为出发点和着力点，在不少领域实现了实质性突破、格局性变化，提升了长寿之乡建设水平和能力：一是善于判断和把握长寿之乡建设的区域优势，做到"思有方、谋有据"，同时在建设中培育出一批理论和实践相结合的有魄力、有勇气、有热情的新型领导干部；二是善于在转化中找准长寿之乡建设的难点、痛点和堵点，加强前瞻性思考，全局性谋划，整体性推进，在解决问题中创造性地推进长寿之乡高质量发展；三是善于处理长寿之乡建设中长处和短处的关系，做好由扬长避短向取长补短的转变，创造条件，开拓新的经济增长点，化劣为优，化短为长，形成新的发展优势。

（四）内外开放、多元包容，增强发展韧性

1. 内外开放是长寿之乡建设的应有之义

现代社会不再是相对封闭式的循环社会，而是与外界彼此互联互通的社会。新形势下建设长寿之乡更需要着眼于此，推进建设的内生动力与外在力量交汇融合，促进长寿之乡的高质量建设。在建设过程中乃至后续发展中，长寿之乡都与其所在的区域社会彼此开放，共同发展，造福当地人群。作为一个内外开放的系统，在长寿之乡内部，县域经济、

乡镇经济、村级经济之间是互相开放、互相渗透、不可分割的；农业、工业、服务业三大产业之间及各大产业内部中，也是互相开放、互相渗透、不可分割的；各种所有制经济之间同样是互相开放、互相渗透，既有竞争又有联合。在改革开放和创建长寿之乡的新形势下，长寿之乡与县外、市外、省外和国外的经济环境等联系也十分紧密，呈现出全方位、多层次、宽领域开放的态势。长三角地区长寿之乡具备了"长寿""健康""宜居"等属性，占据了天然的"品牌"优势，使长寿之乡在构建内外开放的发展格局中发挥了积极作用。

2. 多元包容是长寿之乡建设的韧性所在

长寿之乡是一个结构多元的综合性经济系统，是县域经济、乡镇经济、村级经济融合组成。县城是区域的经济中心、政治中心、文化中心、教育中心、科技中心和信息中心等，县城经济在县域经济中处于龙头地位，具有集聚、辐射的双重功能。县域经济包括了农业经济、工业经济和服务业经济，农业经济中包含了农林牧渔副各业，工业经济中包括了各个产业门类，服务业经济中包括了生产性服务业和生活性服务业、传统服务业和现代服务业等许多类别。由此可见，长三角地区的长寿之乡既有相对独立的综合性，又有层次分明的多元性，两者的辩证统一，构成了长寿之乡经济的相对独立和经济体系的完整性。从调研中看，归纳各长寿之乡建设基本是三步走：一是规划先行，美好蓝图"亮起来"，注重长寿之乡建设的"一盘棋"和"一幅画"；二是稳步推进，多种服务"干起来"，注重养老服务的创新发展和长寿之乡的示范引领、宜居创建；三是落实责任，社会治理"动起来"，注重长寿之乡建设的"抓起来"和"干起来"。"三步走"中的多元包容和开放的观念意识，体现了既有"近"又有"远"的内外兼修与标本兼治，使长寿之乡建设始终立足于当地本土又兼具大格局、深思索和远视野。

四、长三角地区长寿之乡案例研究：各具特色但"殊途同归"

中国老年学和老年医学学会致力于研究"长寿之乡"和推动长寿产业发展。2006年，学会正式创建第一届长寿之乡认定标准和方法。随后的15年，该标准多次完善，学会标准已经提升为国家认定的团体标准。目前的标准不仅设置了严格的前提条件，还设置了必达的核心指标和相关支撑指标，形成了完善的长寿之乡认定指标体系，其内容也几乎涵盖了申请方的经济水平、生态质量、人口结构与质量、医疗水平、政策制度支撑、人文环境等对长寿之乡建设有直接或间接影响的各方面内容。此外，在申请、受理、认定、发布等程序和统计数据的来源要求等方面也更加细致、科学和规范。多年来，长三角地区的长寿之乡建设紧密结合各地生态、经济与文化相融合的实际，因地制宜，创新发展，打造典范，构建了各具特色的长寿之乡。主要有以下几种类型。

（一）风景秀丽型——以丽水为例

1. 提升健康素养水平，打造共同富裕美好社会的山区样板

丽水是著名的"天然氧吧"，全市森林覆盖率高达80.79%，每立方厘米的负氧离子含量高达3 000个，生态环境状况指数连续17年在浙江省领先，有"中国生态第一市"

之称。丽水依靠良好的生态环境和多维产业集群造就了"养生福地""长寿之乡"的品牌。在长寿之乡建设中丽水确定了建设生态城市、宜居城市、美丽城市以及旅游城市的发展目标，先后实施了"三改一拆"的城乡整治、"五水共治"碧水行动、蓝天保卫战、净土清废保卫战和"六边三化三美"等重大措施，全市 9 个县（区、市）率先实现省级生态县全覆盖。为实施"绿水青山就是金山银山"，丽水市把建设美丽城乡作为突破口，在坚持生态底线的基础上，提出打造"花园城市"，发展美丽经济，并建设"花园云平台"，为美丽城乡建设提供数字化支撑。"十三五"期间，丽水市人均预期寿命从 79.37 岁提高到 81.04 岁，不仅高于全国平均水平，还高于德国、希腊等西方国家。丽水通过提升居民健康素养水平，营造优质、公平、高效的健康服务，努力打造共同富裕美好社会的山区样板。

2. 完善健康治理体系，形成共建共享"大健康"治理格局

2022 年 11 月，丽水市创新办、市卫健委联合印发《关于建立丽水长寿之乡建设标准体系的通知》，正式启动打造具有独特性、创新性、示范性、引领性的标准体系建设工作。据了解，丽水是全国第一个开展相关标准建立工作的长寿之乡。通过构建长寿之乡建设标准体系，丽水将不断拓宽"绿水青山就是金山银山"转化通道，进一步扩大和提升长寿之乡品牌影响力、产业带动力和市场竞争力，赋能"重要窗口"建设，助力打造诗画浙江大花园最美核心区。除此以外，丽水还积极参与并主导打造"长寿区域联盟"的共建、共治、共享机制，着力形成具有"长寿文化"特色的品牌并以品牌建设和宣介为抓手拓展长寿之乡的建设发展新实践，同时开始建立健全 GDP 和 GEP（生态系统生产总值）双核算、双评估、双考核工作机制，并提出了"建设现代化生态经济体系"的目标。丽水在长寿之乡建设发展实践中的敢于创新和多措并进，使其在体系化和机制化方向上积累了宝贵经验。

3. 打造健康长寿产业链，促进了一二三产业有效融合

丽水是山清水秀的长寿之乡，拥有发展健康长寿产业链的一系列天然禀赋和独特资源，在发展健康长寿经济方面，应努力做好规划，重点培育，逐步推进。丽水大力打造有自身特色的"三产融合"的生态绿色产品，卖水、卖空气、卖风景、卖服务、卖健康、卖文化、卖体验、卖快乐，最终增进人们的幸福指数，增进健康长寿水平。丽水在构建健康长寿经济产业链方面进行了卓有成效的探索。一是大力发展生态精品农业，青田开辟了"稻鱼共生"产业，实现生态与经济双赢；山区现代生态循环农业的龙泉经验则创造了四大循环模式。二是大力培育特色医药健康产业，把医药制造业，特别是生物医药产业确定为全市六大战略性新兴产业之一加以推进。三是大力打造"农旅融合""林旅融合""城旅融合""文旅融合"的世界一流生态康养旅游目的地，建立了一大批特色小镇、特色美丽乡村、特色康养基地等，使旅游业呈现井喷式的发展。四是精心打造满足多方面需求的养老"养生福地"，规划和建设多层次多形式的养老养生服务体系，其中丽水"怡福家园"的设施完善、公办民营和专业服务为排头兵。

目前，丽水紧紧围绕"健康中国"战略，全面落实浙江省高质量高水平打造健康中国省域示范区行动部署，不断完善健康治理体系、提升健康治理能力，初步形成"大健康"治理格局，以系统性思维和机制化举措推进长寿之乡的建设发展，展现了健康中国建设在

"大花园"丽水的生动实践。

（二）健康活力型——以永嘉为例

1. 聚焦健康保障，优化顶层设计强服务

作为浙江省首个"中国长寿之乡"，永嘉县始终高度重视老年人健康保障，在 2022 年以县政府 1 号文件形式印发的《永嘉县卫生健康事业发展"十四五"规划》中明确，加快打造有序衔接、相互补充的集医疗、康复、护理、临终关怀于一体的医疗养老服务体系。一是优化"老年友好"建设。该县乡镇（街道）养老服务中心实现乡镇全覆盖，村（社区）居家养老服务照料中心覆盖率达 85%，乡镇级康养联合体覆盖率达 54%。全县大型养老机构均与辖区医疗卫生机构签订合作协议，老年友善医疗机构建设及二级以上医疗机构设置老年医学学科规范化建设达到 100%，建成安宁疗护指导中心 2 家，开展安宁疗护试点建设 9 家。二是强化"基本医疗"保障。近年来，永嘉累计投资 30 多亿元推进县人民医院等 11 个重点医疗卫生迁建项目，完成 282 家村卫生室标准化建设，建成 53 家智慧健康站，全面推动了医疗资源扩容和均衡布局。通过医共体建设及建立"在外永嘉籍医学专家库"，推动医疗资源全面下沉，让山区百姓在"家门口"享受省市级医疗服务。同时配备 46 辆智慧流动服务车，开展医疗盲区巡诊健康服务全覆盖，2023 年累计上门为山区老年人开展医疗门诊达 10 万余人次。三是打造"慢病智治"体系。针对老年人慢病多发的特点，永嘉县高标准构建"2+23+X"三级慢病管理体系，强化数字赋能，择优组建 249 个全专融合管理团队，共计 1 181 名专家、医生、医助参与。持续深化"三高共管·六病同防"新模式，依托民生实事，为签约慢病对象免费提供高血压、糖尿病、高血脂等 14 种基础药品。截至目前，共为 3.15 万名慢病对象提供免费药物保障，每个周期年都为群众节约药费近 300 万元。

2. 发挥中医药优势，积极应对人口老龄化

永嘉县内有南宋时期形成的"永嘉医派"，是中国最早的医学学派之一。永嘉以创建全国基层中医药工作示范县，开展"永嘉医派"传承创新行动，积极探索医防融合机制，继续发挥中医药"治未病"内涵，助力养老服务创新发展。一是政策支持强保障。永嘉县将中医药作为生命健康产业重要板块写入全会《决定》、纳入"十四五"规划，出台《进一步扶持和促进中医药事业发展实施意见》《永嘉县中医药事业发展规划》等政策文件，将中医药事业经费实行财政预算单列，并逐年增加投入，扶持中医药事业发展。从 2016 年起，永嘉推出"政府购买中医服务"模式，对中医药服务按味、传统中医非药物治疗项目按人次给予补助，并设置中医药诊疗报销比例高出西医西药 20% 以上，推动中医药服务"飞入寻常百姓家"。二是体系建设全覆盖。永嘉建立健全"三级"中医服务网络布局，以县级医院为龙头，大力支持县中医医院发展，成立永嘉县中医医院医共体，下设成员单位 16 家，占全县基层医疗机构数 47.83%，辐射服务全县 44.68% 以上的人口。以乡镇卫生院为枢纽，建成中医馆 23 个，全部设置中医科、中药房，配备中医诊疗设备，开展 6 类 10 项以上中医药适宜技术。以村卫生室为基础，近 3 年投入 1 300 余万元用于软硬件提升，建成中医阁 35 个，实现全县 327 家社区卫生服务站和村卫生室中医药服务能力全覆盖。三是宣传服务两不误。高标准打造全省单体量最大的"永嘉医派"主题馆被列入省中医药文化宣传教育基地，全力营造"信中医、爱中医、用中医"浓厚氛围。全域推广冬病夏治、膏方养生、穴位敷贴等中医特色项目，推动中医药健康管理服务目标人群覆盖率逐年提高。截至2023年，全县老年人中医药管理人数达8.97万人，健康管理率为78.83%。

3. 激发老年活力，助力银发经济发展

永嘉抓住大力推动老年健康事业高质量发展的重要战略机遇期，促进事业产业协同，加快银发经济发展，让老年人共享发展成果、安享幸福晚年，不断实现人民对美好生活的向往。一是打造康养养生基地。自2015年被列为省森林休闲养生建设试点县以来，永嘉利用得天独厚的自然资源条件，积极招引在外人员回嘉投资兴业，近五年投资森林康养项目近100亿元，建设永嘉书院、南陈温泉小镇等9个森林休闲养生区，在走出一条山区县"两山"转化新路子的同时，为老年人提供了养生休闲的好去处。二是发展银发娱乐产业。永嘉县大力推进教玩具产业高质量发展，已拥有各类教玩具及配套生产企业1 300余家。近年来，充分发挥桥下镇"教玩具之都"的优势，提前布局新赛道，创新开发老年益智益乐产品，丰富老年人的精神生活。2023年紧紧抓住"迎亚运"机遇，举办温州首届老人"康玩"大赛，进一步打响老年玩具品牌。三是拓展旅游服务业态。2021年6月。永嘉县和楠溪江风景区分别入选全省"微改造·精提升"行动试点县和单项试点单位，永嘉快速反应、精心谋划，累计开展全县旅游业和楠溪江景区"微改造·精提升"项目502个，推进旅游业提档升级。通过完善一批老少同乐、家庭友好的酒店、民宿等服务设施，鼓励开发家庭同游旅游产品；通过改造提升古村落、历史街区等，深入挖掘千年古县文化底蕴，拓展推广怀旧游、文化游等主题产品，撬动"银发旅游"热潮。

（三）生活富裕型——以太仓为例

1. 长寿之乡建设正将"养老危机"转化为"长寿红利"

作为全国首个富裕型"长寿之乡"，早在20世纪80年代，太仓就步入了老龄化社会，并于2009年12月被命名为"中国长寿之乡"。多年来，太仓从"长寿时代，老龄文明"的角度来认识人口老龄化，"将健康融入所有政策，全方位、全周期保障人民健康"为目标，不断健全"政府主导、部门协同、社会参与、个人主责"的联动工作机制，将"养老危机"转化为"长寿红利"，着力打造"现代田园城、幸福金太仓"，全市健康环境进一步优化完善，健康服务更加优质高效，健康理念真正渗入城市肌理，深入百姓心中。太仓连续6次获评"最具幸福感（县级）城市"，"颐养金仓"已成为"幸福太仓"最亮丽的风景。

2. 日间照料服务中心是太仓长寿之乡建设的重要举措

太仓市学苑社区老年人日间照料服务中心是由太仓市政府资助、经由第三方企业运营的养老服务中心。调研中发现，这里干净整洁的环境让人心情愉悦，根据墙上课表的活动安排表，老人们刚刚读完报，正聚在电视观看电视剧。午休后，他们一般会开展一回按摩，然后按需选择是否需要一份下午茶。墙上的菜谱显示，下午茶有奶香馒头、红糖馒头、白煮蛋、茶叶蛋、八宝粥等食物。在老年人用餐方面，太仓依托8家区域性养老服务中心、2家街道综合为老服务中心，推动镇级中央厨房实现全覆盖；依托村（社区）老年人日间照料中心和"银龄餐桌"，打造了"中央厨房＋社区银龄餐桌＋居家预定配送"为一体的老年助餐服务体系，提升了老年人的幸福感和满意度。

3. 区域性养老服务中心是太仓长寿之乡建设的主要内容

2022 年以来，太仓市紧扣养老高质量发展新思想、新目标，率先完成农村养老机构新建工程，区域性养老服务中心实现全覆盖。构建市级集中供养、区镇普惠康养、中高端品质颐养为一体的机构养老格局。这些养老中心是太仓贯彻落实"积极应对人口老龄化"国家战略，探索"医养康养融合发展"的新业态、新场景，推动太仓养老事业和养老产业高质量发展的重要项目。

4. 打造健康城市建设样板是太仓长寿之乡建设的创新动能

一是搭建平台让健康意识深入人心。太仓市累计组建健康自我管理小组 1 000 余个，累计聘任 12 批次 1 236 名健康生活方式指导员，逾 1.3 万市民参与其中。如今，"每个人是自己健康的第一责任人"理念深入人心，健康自我管理小组已经成为该市推广健康生活方式的重要渠道和平台。据统计，太仓市居民健康素养水平提升至 38.79%。二是政社互动让健康服务不断延伸。政社互动是太仓市社会治理的一项创新之举。早在 2008 年，太仓就作为政社互动"试验田"先行先试。经过十多年实践，太仓市通过服务项目打包、社会公开招标、加强专业指导，培育了一批社会组织，招募了一批专业社工参与社会协同治理，涵盖环境长效管理、弱势人群关爱与服务、健康知识技能普及等领域。三是优化环境让市民共享美好生活。太仓市目前有全民健身点 900 余处，各类健身步道 150 公里，人均体育场地达 5.27 平方米，基本实现了"10 分钟体育健身圈"全覆盖。

5. 精神文化关爱是太仓长寿之乡建设不可或缺的创新共同体

除了生活照护，精神上的照护也不可或缺。由市委宣传部、文明办、网信办、公安局、民政局、卫健委等部门联合开展了"智享时代·银龄生活"幸福关爱行动，累计开展了 200 余场线下公益培训教学活动，覆盖受惠老人超万人。"年龄友好"的关爱行动，为"银发族"搭建起跨越"数字鸿沟"的温暖桥梁，助力太仓老年群体共享智能时代美好生活。近年来，太仓市政府投资老年大学建设 1.3 亿元，以老年人"生涯规划"课程建设为抓手，引领区域老年教育机构走上了从"娱乐教育"向"赋能发展"的转型发展之路。同时，注重老年心理健康，在开展心理健康调研和健康评估中，增设了专题讲座、小组交流、个别访谈等，为及时发现问题、调整方案、疏导情绪奠定基础，提高了老年人心理健康水平。

（四）产业升级型——以溧阳为例

1. 连续出台政策、制定规划，大力推进智慧康养城市建设

2016 年 7 月，溧阳市委、市政府出台"向健康经济创新""向智慧经济集聚"三年行动计划，提出加速健康产业集聚、加大高端医疗供给、促进医康养游融合、丰富长寿文化体验以及"智慧城市"的目标，同时成立领导小组。2018 年 4 月，在市级层面成立现代健康经济和新型智慧经济招商办公室，聚集高端康养、医疗器械、大数据中心三个核心招引方向，高起点培育现代健康经济和新型智慧经济。2019 年 7 月，在第一轮三年行动计划到期后，先后出台《关于"发展四大经济 推动生态创新"三年行动计划的实施意见》

《关于实施新一轮"天目湖英才榜"三年行动计划的意见》等一系列文件，从落实医保政策、鼓励社会投入、扶持高端康养、加强平台建设、促进成果转化等五方面内容扶持智慧健康产业发展。在编制《溧阳市"十四五"规划》时，凸显溧阳"长寿之乡"品牌优势，明确2024年为"康养融合巩固跃升年"，以争创国家智慧康养示范基地为目标，集全市之力打造健康产业。

2. 医养结合，智慧康养城市建设已经取得了显著的成效

溧阳市是长寿之乡，也是人口老龄化程度较高的市县。截至2020年底，全市60周岁以上人口占户籍总人口数的25.9%，老年人口呈现高龄、空巢和失能比例高的特点。为了应对人口老龄化趋势，溧阳市着力构建居家社区机构相协调、医养康养相结合的养老服务体系。主要表现在以下几方面。一是"医养结合"模式不断扩展。溧阳市现有护理院类型的机构3家，分别由医疗机构转型发展、社会力量兴办等几种形式构成。10家乡镇敬老院和市福利中心通过标准化改造，全部内设医务室，并与当地卫生院签订了医养融合协议，建立了医养融合考核机制，全市护理型床位占比超过70%。二是居家养老服务网络不断完善。溧阳市居家养老服务站实现了城乡全覆盖，其中标准化居家养老服务站城乡各建成43家和108家，覆盖率分别达80%、62%。为有效缓解"舌尖养老"难题，积极打造幸福养老助餐品牌，共建成"如意小食堂"25家，老年人集中居住的老城区基本实现全覆盖，并延伸至乡镇。2020年新建了上千平方米的市级老年人日间照料中心，为全市80周岁以上的高龄、失独、失能半失能、空巢独居和低保重残等老年人上门提供助餐、助浴、助洁以及生活照料、精神关爱、康复护理等服务。三是智慧养老局部试行。2019年，溧阳市投入300余万元对原有的居家养老服务平台进行了智能化升级，为全市散居五保户、三无老人、80周岁以上空巢、失能老人等对象安装智能化设备，惠及近2 000名老人。平台升级后，信息中心、社区和子女可随时通过终端平台与老人视频通话，查看老人在家状况，各种报警器也会在出现险情时立即预警，平台如发现问题可第一时间处理。

3. 提高医疗水平、推动重大项目，促进康养产业快速发展

在提高医疗水平方面，主要是通过合作的形式实现提升。一是积极推进合作。2016年以来，溧阳人民医院、溧阳中医院先后与江苏省两家顶级医院签订合作办医协议，成立江苏省人民医院溧阳分院和江苏省中医院溧阳分院，让老百姓在家门口享受优质医疗。二是大力推进医联体建设。每家公立医院都与两家乡镇卫生院建立了紧密型合作关系，并出台医疗骨干挂职交流锻炼实施方案，从公立医院和乡镇卫生院择优确定业务骨干，分赴城乡医院进行为期两年的锻炼，帮扶基层提升医疗能力。目前已实现医联体区域内全覆盖。三是全面提升乡镇卫生院医疗水平。在与省两大医院合作的基础上，乡镇卫生院也积极寻求大医院的技术支撑。省级优质医疗资源的导入为溧阳乡镇卫生院医疗水平提供了强大技术支撑。与此同时，溧阳着力以推进重大项目建设推进康养产业的发展，加快形成一批高端康养服务供给，不断提升养老服务水平。

4. 加快构建健康数据平台，为康养产业的发展提供重要支撑

2016年国家卫健委选择信息化基础较好的省份试点建设健康医疗大数据中心及产业园，南京和常州被选为江苏省试点城市。2020年，溧阳市与中国卫生信息与健康医疗大数据学会达成共识，国家健康医疗大数据应用示范中心与产业园建设溧阳试点市项目正式签约。溧阳积极依托建设试点，引入数据技术支撑资源，形成全方位的健康服务体系，积极引进以国家名医联合委员会为支撑的互联网远程服务优质医疗资源，共同推动健康医疗大数据融合共享、开放应用，为创新建设康养示范小镇保驾护航。规模化、集群化、产业化、数字化的医疗康养已经成为溧阳长寿之乡建设的重要特点。

（五）现代农旅型——以崇明为例

1. 现代农旅，打响崇明"生态＋科技"的特色品牌

崇明以绿色认证为切入点，在生产模式上进行了大胆创新，有效推进了绿色食品全域覆盖。2018 年，崇明首次尝试推出的"两无化"（不施用化学肥料和化学农药）大米在市场上反响热烈，深受市民青睐。经过三年创新实践，"两无化"标准体系日趋成熟，"两无化"产品类别日渐丰富，做强了以"山水"为标志的区域公共品牌。农业绿色发展指数连续两年位列全国第一。崇明将在创建"两无化"农产品体系、建成大批高科技植物工厂等基础上，巩固壮大高科技农业集群，建设农产品交易中心，延伸发展食品加工业，积极发展"中央厨房"，努力实现从"卖水稻"到"卖大米"、再到"卖米饭"的跨越提升。与此同时，崇明正向建设世界一流"农业科创岛"迈进。近几年，崇明大力推进农业数字化转型，积极探索物联网、大数据、人工智能等数字科技在农业领域的集成应用，实现土地"一网管控"，农业生产效率和品质管理不断提升，农业数字化转型加快发展。

2. 现代农旅巩固"中国长寿之乡"康养体系

崇明区用农业生态旅游业态不断巩固"中国长寿之乡"康养体系，全区多个康养项目建设如火如荼。据介绍，整个崇明颐养社区建筑面积约 11.7 万平方米，定位为"绿洲中的生态颐养社区"，规划户数 800 余套，包含 4 栋体验服务场馆、2 栋康养度假中心、15 栋颐养公寓、11 栋养生雅苑、1 栋健康管理中心及配套的社区邻里中心和营养膳食中心，房间内均配备了适老化设施、预留了轮椅过道的宽度，卫生间采用了无高差设计且配备了多个扶手，地面做了防滑处理，全方位日常生活保障有效齐全。此外，颐养公寓将全部配备地暖，以一站式管家服务为主，让老人住得舒心、养得安心。整个颐养社区拥有功能完善的硬件配套设施、全天候的医务保障、完善的健康管理体系、专业化的养老服务及各类文化雅集活动。崇明长寿之乡的建设着重依托于当地的优良生态环境，打造农业体验与旅游度假相结合的业态，以此推进长寿之乡的高质量建设和发展。

3. 生态科普宣传 保护意识入心

崇明是上海生物多样性最丰富的地方，其中，鸟类更是崇明最为丰富的野生动物之一。随着 2016 年 11 月崇明区全域被列为禁猎区及 2020 年 1 月长江十年禁渔计划实施，相关单位维护生态环境不遗余力，老百姓的生态保护意识不断增强。"岛上的生态好了，我们生活的环境也会更好"成了普遍认知。从过去张网捕鸟，参与盗猎、食用、售卖，到如今遇到侵害野生动物的不法行为第一时间报警，生态保护意识不断增强，大家都享受到了生态保护和现代农旅发展带来的实惠。最近，随着《上海市野生动物保护条例》的实施，当地的生态"警长"们将继续积极推动野生动物保护行动的常态化，通过入户、网络新媒体等形式，开展多样化宣传，让野生动物保护意识入心入脑，推进现代农旅高质量发展。

五、长三角地区长寿之乡建设发展经验：以人为本的发展之道

多年来，长三角地区长寿之乡的建设发展是丰富生动、多彩多姿且富有温度和朝气。实践表明，坚持人民为先、事业为大、发展为重、创新为本，持续为长寿之乡的建设发展燃烧激情，贡献才华，久久为功，这是长三角地区长寿之乡建设发展的"精气神"。

（一）以人民幸福安康为终极目标

人民健康是民族昌盛和国家富强的标志。长三角地区长寿之乡建设的工作重点已从"增数量"向"提质量"、从"基础型"向"专业型"转变，呈现以幸福安康为终极目标的"四维复合"思路，即以提高健康水平为基础，以民生幸福为重要支撑，以积极应对老龄化为重要举措，以高质量发展为重要体现的创新建设思路。应当且必须明确的是，长三角地区长寿之乡的建设从来就不是形象工程，长寿之乡的品牌构建也不是噱头和单薄的符号，而是以当地人们的幸福安康为最终目标的一种经济社会生命建设的过程。

多年来，长三角地区的长寿之乡建设坚持"四维复合"的建设内涵。第一维度，将提高当地人们的健康水平作为长寿之乡的建设基础，既不满足自然给予的有利条件，也不埋怨自然造成的不利因素，而是充分发挥主观能动性，扬长避短，取长补短，创造健康和长寿，真正让健康长寿有名有实。第二维度，将民生幸福作为建设的重要支撑。一是注重政府的导向作用，加强经济社会高质量发展且让发展成果惠及百姓，提升人们的幸福感，增进其福祉。二是注重社会的调节作用，长寿之乡建设是全社会的共同责任，需要部门联动，全民参与，牢固树立为老服务，敬老爱老的和谐氛围。三是注重个人的能动作用，明确健康的第一责任人是自己，健康要靠自我管理，树立健康长寿是需要大家共同创造的创新理念。第三维度，将积极应对人口老龄化真正摆上战略地位。建设长寿之乡的重中之重是将积极老龄观和健康老龄化贯穿于经济社会发展的全过程，营造有利于老年健康的社会支持和生活环境，延长健康预期寿命，维护健康功能，注重老年人的生活质量、医疗质量、照护质量、康养质量等的提升和保障，全方位改善老年人生活品质，让老年人安享健康幸福的晚年。第四维度，高质量发展是长寿之乡内外展示的重要体现。长三角地区各长寿之乡在建设中多紧紧围绕"三个关键"做文章：提高站位，强化导向，高起点的统筹谋划，高质量的创新创造创优；科学谋划，精心设计，围绕清单式工作任务，全面梳理建设中的重点领域和重点工作，明确责任稳步推进；创新方法，注重实效，围绕长寿之乡建设的服务体系，集医疗、护理、康复、智慧养老，构建田园式环境、亲情般服务、个性化护理的服务体系，着力提高长寿之乡的质量和效益，推进长寿之乡高质量发展。

（二）以长寿之乡建设为重要抓手

1. 以高质量发展为主题

习近平总书记指出，高质量发展，就是能够很好满足人民日益增长的美好生活需要的发展，是体现新发展理念的发展，是创新成为第一动力、协调成为内生特点、绿色成为普

遍形态、开放成为必由之路、共享成为根本目的的发展。新时代长寿之乡建设坚持贯彻新发展理念，以推动高质量发展为主题，把长寿之乡发展质量摆上更为重要的位置，着力提高长寿之乡的质量和效益，在推动高质量发展过程中进一步建设好长寿之乡。一是以长寿之乡创建推动"三农"问题的解决。从长三角地区长寿之乡的发展历程来看，长寿之乡创建基本上多是通过发展县域经济，依靠工业化致富农民，城市化带动农村、产业化提升农业，健康长寿提升人民群众的幸福感，推进发展现代农业和乡村振兴。二是以长寿之乡建设积极应对人口老龄化。将积极老龄观和健康老龄化贯穿经济社会发展全过程。一方面，坚持以人民为中心的发展思想创建长寿之乡，切实解决老年人在养老、健康、精神文化生活、社会参与等方面的现实需求问题，深入挖掘老龄社会潜能，激发老龄社会活力，增强广大老年人的获得感、幸福感和安全感。另一方面，积极看待老龄社会、老年人和老年生活。坚持长寿之乡建设依靠人民，在建设中积极看待老龄社会，积极看待老年人和老年生活，深刻认识积极开发利用老年人力资源的重要意义，开发好、利用好老年群体中蕴含的强大智力优势和丰富的人才资源，使之成为建设长寿之乡的一支重要依靠力量。长寿之乡启东市全市三级老龄协会组织退休干部、教师、医生等志愿者，采取"集中式""定点式""专业式"等多种方式，开展走访慰问送温暖、上门服务送关爱、精神抚慰送欢乐、义诊讲座送健康、扶贫帮困送技术、为老维权送福安等"六送"活动，深受老年人欢迎。实践证明，在应对人口老龄化浪潮中积极发挥老年人力资源，不仅能提高老年人生活和生命质量、维护老年人尊严和权利，而且能促进经济发展、增进社会和谐。三是以长寿之乡建设推进基层社会治理现代化。基层治理是国家治理的基础和重要组成部分，长三角地区长寿之乡在建设中紧紧扭住了"赋权赋能，创新机制"这个关键、"强基固本，服务一线"这个重点，推进基层治理的社会化、法治化、智能化、专业化、科学化，探索和构建了长寿之乡共建共治共享的新格局。

2. 以系统思维统揽全局

建设长寿之乡是一项系统工程。从规划谋划、硬件建设实施、软件培塑及后期的高水平运营和高质量发展，都需要用系统性思维统筹一体化推进，在统揽全局中逐步分阶段实施。一是坚持科学编制区域性的建设规划作为引领，将长三角一体化作为重要发展风口。加强领导和指导，成立常态化的组织机制，定期轮流召开相关会议，协同合力推进建设。二是坚持有一揽子的支持性政策，通过各项政策的出台，体系化地推动建设的落实。三是坚持精准化实施各项综合性服务，在经济、生态、民生、城市管理、社区治理等方面锁定对象群体，实施精准服务。四是坚持善用科技手段推动建设和服务质量，运用互联网、物联网、人工智能的信息化和数字化手段提升建设和服务的便捷度和普惠度，建立互联、互通、互认、互商、互助机制的建立，促进以点带面和共同发展。

（三）以生活方式和友好宜居造就健康长寿

调研中我们与长三角地区长寿之乡的百岁老人和家属等进行了交流，印象最为深刻的是"生活方式和友好宜居"，这也许是当地百岁老人健康长寿的关键词。

1. 生活方式

一是适当劳动获得乐趣。劳动能改善心脏功能，使反应速度加快，还能练就顽强的意志和毅力，使人精神愉快，朝气蓬勃。百岁老人一般都爱干活，家务活和庄稼活样样多干，通过劳动和运动，提高体质，增强身体免疫力。二是心态平和积极乐观。大多数百岁老人性格开朗，通情达理，豁达乐观；乐于交往，知足而乐，如果遇到难事，则意志坚强，苦中作乐；面对打击，泰然处之；看到有人遇到困难，则乐善好施，爱意浓浓，这样的处世观念使他们吃得香、睡得着，没有心理负担，达到了"得意淡然、失意泰然"的境界。三是健康饮食生活规律。俗话说：民以食为天，寿以食为先。长寿之乡的百岁老人起居定时，饮食有节。一些百岁老人会饮一点小酒，以少量低度为宜，如黄酒、自制米酒、地产陈元酒（也属黄酒）、红酒等，同时喝酒量不大，一般是黄酒2两、白酒1两。四是儿孙孝顺家庭和睦。和睦的家庭才会有浓浓的亲情，和睦的家庭才是真正的幸福港湾。在居住条件方面，良好的家庭环境对老人能够健康长寿至关重要。家庭成员关系的好坏，直接关系到家庭成员的身心健康，从而影响生活质量和寿命。调查中百岁老人的后代对老人的关心照护是功不可没的，他们对老人在经济上给予支持，物质上给予保障，生活上给予照料，精神上给予慰藉。老人们大多四代同堂、儿孙绕膝，天伦之乐，其乐融融，这种独特的东方文化正是老人们保持健康长寿的重要因素。

2. 友好宜居

"友好宜居"是百岁老人健康长寿的重要保障。各长寿之乡在建设中坚持以人民为中心的发展思想，把应对人口老龄化与城乡建设相结合，让老年人的社区生活、居家生活更安全、更便捷、更宜居。浙江长寿之乡永嘉县注重传承中华民族孝老爱老传统美德，积极推进"孝亲敬老，情暖夕阳"环境建设，设立孝亲敬老文化宣传墙、主题公园，文化礼堂等200余个宣传阵地，开展"永嘉好人"等评选活动，涌现了一批批孝老爱亲的道德楷模，增强老年人的获得感、幸福感、安全感。长寿之乡如东县突出四个友好。一是友好环境。注重环境绿化建设，森林覆盖率11.82%，林木覆盖率24.31%；2021年全年空气质量优良率高达91%；地表水生态系统断面优Ⅲ比分别达到60%、62.5%和82.4%。二是友好社会。医疗保障体系健全，护理服务能力雄厚，优质医疗资源丰富，提高了老年人的健康水平；建立公立医院每季度一次到社区和养老机构举办健康讲座、开展义诊、咨询服务制度；长期照护保险保障覆盖全县城乡。三是友好家庭。在全社会大力弘扬"优良家风"，广为宣传家训、家规、家教、家风，动员全社会从身边人学，向身边人学，并从娃娃抓起，深入学校谈家训历史、讲家风故事，让优良家风代代传承。四是友好人际。在全社会弘扬孝道文化，对"孝亲模范家庭"和"孝亲模范个人"大力表彰嘉奖，倡导志愿服务，营造友好宜居的健康生活环境。长三角地区长寿之乡通过上述友好宜居的深耕细耘和精心培育，提升了百岁老人健康长寿的生活体验和生命品质。

（四）以康养品牌推进康养事业和产业发展

康养品牌是推进长寿之乡康养事业和产业发展的根本。长三角地区长寿之乡康养品牌和康养产业的发展壮大，已基本形成覆盖全生命周期的人口服务体系，它是提升人民健康水平和生活品质的重要基础。

首先，确立康养品牌高质量发展目标。各长寿之乡将康养品牌建设作为政府工作的重要组成部分和主导产业来抓，从政策和法制等多个层面着眼，摸清康养产业发展的家底，确立共同目标，制定长期发展规划和近期实现路径，提出重点任务和工作，制定产业规范和推进计划，按照功能类型有效推进建设，提升品牌建设的水平和效益。安徽省长寿之乡亳州市推出一批以中医药文化传播为主题，集中医药康养、养生保健、文化体验于一体的中医药健康旅游品牌产品，促进了中医药健康旅游产业发展和"世界中医药之都"、文化旅游强市的品牌建设。

其次，优化营商环境，每年推出营商环境的升级版。各长寿之乡建立由分管领导牵头的康养品牌建设联席会议制度，统筹谋划和推进康养品牌建设和相关产业培育，瞄准世界前沿领域，筑平台、聚资源，让康养企业成长更强劲；解难题，强服务，优化环境，让康养企业发展更放心。同时，通过长三角自贸试验区联盟的成立，三省一市自贸区精诚合作、高效运转、相互赋能，在服务国家战略中担当作为，在紧扣时代脉搏中勇毅前行，为长三角地区长寿之乡区域内部的联动发展和协同创新带来了新的机遇，一批批绿色和康养企业在长寿之乡落地生根，苗壮成长，长寿之乡绿色和康养氛围更为浓厚，绿色和康养建设的积极性和主观能动性也更强。

最后，推进内涵和外延融合发展的康养品牌。各长寿之乡多善于挖掘各地长寿内涵与文化外延，找准发展定位和特色，将品牌内涵建设与品牌外延发展融合推进，着力吸引金融资金和专业人才，集聚更多外来优质要素和资源，激发市场活力，用特色产业、特色产品、特色成果塑造康养品牌内涵，拓展品牌外延，增强品牌输出能力，把长寿之乡建设成为知名的康养产业发展创新地、养生养老胜地、休闲养生旅游目的地。

（五）以产业链和生态圈的思路做强产业

一是推进"文化＋旅游＋康养"的长寿产业，让"绿水青山""金山银山"绘就"寿比南山"基本底色。各长寿之乡找准"文化＋旅游＋康养"定位和战略发展需求，健全生态文化旅游与生态资源的衔接机制，积极打造多元化的文化生态旅游产品，推进生态与田园、康养、文创、旅游等产业深度融合。例如在2016年荣获"中国长寿之乡旅游文化服务示范城市"的安徽金寨县，立足长寿资源优势开发康养旅游，围绕着旅游品牌定位，建成了多家养生小院、茶谷小院，发挥了生态、民族民俗、自然风光等优势。

二是丰富"品牌＋特色＋输出"的长寿产业，用"一乡一特""一家一宝"等打造长寿产业特色。各长寿之乡遵循自然生态有机循环机理，以自然系统承载能力为准绳，利用先进生态技术，培育发展资源利用率高、能耗低排放少、生态效益好的新兴产业，采用节能低碳环保技术改造传统产业，促进产业绿色化发展。在产业发展中结合各长寿之乡特色，注重"一乡一特"产业，"一村一品"产品，"一家一宝"农民的特色产业体系。如溧阳市发展精品民宿，大力推进户外体育运动发展，创建森林氧吧小镇，促进资源变产品、产品变商品、商品变名品。

三是发展"环保＋生态＋产品"的长寿产业，借"产业生态化"与"生态产业化"增添长寿产业亮色。随着我国长寿之乡有关品牌认定工作常态化运行，长三角地区各长寿之乡依托"中国长寿之乡"的品牌影响力将生态产品与长寿之乡文化相结合，根据各长寿之乡所蕴含的生态环境、长寿文化、养生物产等资源，打造长寿之乡食品基地、绿色基地和生态基地等，培育了长寿之乡名产品、名企业、名产业，有力推动了"产业生态化""生态产业化"和"长寿产品"到"长寿产业"的转型发展，构建了优势突出、链条完整、附加值高的长寿产业体系。

四是以"长寿＋区域＋联盟"的产业集群理念，打造共生共荣新经济生态圈。几年来，"长寿之乡联盟"积极推动长寿相关产业的培育和发展，在绿水青山就是金山银山的旗帜下，积极构建"让生态经济火起来、让长寿产业旺起来、让长寿之乡品牌亮起来"共生共荣的新经济生态圈。一是推进长寿产业的集群发展。在丽水市委、市政府的主导下，"长寿之乡联盟"高举"两山"旗帜，推动"抱团发展，合作共赢"，联盟的影响力和凝聚力日益增强。联盟秘书处作为联盟的中枢，积极服务各长寿之乡绿色发展和长寿产业，全力以赴集聚和培育长寿产业品牌价值，鼓励各大电商和零售企业开展老年购物节等活动，促进老年消费市场繁荣发展。同时组织专家学者深入研究新形势下的长寿理论、绿色发展和长寿产业，探索构建了长三角地区"技术驱动、学术引流、龙头带动、智力支撑、金融支持"的长寿产业生态圈，为长寿产业蓬勃发展营造了良好环境。安徽亳州集中发展中药产业，打造国际中药材产业基地，以产业链和生态圈为理念做强"传统饮片产业集群""提取产业集群""成药产业集群"等产业。谯城区中医药产业历史悠久、基础雄厚，产业优势突出、特点鲜明形成了"基地＋加工＋市场＋电商＋服务"全产业链新格局。安徽省委、省政府出台《安徽省"十四五"中医药发展规划》，对新时期中医药传承创新发展作出了全面部署，坚持以习近平新时代中国特色社会主义思想为指导，全面贯彻落实党的二十大精神，以"传承精华，守正创新"为统领，加快推进中医药全产业链发展，着力构建一二三产有机融合、经济效益与社会效益共赢的现代中医药发展体系，高质量打造中药材种植、中医药制造、中医药流通贸易、中医药健康养生、中医药文化传承和中医药创新研发"六大中心"，推进谯城中医药产业高质量发展。谯城中医药产业又融合康养和旅游两大产业，大力发展中医药健康旅游，以国家中医药健康旅游示范区为目标，建成亳药花海休闲观光大世界和林拥城两个健康旅游龙头项目。大力发展药食同源产业，形成一批以"食养""药养""水养""体养""文养"为特色的中医药健康旅游品牌。亳州的沪谯药业荣获"农业产业化国家重点龙头企业"称号，并在全国率先推进中药材趁鲜切制规范发展，开展中药材产地加工试点工作。二是推进长寿产业的宣传推荐。通过开展中国长寿之乡特色服务业示范城市、养生（老）名优产品、康养示范基地等认定、加强长寿之乡生态养生旅游合作、建设电子商务平台、举办各类展示展销、进行有关推介推广等，倾力打造长寿之乡绿色产业品牌产品、品牌企业、品牌服务，推动长寿之乡生态绿色、健康养生产业的培育、发展和提升。积极与保利集团等知名强企合作，组织 20 多家长寿之乡企业参加在广州举行的中国国际老龄产业博览会，设立中国长寿之乡特色展区，为长三角地区长寿之乡提供了新的供需对接、采购洽谈的全新平台，受到广泛欢迎和好评。三是推进交流合作和共同发展。积极开展交流合作，推进全国各加盟"长寿之乡"、健康养生企业、有关部门的协调发展、合作发展、共同发展。联盟建立了长寿之乡绿色发展区域合作联盟网站、中国寿乡联盟微信公众号，和湖北长寿文化研究所合办《长寿探秘》杂志，全方位全时段大力宣传长三角地区的长寿之乡。和央视 CCTV7《美丽中国乡村行》栏目合作，推出贵州赤水等 15 个长寿之乡的《美丽中国乡村行——探寻长寿之乡奥秘》系列专题片。

联盟还结合中国长寿之乡有关认定活动制定了系列认定标准和办法，编制了《中国长寿之乡养生名优产品》等画册、书刊等。

　　长寿是人类永恒的追求，长寿时代亦是健康时代、财富时代和幸福时代。长三角地区长寿之乡的建设和发展，顺应了长寿时代的现实要求，推动了由物质养老向精神养老，由生活照料型向疗护康养型的养老模式和内涵的深刻转变，使健康、价值、尊严、乐趣和发展贯穿了老年人晚年生活全过程。可以预见，在未来的中国，养老终将变为享老。

广西壮族自治区发展大健康产业的历程和主要做法[*]

进入新世纪以来，党和国家把全民健康作为全面小康的重要基础，强调把人民健康放在优先发展的战略位置，从经济社会发展全局统筹谋划加快推进"健康中国"建设。广西壮族自治区党委、政府深入贯彻落实党中央、国务院决策部署，扎实推进健康广西建设，全面推动大健康产业高质量发展。历经十几年的发展，广西大健康产业取得了积极进展和丰硕成果，资源优势逐步转化为产业优势、市场优势和发展优势，大健康产业呈现提质升级蓬勃发展的喜人景象。

一、广西壮族自治区大健康产业发展历程

广西壮族自治区区位优越、气候温暖、生态环境好、中医药资源丰富、污染指数低，发展大健康产业具有得天独厚的优势。多年来，广西依托自身优势着力培育大健康产业并使之不断发展壮大，健康产业门类以其地方特色、民族特色、长寿特色、品牌特色在国内外享有盛誉。广西大健康产业的发展历程大致可以分为萌芽起步、快速发展、蓬勃发展三个阶段。

（一）大健康产业萌芽起步阶段

广西大健康产业始于"十一五"（2006—2010 年），起步于"十二五"（2011—2015年）。"十一五""十二五"期间，人们对于健康的认识还没有现在这么深刻，对于健康的追求也没有如今这么迫切而广泛，更没有形成大健康的产业概念和先进理念，但是在广西各地，与健康相关的传统产业早已存在，发展健康产业的意识也已经开始萌芽，传统的中草药材、壮瑶医药药材种植及加工，传统医疗养生方法的市场化，依托传统方式方法的健身康养等，开始由小到大、由散到聚、由零零星星到形成规模，在全区各地培育成长。值此之际，第一届长寿之乡的认定，给广西健康产业带来了一个新的发展契机，真正具有现代产业意义的健康产业在广西开始起步。2007 年 11 月，中国老年学学会（现更名为中国

---

　　* 作者：罗丹，深圳大剧院职员、上海音乐学院文学硕士、中级职称；江彬，广西民族大学教师、荷兰格罗宁根大学政治经济学博士；孙心逸，华润银行职员、美国纽约州立大学石溪分校理学硕士；叶乐阳，广西壮族自治区十三届人大教科文卫委主任委员、高级编辑（正高二级）、法学博士。

老年学和老年医学学会）根据相关规则和标准，认定广西桂林市永福县为长寿之乡；2008年10月，认定广西河池市巴马瑶族自治县为长寿之乡。以长寿之乡认定为突破口，广西拉开了发展健康产业的序幕。广西河池市巴马县作为健康产业发展领头羊，率先在发展健康食品、健康养老、健康旅游等产业上取得突破。仅以健康饮用水产业为例，巴马县依托长寿之乡自然禀赋，探明全县可开采的优质纯天然饮用水（矿泉水）水源地39处，年储存量达5 000万吨。该县全力开发水资源、做强水产业、做响水品牌、做活水文化、做大水平台，全县从事包装饮用水产品生产企业达19家，其中规模以上饮用水企业7家，成为当地经济发展的重要产业。借助巴马县的经验，河池市推进绿色发展先行试验区建设，大力深耕水产业"蓝海"，所辖巴马、东兰、环江、罗城、南丹各县涌现出一批知名饮用水企业，产自巴马、罗城、东兰、南丹等县的饮用瓶装水及土特产商品琳琅满目，产品远销国内外，饮用水产业实现了经济效益、社会效益与生态效益同步提升。如今，河池市饮用水及其关联产业总产值已达100亿元，成为拉动全市经济高质量发展的重要支柱。河池市进一步推广发展饮用水产业的成功经验，依托中草药重要原产地、丰富的中医和壮瑶药民间验方偏方等资源，建设中草药田园综合体，发展中草药种植、加工产业，扶持本土中草药加工企业打造医药产业集群，引进有实力的药企和医药科研机构占据医药科研高地，依托旅游资源打造跨区域的养老康养休闲旅游区等，力求打造全链条中医药康养生态链，高质量发展大健康产业。巴马、河池大健康产业的发展就是广西壮族自治区相关产业发展的缩影，"十一五""十二五"期间，广西健康产业完成了萌芽起步，积蓄了快速扩张的动能，扎稳了蓬勃发展的根基。

（二）大健康产业快速发展阶段

"十三五"期间（2016—2020年）是广西的大健康产业借东风扬帆起航快速发展的五年。2016年8月，党中央、国务院召开新世纪第一次全国卫生与健康大会，明确了建设健康中国的大政方针。同年10月，党中央、国务院发布《"健康中国2030"规划纲要》，把健康产业作为推进健康中国的五大重点任务之一。健康是人生的最大资本、家庭的第一财富，也是经济社会发展的基础条件、民族昌盛和国家富强的重要标志成为社会共识，大健康产业成为21世纪最有前景、最为重要的产业之一。伴随着2016年《"健康中国2030"规划纲要》、2017年《关于促进健康旅游发展的指导意见》等国家层面政策文件的出台，广西密集出台地方配套相关政策性文件，吹响了大健康产业加速发展的进军号角。

2019、2020年广西连续两年成功举办具有海内外影响力的大健康产业峰会，整合国内国际资源推动广西大健康产业提速发展。2019年11月8日，广西壮族自治区人民政府与农工民主党中央、国家中医药管理局，在南宁联合主办主题为"汇集大健康产业发展力量、携手共建壮美广西"的2019广西大健康产业峰会。时任全国人大常委会副委员长艾力更·依明巴海出席开幕式并致辞，全国人大常委会副委员长、农工民主党中央主席陈竺视频致辞，时任自治区党委书记鹿心社、自治区主席陈武和农工民主党中央、国家中医药管理局等领导出席开幕式并分别致辞；广西14个设区市党委书记、市长出席峰会，国内外一批大健康产业龙头企业、领军人物参加峰会。艾力更·依明巴海副委员长在讲话时表示，希望广西对标健康中国战略要求，对标人民群众对美好生活向往的健康需求，充分发挥发展大健康产业的生态、资源、区位、发展基础好等优势,抢抓多重机遇,深化改革创新,注重产业联动,坚持扩大开放,将新发展理念贯穿始终,努力成为健康中国行动领跑者、全国大健康产业高质量发展排头兵,打造大健康产业融合发展示范区,构建大健康产业合作发展高地。陈竺副委员长希望广西各级党委、政府主动做好服务,努力让海内外企业家在参与大健康产业中实现合作共赢、共同发展,农工民主党中央将继续发挥人才优势,积极协调资源,重点在健康产业发展、高端医疗引进、生命学科建设、中医药发展、人口发展战略等方面支持健康广西、美丽广西建设。鹿心社书记表示,广西发展大健康产业具有得天独厚的优势,密集出台政策,扎实推进"四个一百"培育工程,推动建成100个健康产业特色小镇、100个健康产业重大项目、100个健康产业示范基地、100个健康产业龙头企业,加快打造国内一流、国际知名的宜居康养胜地。欢迎各方企业积极到广西开发养生养老资源,投资医养结合机构,投资山水休闲、滨海度假等旅游项目,建设医疗机构,发展中医壮瑶医药材生产、药物研发、养生保健等产业,投资建设长寿食品、富硒食品等生产基地。陈武主席表示,大健康产业正迎来前所未有的发展机遇,广西将围绕"医、养、管、食、游、动"全产业链要素,突出产业特色,做好融合文章,以推动"健康+"为抓手,着力打造世界健康旅游目的地、全国养老服务产业基地和健康养老胜地,建设具有广西特色的健康医疗医药品牌、全国重要的健康食品生产基地、面向东盟的健康运动基地、世界一流的健康管理服务基地,精心下好大健康产业发展这盘棋。峰会上多个省份和中央直属企业与广西方面现场签署合作协议,涉及30多个广西大健康产业项目,总投资超过1 000亿元。

2019年11月12日,广西壮族自治区人民政府再度携手农工民主党中央、国家中医药管理局,在南宁联合主办以"坚持生命至上发展大健康产业增进人民健康福祉"为主题的2020中国(广西)大健康产业峰会,凝聚各方共识和力量,全力推进大健康产业高质量发展。时任全国政协副主席、农工民主党中央常务副主席何维出席并讲话,时任自治区党委书记鹿心社致辞,时任自治区代主席蓝天立作主旨演讲。14个设区市党委、政府主要领导出席峰会,也吸引了国内外大批大健康产业龙头企业、领军人物参加峰会。峰会提出,大健康产业横跨"一二三"产业,产业链非常长,发展潜力巨大,要进一步加大改革创新力度,加快大健康产业供给侧结构性改革,强化科技创新对大健康产业发展的驱动作用。鹿心社书记、蓝天立代主席表示,广西山清水秀、环境优美,具有丰富优质的康养资源、中医药资源,是著名的长寿之乡,是海内外一流的宜居康养和文化旅游胜地,拥有防城港国际医学开放试验区等众多合作平台,正在打造国内一流、国际知名的宜居康养胜地和世界健康旅游目的地,具有发展大健康产业的优越条件,真诚欢迎各方共享大健康产业发展新机遇,深化全产业链务实合作,推动大健康产业跨界融合发展;协同促进大健康产业创新发展,加快形成产学研协调发展、政商企合力推进的大健康产业发展新格局;共同打造好大健康产业交流平台,致力于打造完善大健康产业体系,加大招商引资力度,携手推进大健康产业高质量发展。本次峰会开幕式在南宁设主会场,在北京、上海、重庆、广州、深圳、南京、杭州、武汉、西安、沈阳、厦门、昆明、贵阳、东莞14个区外重要城市和区内14个设区市设分会场。来自相关学会和行业协会、大健康领域知名专家学者和知名企业家代表,自治区有关厅局和各市相关负责同志等3 500多人通过线上线下参加有关活动。峰会开幕式现场签署 24 个投资合作意向协议，投资总额达 2 306.5 亿元。

两届大健康产业峰会的成功举办，把"十三五"广西大健康产业发展推向了新阶段、新高度，收获了一份靓丽的成绩单。"十三五"时期，广西凭借本地优越的资源优势，着力发展健康养老、健康旅游、健康休闲运动、智慧健康、医疗康复器械、健康食品及医药产业等属于大健康范畴的产业，各大产业优势互补，深度融合，健康旅游产业、特色养老产业、医药产业等实现跨越式发展。结合广西养老服务业综合改革试验区的空间布局，基本形成南宁中医药健康旅游核心区、桂西中医药养生养老长寿旅游区、桂北中医药养生养老休闲旅游区、北部湾国际滨海健康旅游区、西江生态养老旅游区五大旅游区的发展布局。打造了南宁、桂林、玉林、巴马、金秀、靖西六大中医药健康旅游城镇，加快了盘阳河流域、左江流域、桂东北、桂东、北部湾沿海地区、大瑶山六大康养旅游板块建设。建立了防城港国际医学开放试验区、中国—东盟医疗保健合作中心、广西国际壮医医院、深圳巴马大健康合作特别试验区、中国—东盟卫生合作论坛、中国—东盟传统医药健康旅游国际论坛以及中国（玉林）中医药博览会等众多合作平台，锚定目标着力打造国内一流、国际知名的宜居康养胜地和世界健康旅游目的地。

（三）大健康产业蓬勃发展阶段

广西大健康产业进入蓬勃发展阶段有两个重要的标志：一是出台《广西大健康产业发展规划（2021—2025 年）》，二是举办 2022 中国（广西）大健康产业峰会。两个标志性重大举措，从理念创新、顶层设计、总体布局、产业整合、发展路径等方面引领广西大健康产业发展进入更高的层面、更新的境界。

2019 年 9 月，经自治区人民政府审定同意，自治区民政厅、文化和旅游厅、卫生健康委员会、发展和改革委员会联合印发《广西大健康产业发展规划（2021—2025 年）》（以下简称《规划》），该《规划》本着贯彻落实国家、自治区推动健康中国战略的总体要求和具体部署，坚持创新、协调、绿色、开放、共享的新发展理念，注重与国家重大区域发展战略的衔接，积极对接国家及广西发展规划的原则进行编制，充分阐述了广西发展大健康产业的资源要素及产业基础、发展机遇，明确了"十四五"期间广西大健康产业发展的指导思想、遵循原则和主要目标，为广西大健康产业链资源整合、产业升级、补链强链、健康发展指明了清晰的路径。

为落实《广西大健康产业发展规划（2021—2025 年）》，广西壮族自治区人民政府第三次联合中国农工民主党中央、国家中医药管理局，在南宁主办以"实施健康中国战略、发展大健康产业、建设宜居康寿广西"为主题的 2022 中国（广西）大健康产业峰会，为广西大健康产业发展注入强劲动力。时任全国人大常委会副委员长、农工民主党中央主席陈竺发表视频致辞，自治区党委书记刘宁出席峰会致辞，自治区主席蓝天立作主旨演讲。陈竺副委员长表示，党的十九大将健康中国上升为国家战略，国务院印发实施健康中国行动，健康产业是健康中国建设的五大战略任务之一，发展健康产业是健康中国的必由之路。农工民主党中央全力支持广西大健康产业发展，愿与广西进一步加强务实合作，共同为促进我国卫生健康事业高质量发展作出新贡献。刘宁书记表示，广西正深入贯彻落实习近平总书记视察广西"4·27"重要讲话精神和对广西工作系列重要指示要求，扎实推进宜居康寿健康广西建设，愿同各方共同落实好健康中国战略，共同推动普及健康生活、优化健康服务、完善健康保障、建设健康环境、发展健康产业。共享大健康产业发展机遇，加强面向东盟的医疗卫生和大健康产业合作，更好地服务中国—东盟全面战略伙伴关系和人类卫生健康共同体建设。充分发挥广西生态环境、中草药资源和长寿品牌等优势，依托防城港国际医学开放试验区等平台，加强与有关各方的交流合作，共同建设宜居康寿广西。蓝天立主席表示，广西将围绕助力健康中国建设、增进人民健康福祉，加强与各方交流合作，携手推动大健康产业提质升级，聚焦"医、养、管、食、游、动"重点方向，推进健康产业与三次产业融合发展，大力推动健康领域关键技术和产品的创新突破，增加健康产品供给，优化健康服务；合作打造大健康产业集聚平台，强化主体集合、产业集群、科技集成，携手打造提升桂北休闲旅游与养生养老产业区、桂南滨海文旅与医疗医药产业区、桂东医疗医药与生态养老产业区、桂西长寿保健与医疗康体产业区、桂中民俗文旅与医械制造产业区；共同开拓大健康产业发展大市场，升级中国—东盟中医药传统医药贸易大通道，畅通健康食品进出口渠道，依托口岸建设药材贸易加工区，打造国家中医药服务出口基地、中国—东盟农产品集散地，推动大健康产业高质量发展。本次峰会开幕式在南宁设主会场，在北京、上海、广州、天津、重庆、哈尔滨、济南、郑州、南京、杭州等10个城市及广西13个设区市设立分会场。开幕式上举行了大健康产业项目签约仪式，共签订大健康产业合作项目41个。峰会期间还举办了健康长寿产业发展论坛、河池巴马大健康饮用水产业发展论坛等活动，采取线上线下结合的方式进行，累计观看人数达到320万人次。

"十四五"开局以来，虽然受到新冠疫情的巨大影响，但广西大健康产业发展没有停步。在国家的大力支持下，在"十四五"大健康产业发展规划的引领下，在大健康产业峰会的激励下，广西充分发挥大健康产业基础好、平台多、潜力大的优势，不断擦亮生态环境金字招牌、打响长寿养生知名品牌，在打造健康养老、健康旅游、健康医药、健康食品、健康运动、健康医疗管理、健康制造等七大重点产业特色产品和核心产品上找准突破口和发力点，产品和服务朝着智能化、品牌化、个性化方向不断演进。一批标志性大健康产业重大项目纷纷落户广西，包括在建的华南地区面积最大智慧养老服务中心、南宁万有国际旅游度假区、梧州苍海新区大健康旅游产业新城、南宁桂垦国际健康城、桂林融创文化旅游城、北海银基滨海旅游度假中心一期、南宁三月三文化旅游产业园医药健康产业区、防城港白浪滩·航洋都市里、新奥集团北海康乐旅游港、柳州市城中区华润静兰湾文旅小镇以及南方总部基地等。全区大健康产业保持逐渐扩容、产业融合、集聚发展趋势，呈现出蓬勃发展的良好局面。

二、广西壮族自治区发展大健康产业的主要做法

在推进经济社会高质量发展的实践中，广西壮族自治区党委、政府对大健康产业重要性的认识不断深化，充分认识到大健康产业一头连着民生福祉，一头连着经济发展，既是未来发展的"新蓝海"，也是"群雄逐鹿"的新兴领域，广西不仅不能缺席，而且要善于抢占先机加快发展，要努力创造更好的条件、营造一流环境，加快把优势蕴藏的潜力激发出来，在激烈的竞争中脱颖而出、乘势而上，使大健康产业成为广西高质量发展新的动力

源、支撑点。十几年来尤其是 2016 年 10 月党中央、国务院发布《"健康中国 2030"规划纲要》以来，自治区党委、政府采取了一系列有效措施强力推动大健康产业健康发展。

（一）自治区党委政府高度重视大健康产业

1. 建立健全广西大健康产业领导机制

2019 年自治区党委建立新的领导机制，成立了"广西大健康旅游产业工程指挥部"。指挥部由两位自治区党委常委担任双指挥长，两位自治区副主席担任副指挥长，十几位厅级领导担任指挥部成员，下设办公室、产业部等若干机构，分别由正厅长担任主任，构建起推进广西大健康产业发展顶层设计和组织领导机构，从自治区层面对全区大健康产业发展统筹领导指挥，高位推进大健康产业健康发展。

2020 年 4 月，根据实际工作运行的经验和需要，自治区对指挥部的组织架构进行了完善，将原"广西大健康旅游产业工程指挥部"更名为"广西大健康和文旅产业工程指挥部"，由一位自治区党委常委担任指挥长，这些组织变革措施进一步增强了指挥部的统筹协调功能，使大健康产业发展的领导力量更为集中、更加高效。广西大健康产业领导机制的建立和完善，有效改变了大健康产业发展各自为政、资源分散、粗放发展、无序扩张的现象，优化了大健康产业发展的环境，拓展了大健康产业发展的空间，逐步引领全区大健康产业由散到聚、由小到大、由低到高、由粗到精高质量发展。

2. 把大健康产业列为战略性支柱产业

"十三五"期间，广西出台了一系列政策文件推进健康广西建设，支持大健康产业发展。近几年来，自治区政府更是密集推出 20 多个政策文件支持发展大健康产业。2019 年 6 月出台《关于加快发展大健康产业发展的若干意见》及 11 个配套文件，提出以健康医疗、健康养老、健康旅游产业为核心，辐射带动健康医药、健康运动和健康食品产业联动发展的"3＋3"大健康产业体系，把大健康产业打造成战略性支柱产业和人民群众满意的新兴产业，成为拉动全区经济增长的新动能。2021 年 9 月，出台《广西大健康产业发展规划（2021—2025 年）》，明确提出 2025 年大健康产业成为广西战略性支柱产业的目标，要求"十四五"期间自治区大健康产业发展能力、创新能力、融合能力显著增强，综合实力明显提升，产业发展集聚效应和示范效应日益显现，优势领域引领全国，产业发展水平走在全国前列。

3. 各级各部门通力合作支持大健康产业

在自治区党委、政府高度重视和强力推动下，各级各部门对大健康产业发展更加重视，更加注重产业分工协作，形成了既走特色产业发展之路，又通力合作下好全局一盘棋的良好局面。各级党委、政府把发展卫生与健康事业以及与之相配套、相适应的产业纳入重要机制，将主要任务列入目标管理责任制考核内容，形成齐抓共管工作格局。全区各级人民政府建立了促进大健康产业发展领导机制和联席会议制度，深化推进"放管服"体制机制改革，加快转变政府职能，建立健全部门协同机制，加强各部门、各行业在健康领域的沟通协作，对相关的规章或者规范性文件进行审查、备案，系统集成、协同高效，打通了痛点堵点，激发了大健康产业良性发展的整体效应。

4. 精准施策推进大健康产业发展

在明确发展目标要求的基础上，广西制定配套具体措施推进大健康产业发展。一是坚持开放带动、集聚发展，在全方位开放发展新格局中谋划大健康产业发展，打造健康产业集聚区。二是坚持体制创新、优化环境，激发改革创新活力，充分发挥社会资本作用，推动新产品、新业态和新模式发展，营造大健康产业发展的良好环境。三是在用地、资金、人才、税收和市场准入等方面精准施策，提出一系列优惠力度大、可操作性强的保障措施。四是明确"抓点、串线、扩面"的总思路，以健康旅游、健康养老、健康医疗产业为核心，建设一批高品质大健康文旅康养项目，完善健康文旅康养配套设施，推进大健康文旅康养产业向高端化、品质化、国际化发展，努力把广西建设成为世界健康旅游目的地和康养胜地。五是抢抓机遇、发挥优势，促进产业转型升级，培育壮大健康优势特色产业，为人民群众提供更多优质健康产品和健康服务，以创新驱动、高质量供给引领市场新需求、创造产业新门类。

（二）加强顶层设计引领大健康产业发展

1. 编制全国首个省级层面大健康全产业链规划

在自治区党委统一部署下，广西大健康和文旅产业工程指挥部自"十三五"期末即着手组织开展《广西大健康产业发展规划（2021—2025年）》编制工作，加强对大健康产业发展顶层设计和规划引领。通过广西大健康和文旅产业工程指挥部各成员单位和14个设区市通力协作配合，经自治区人民政府审定同意，自治区民政厅、文化和旅游厅、卫生健康委员会、发展和改革委员会于2021年9月联合印发了《广西大健康产业发展规划（2021—2025年）》，这是全国首个由省级层面编制的综合性大健康全产业链规划。

《广西大健康产业发展规划（2021—2025年）》具有"全方位、全领域、全产业链、全生命周期"的"四全"特点，对大健康产业概念及其所包含的七大产业的定义为全国首创，富有广西特色。该规划明确了广西大健康产业战略定位、空间布局、发展目标、主要任务等重大问题，提出打造构建"一核引领、五区联动、多点协同"的大健康产业发展格局。大健康产业部各成员单位还分别组织编制现代服务、国民健康、大健康和文旅制造、中医药壮瑶医药产业以及乡村产业发展等专项规划，基于《广西大健康产业发展规划（2021—2025年）》，做好广西大健康产业发展的专项规划与区域规划工作，形成优势互补、功能完善、特色鲜明的广西大健康产业发展新格局。

2. 锚定广西大健康产业发展总体目标与任务

按照区域协调加分领域研究的方式，《广西大健康产业发展规划（2021—2025年）》阐述了"十四五"期间广西发展大健康产业的空间布局及各产业重点任务，明确了以南宁作为发展引领的"核心"、带动13个设区市"五区"联动发展以及协调推动具有广西特色的"多点"建设的大健康产业空间格局，并从健康养老、健康旅游、健康医药、健康食品、健康运动、健康医疗管理、健康制造等重点产业的思路和重点工作出发作出工作部署，据此提出"十四五"广西发展大健康产业总体目标。

计划到2025年，广西壮族自治区实现大健康领域重点龙头企业达500个以上、在建重大项目1 000个以上，建成大健康产业重点园区100个、产业示范基地3 000个，全区异地旅居康养人数达到 500 万人次，全区大健康产业总产值达到 4 500 亿元，大健康产业成为战略性支柱产业，初步建成全国具有重要影响力的大健康产业基地和创新高地、国内一流康养胜地和国际健康旅游目的地。

3. 指引发展路径重点打造大健康领域七大产业

《广西大健康产业发展规划（2021—2025 年）》以新征程、新链条、新格局、新举措为主线，突出"全方位开放、全领域开发、全产业链条联动、全生命周期"特点，提出大健康"七大领域"重点任务。一是发挥长寿优势，做强健康养老产业。二是注重品牌提升，做大健康医药产业。三是突出特色，做优做强健康食品产业。四是挖掘民族文化，开发特色健康运动产业。五是强化创新引领，做细健康医疗管理产业。六是依托生态优势，拓展健康旅游产业。七是加快科技创新，做实健康和文旅制造产业。"十四五"期间广西全区倾力打造健康养老、健康医药、健康食品、健康运动、健康医疗管理、健康旅游、健康和文旅制造等七大产业。

4. 落实广西大健康产业发展保障措施

《广西大健康产业发展规划（2021—2025 年）》从投融资、人才、创新、用地、信息技术、内外交流合作等方面构建广西大健康产业发展保障体系，从组织保障、监测评估、宣传和公众参与等方面保障规划实施。一是增强组织保障能力。发挥广西大健康和文旅产业工程指挥部职能作用，健全领导机制和工作机制。二是创新招商引资模式。加快搭建大健康产业招商引资平台，探索实行行业招商"链长制"，探索建立优秀企业家智囊团模式。三是强化要素支撑。鼓励合格投资者发起设立各类大健康产业发展基金，建立大健康产业人才需求预测发布机制，加强与国内外科研院校的合作，强化大健康产业发展用地保障。四是提升科技创新活力。实施大健康重大科技创新工程，完善大健康产业技术创新体系，建立健全大健康创新技术孵化服务机制。五是推进国内国际交流合作。主动对接长江经济带发展、粤港澳大湾区建设等国家重大战略，加强省际大健康产业联动，探索医养结合新模式。六是加强规划监测评估。探索建立大健康产业发展统计监测指标体系，建立健全大绩效考核评价体系，研究建立第三方评价机制。七是促进社会宣传和公众参与。加强大健康产业发展宣传推介，积极向公众阐释大健康产业相关政策，开展全民健康教育行动，提升全民健康素养。

（三）借力高端智库支撑大健康产业发展

在大健康产业发展的过程中，广西壮族自治区党委、政府十分重视与相关高端智库密切合作，借外脑、引外援、聚外力，为大健康发展提供智力支撑。2019 年 4 月，自治区人民政府以前瞻思维布局大健康产业发展，在北京广西大厦与中国老年学和老年医学学会签署"6＋N"战略合作协议，并举办大健康产业发展专家座谈会，双方就推动广西长寿产业经济发展、促进产业资源整合、开发利用长寿文化资源等进行全方位交流与合作，共同提升战略协同层次和水平，提升创新能力，实现广西长寿产业经济和大健康产业发展新跨越。中国老年学和老年医学学会是我国老龄与健康领域知名智库，其前身为民政部批准成立于 1986 年 4 月的中国老年学学会。1988 年，该学会经国务院批准正式加入国际老年学和老年医学学会，2014 年 11 月经民政部批准正式更名为中国老年学和老年医学学会。

这是一个具有权威性、学术性和国际性的国家一级社会团体，也是一家由从事老年学和老年医学研究的单位和专家学者组成的高端智库。学会研究领域涉及老年与大健康相关的几十个学科，并担负六大职能任务，包括制定、策划老年学和老年医学研究方向，为老龄工作和老龄事业发展提供理论指导；加强老龄问题调查研究，为政府科学决策提供智力支持；开展医学理论和技术的专业讲座和短期培训，为提高老龄部门工作人员专业能力发挥积极作用；采取多种形式普及老年学和老年医学知识，促进老年人提高健康水平；根据社会需求组织专家制定涉老项目的认证标准和专业评估，依靠专家优势开展涉老企业的专业咨询服务和技术服务；积极开展国际学术交流活动，宣传中国老年学和老年医学的成果和发展等。

签署"6＋N"战略合作协议四年来，中国老年学和老年医学学会倾力支持广西大健康产业尤其是长寿产业的发展，学会主要领导和由著名专家学者组成的专家团队每年多次深入广西各地开展调研考察活动，走遍了广西 14 个设区市和 39 个长寿之乡，实地考察当地大健康及长寿产业经济发展情况，为广西经济社会发展特别是大健康产业发展出谋献策，还与广西共同策划承办了许多在国内外具有影响的大型重要活动。2019 广西大健康产业峰会、2020 中国（广西）大健康产业峰会、2022 中国（广西）大健康产业峰会均由中国老年学和老年医学学会承办。学会还先后与广西壮族自治区民政厅、柳州市政府、河池市政府等设区市和职能部门联合主办了一系列活动，其中包括 2019 中国—东盟传统医药健康旅游国际论坛、2019 广西亚布力大健康产业论坛、2019 中国（广西）长寿产业发展论坛、2020 年健康长寿产业发展论坛、广西健康旅游产业发展论坛、广西投资项目云上洽谈会、中国（柳州）国际康复辅助器具产业博览会和广西长寿产业博览会、2022 年中国（广西）大健康产业峰会巴马大健康·饮用水产业发展论坛等。

2020 年 11 月，中国老年学和老年医学学会在南宁荔园山庄会议中心隆重举行 2020 年学术大会，这是该学会首次在北京之外举办年度学术大会，得到了全国各地老龄办、老年学学会、老年教育、养老机构的大力支持和积极参与，架起政府、智库、社会、企业之间的沟通交流平台。来自国家卫健委、国家发改委、全国老龄办、中国老龄协会的领导及老年学和老年医学相关领域的专家学者聚集广西，围绕"积极应对人口老龄化：推进医养结合事业产业发展"主题，在政策、实践、智库多个论坛上进行主旨演讲、专题报告、对话交流，就新时期积极应对人口老龄化的政策策略与重点、中国国情下医养结合发展需求、深入推进方式等问题进行前瞻性权威解读，进一步提升了广西大健康产业的知名度、美誉度。

四年多来，中国老年学和老年医学学会还在广西开展了一系列工作，举办了新一届长寿之乡认定标准发布会，率先开启新一届长寿之乡认定工作；发表和出版了《走进中国长寿之乡——广西篇》《写给中国人的健康百岁书：健康长寿专家共识》等研究成果和著作；完成了与长寿 IP、大健康现代产业体系建设相关系列课题研究；组织进行长寿农业示范基地标准、长寿食品标准等一系列标准化建设。目前又在整合相关企业资源，筹划打造"长寿谷·全球长寿产业生态一体化"产业项目。一系列活动的落地，为广西聚集了一批专家学者和优质的产业资源，助力将广西打造为引领人类健康长寿的学术高地和长寿产品的集散地、长寿产业的聚集地，为广西大健康产业高质量发展提供了智力支撑。

（四）狠抓大健康产业项目增强发展动能

1. 积极推进在建项目增强产业发展后劲

广西大健康和文旅产业工程指挥部认真贯彻落实自治区关于抓项目促发展的总体要求，围绕七大健康产业板块的项目总数及投资总额快速增长，为全区社会经济发展注入新动力。广西大健康和文旅产业工程指挥部 2021 年出台实施《广西文化旅游产业重大项目建设三年行动计划（2021—2023 年）》，完善项目推进机制，升级优化广西文化旅游产业发展信息管理系统，强化对重大项目实行月报和年报制度，实现了动态跟踪和管理，组织开展专题调研，收集项目建设中存在的困难和问题，及时向广西大健康和文旅产业工程指挥部及自治区重大项目办公室反馈以协调解决。仅 2021 年底，269 个投资额在 1 亿元以上的文化旅游产业重大项目总投资就达 7 936.45 亿元，年度完成投资 270.17 亿元，累计完成投资 1 134.20 亿元，一批标志性文化旅游产业重大项目建成并对外营业，一批投资额超 10 亿元的体育项目开工建设。在健康养老业、健康医药、健康食品、健康医疗管理、健康和文旅制造产业等方面，统筹推进 692 个项目，其中健康养老项目 77 个、健康医疗和管理项目 166 个、健康食品项目 261 个、健康和文旅制造产业项目 188 个，总投资额3 120 多亿元，全年实际完成投资 419.5 亿元，同比增长 81.2%。全区建成大健康产业重点园区 38 个，有重点企业 273 个。协调推动设立广西首个大健康产业发展基金，为全区大健康产业发展提供新的融资渠道；指导推动建设银行总行和广西农信社等金融机构累计提供超过 130 亿元资金支持广西大健康产业发展。各地通过引导产业集聚，推动形成巴马养老服务业集聚区、桂林仙源健康产业园等大健康产业集群项目，全区大健康产业发展呈现上下联动、多点发力的态势。

2. 持续开展招商引资增强产业发展活力

自治区党委、政府把大健康产业招商引资纳入吸引国企、民企、外企"三企入桂"统筹谋划，持续开展"'三企入桂'项目落实、行企助力转型升级"行动，助力广西大健康和文旅产业高质量发展。自治区宣传文化、旅游、民政、体育、投资促进等系统以及柳州市、桂林市、百色市等赴全国开展招商引资、宣传推介、走访企业等系列交流活动。在积极走出去开展线下招商活动的同时，开发了广西文旅产业投融资服务平台和"壮美广西·迎企入桂"大健康和文旅产业项目招商云客户端等招商平台，吸纳了全区共 358 个大健康和文旅产业重点招商项目，吸引了百家企业入驻，依托专门的网络平台构建项目库、政策库、企业库，开展产业链精准招商。在原有云南招商联络处的基础上联合北京、上海、杭州、广东等经济发达城市当地行业商协会，新增设了 5 个广西大健康旅产业工程指挥部办公室招商联络处，在京津冀、长三角、珠三角及西南重点区域全面布局，打造广西文化旅游产业项目招商引资的前沿和窗口。

按照自治区"三企入桂"总体工作部署，大健康产业部围绕各自产业以"四类 500强"企业、上市公司、行业龙头企业等为目标，大力开展招商引资，推动一批重大项目签约落地。自治区工业和信息化厅以东盟（柳州）旅游装备制造产业园为主要平台，积极开展各类招商活动，引进 10 多家龙头企业。自治区农业农村厅聚焦大健康食品全产业链，策划 160 多个重点招商项目，面向全国重点商协会和企业开展精准招商，举办农业和海洋渔业招商引资推介会等活动，推动全区大健康食品产业签约项目 2 个，签约金额为 700 多亿元。自治区卫生健康委重点对接引进华为、平安讯、浪潮等信息化龙头企业，大力发展健康大数据平台、智慧医疗等智慧医疗产业。自治区中医药管理局等部门通过举办巴马论坛、中药材基地交流大会等活动，对接中国中药、华润三九、广药、新绿色药业等国内知名企业，搭建中医药优势资源共建共享平台，助力广西中医药产业高质量快速发展。自治区民政厅积极开展"走出去、请进来"招商活动，协调推动中国健康养老集团、泰康集团、中昊智达集团、华东蓝城集团等企业赴桂开展投资考察，与中国健康养老集团签署战略合作协议，就共同发展普惠性养老康复辅具产业以及建设旅居式养老服务综合体等项目进行全面合作。自治区发展改革委、卫生健康委等部门，指导支持防城港国际医学开放试验区、深圳健康合作特别试验区等园区开展招商引资，推动一批大健康产业重大项目落地建设。

（五）打造以长寿为 IP 的大健康特色优势产业

广西大健康产业已经具备长寿 IP 特征。截至 2023 年 3 月，权威机构在广西认定的"中国长寿之乡"占全国总数的三分之一以上，是中国长寿之乡最多的省份。其中，巴马瑶族自治县长寿品牌、长寿市贺州及长寿市北海享誉全国、驰名世界。长寿已经成为广西的靓丽名片和金字招牌。依托长寿 IP，衍生延展出众多与大健康相关联的产业和产品，正是广西发展大健康产业所独有的资源优势和品牌魅力。依托资源优势，聚焦健康长寿，把长寿符号嫁接到大健康产业的许多门类之中，"十四五"期间构建以长寿为 IP 的广西大健康产业体系，成为广西发展大健康产业的一项战略举措。

1. 依托长寿 IP 为大健康产业和产品赋能

以巴马瑶族自治县为代表的广西"中国长寿之乡"，率先探索开发长寿产业、发展长寿经济，以长寿为 IP，培育、打造出长寿之乡饮用水、食品、健康养老、康养旅游等产业或产品体系，为广西构建大健康现代产业体系提供了样本、创造了经验。一是以长寿 IP 赋能现代产业链。围绕人的生命周期全过程，以健康长寿为核心，将长寿 IP 附着于一二三产业各领域，并不断衍生出具有可持续性及延展性的长寿 IP 产业链。二是复制具有广西特色的长寿 IP。自 2007 年第一个"中国长寿之乡"认定以来，广西着力开发长寿资源，深挖长寿内涵，积极申报并广泛宣传，先后有 39 个市、县被认定为"中国长寿之乡"，"中国长寿之乡"这块牌子因广西持续关注和大力宣传而提升了在全国乃至全世界的知名度、美誉度。广西赋予大健康许多产业门类"长寿"内涵和标签，长寿产业和长寿经济积累了丰富经验，IP 特征非常明显，"广西长寿，长寿广西"深入人心。三是围绕百岁老人提供长寿 IP 科研样本。广西"长寿之乡"数量多、分布集中，在世百岁老人已达6 000 多人，提供了开展健康长寿科学研究的丰富样本，为开发食品、饮用水、种植、养殖、生物、医疗等方面的健康长寿产业、产品开辟了广阔前景。四是促进长寿 IP 与长寿之乡乡村振兴产业融合。广西长寿之乡地域分布呈现四个长寿带——以巴马为中心的桂西北长寿带、以阳朔为中心的桂东北长寿带、以大新为中心的桂西南长寿带、以贺州为中心的桂东长寿带。围绕长寿带开展的健康长寿课题科学研究和实践探索，有力推动长寿 IP 与乡村振兴各产业门类的融合，逐步凸显"生态—健康—长寿—产业"广西地域特色，形成具有市场竞争力的广西大健康产品和产业链。

2. 搭建以长寿为 IP 的大健康产业体系框架

以长寿为 IP 的大健康产业体系，是长寿资源为基础，长寿农业、长寿工业和长寿服务业为依托，市场经济运行方式为手段，为延长人类寿命并防患疾病、促进人的身心健康提供现代产品和服务的产业的总称。"十四五"乃至更长一段时期，广西大健康产业发展以健康长寿为着眼点进行重点研究和布局构建，重点打造非传统的、以长寿为 IP 的广西大健康现代产业体系，围绕长寿资源、特色产品进行综合开发，生产区别于其他传统产业的具有鲜明地域性、不可替代性、可持续性和竞争性的特色产品，形成与健康长寿密切相关的新业态、新模式、新经济，使广西大健康产业及产品拿得出、叫得响、有市场，在全国、全球具备整体竞争力，成为全国大健康产业排头兵和生力军。

为此，广西着手打造由"长寿"主导产业、配套产业和衍生产业构成的大健康现代产业体系。"主导产业"，即在以长寿为 IP 的大健康现代产业体系中居于支配地位、起到支撑作用、能够有效带动配套产业和衍生产业快速发展的产业或产业集群，主要包括以自然生态优势为基础、以医养康养结合为前提的医疗卫生服务、健康服务、健康环境管理等。"配套产业"，就是在产业体系中处于从属地位，围绕主导产业，以特有长寿资源转化为基础，以长寿技术集成为支撑，以长寿之乡区域为载体，配以第二维度的科研、饮用水、食品、旅游、文化、健康服务等产业。主要包括涉及健康的人才教育与知识普及、保障与金融服务、智慧技术服务、药品及其他健康产品流通服务、健康用品和器材等智能设备制造、医疗仪器及器械制造、医疗健康机构设施建设、中药材种养和采集加工等。"衍生产业"，就是在"主导产业"和"配套产业"基础上发展衍生出来的新产业，包括互联网养老机器人、生物科技、心理学、可穿戴设备、远程医疗、双向音频远程、慢病监测、区块链医学、人工智能、"物联网＋"等新技术高科技在医学领域的大范围应用等。

3. 实施大健康长寿产业经济"六一"空间布局

结合"美丽中国、健康中国、幸福中国"建设和乡村振兴战略，做好顶层设计，综合实施"一地""一址""一点""一园""一区""一中心"的"六一"工程，优化大健康产业空间布局。"一地"，就是在广西 14 个设区的市打造一批长寿产业示范基地，通过基地的示范、窗口和辐射作用，带动构建以长寿为 IP 的健康产业体系。"一址"，就是把广西打造成为中国长寿产业博览会永久会址，形成长寿产业集聚效应，把广西长寿 IP 金字招牌举得更高擦得更亮。"一点"，就是在广西尚未被认定为"中国长寿之乡"的县（区、市）建立"长寿之乡工作"联系点，不断强化长寿 IP 特质，夯实创建长寿之乡的基础，不断扩大长寿之乡朋友圈。"一园"，每个"中国长寿之乡"根据本地实际创建长寿经济产业园，按照构建长寿产业生态模式，开展前瞻趋势研究、科学战略规划、创新开发投资模式、强化产业孵化培育、加强运营服务，以点带面、连线成片发展成广西全域长寿产业集群。"一区"，就是在广西打造中国长寿产业经济发展示范区。充分发挥地理标志产品的引领带动作用，不断挖掘长寿 IP 潜力、提升长寿产品市场竞争力和长寿 IP 影响力，壮大长寿经济、讲好长寿故事，将资源优势转换为产业优势，在长寿产业经济发展方面走到全国前列，成为先行者、排头兵，把广西打造成为中国长寿产业经济优先发展示范区。"一中心"，就是在国内首个全域长寿市贺州建设健康长寿体验中心。整合健康养老、文化休闲、观光旅游等长寿产业，用好贺州已开发的康养项目，将贺州与长寿相关的人物、人文故事融入其中，开发一批参与性、体验性强的项目，吸引来桂客人参与体验、乐在其中，产生哪怕在此生活一天也有利于健康长寿的深刻体会。

4. 优先发展长寿经济六大重点产业

一是发展以生态优势为支撑的长寿之乡康养产业。广西比全国早三年进入人口老龄化社会，是全国进入人口老龄化社会较早的省份之一，也是全国5个少数民族自治区最早进入人口老龄化、老年人口最多的地区，第七次全国人口普查表明，广西60岁及以上人口为836.38万人、占16.69%，因此必须大力发展面向全国的居家和社区养老服务、专业化机构养老服务，满足不同年龄段老人的养老需求，形成以"长寿"为IP的长寿之乡康养产业聚集区。

二是发展以中医药为抓手的长寿之乡医药医养产业。广西"天然药库""生物资源基因库""中药材之乡"盛名享誉中外，是全国四大药材产地之一，中药资源达7 400多种，位居全国前列；建有世界级药用植物园，全区中药材种植面积达700万亩，"桂十味"道地药材和31味区域特色药材自主遴选培育，中药产业初具规模，以中医药为抓手发展长寿之乡医药产业具备良好基础。广西把中医药、壮瑶医药健康服务全面纳入养老服务业发展战略，正在继续建设一批中医药康养旅游示范基地、中医药医养结合示范基地，促进壮瑶药传统医药与养老、旅游、文化等产业融合嫁接，向市场提供康复、康养等丰富的健康产品和服务。

三是发展以长寿资源为依托的长寿之乡健康食品产业。广西的"中国长寿之乡"几乎都拥有识别度高的地理标志保护产品或商标，为发展长寿之乡健康食品产业提供了便利。广西大力推动长寿之乡健康食品产业基地化、标准化、规模化，突出富硒食品、"黑色"食品、营养食品、食用菌、药食材的长寿之乡品牌优势，彰显"寿、美、鲜、香"健康食品特色，使之成为人尽皆知的全国重要的长寿之乡健康食品生产区。

四是发展以山川壮美气候多样为条件的长寿之乡文旅产业。医疗健康与文化旅游日益紧密结合，逐渐成为经济发展新热点。广西孕育奇山秀水，八桂大地绿意盎然，坐拥"天然氧吧"，民族风情浓郁，文化旅游资源十分丰富。依托长寿养生自然生态环境和人文环境，以旅游为纽带，在长寿之乡聚集与"吃、住、行、游、购、娱、健、闲、体"相关产品和服务的产业，把健康文化旅游深度融入特色农业、特色工业、现代服务业、特色文化产业之中，彰显广西独具特色的长寿之乡健康文旅、养生养老产业IP。

五是发展以技术创新为核心的康复医疗器械产业。康复医疗服务及康复医疗器械在构建以长寿为IP的大健康现代产业体系中具有重要价值。后疫情时代，广西抓住机遇在南宁、柳州、玉林等地理位置优越、工业基础较好的地方优先布局，建设康复医疗器械生产企业及产业园区，形成以技术创新为核心的康复医疗器械产业。

六是发展以银发经济为基础的健康长寿管理产业。银发经济是基于更好满足老年人美好生活需求而产生的经济形态。银发经济呼唤健康长寿管理产业。广西凭借生态优势、区位优势，以银发经济为基础、以长寿为IP、特色鲜明布局合理的健康长寿管理产业已快速成长。

（六）推动大健康产业与一二三产业融合发展

大健康现代产业横贯农业、工业、服务业，但又不是一二三产业简单的集合。广西聚焦大健康产业与一二三产业的融合发展，置大健康产业于各行业、各领域之中，不断衍生出具有可持续性及延展性的产业链，形成由点到面、由里到外、"有根有叶"相互融合的全产业链。

1. 大健康产业与种养加工产业融合发展

作为农业大省，广西有着十分丰富宝贵的农业资源，农业资源和大健康产业融合发展具有得天独厚的优势。近年来依托区域资源，彰显绿色优势，积极引导种植业、养殖业、种养加工业与大健康产业相融合，培育壮大健康食品产业。各地根据本地区资源特点，有针对性培育本区域健康食品产业，桂西地区重点发展有机稻米、有机山茶油、珍珠玉米、火麻、香猪、三乌鸡、有机茶等特色农产品种植养殖业，打造有影响力的长寿养生特色农产品品牌；桂北地区重点培育富硒水稻、罗汉果、砂糖橘、黑李、柿子、荔浦芋等特色农产品；桂东地区重点发展壮大六堡茶、砂糖橘、八角、玉桂、软枝油茶、桑树以及蔬菜等特色优势种植业，加快形成规模化的特色健康食品产业带；北部湾地区重点发展金花茶、火龙果、红姑娘红薯、荔枝、海鸭蛋等优势农产品种植养殖业。广西依托特色农产品生产基地等产业平台，通过培育壮大合作社、龙头企业、家庭农场、专业大户等新型生产经营主体，培育出一批健康食品龙头企业，形成食品、富硒食品、黑色食品、营养食品、食用菌、中药材6大特色健康食品原料生产基地，为特色健康食品提供了丰富充足的原料，塑造了以优质有机稻米、山茶油、茶叶等一大批绿色有机健康食品品牌，提高了市场竞争力，形成产业化、规模化发展模式，把我区生态农林业资源优势转化为大健康产业优势。目前，广西已有13个中国特色农产品优势区、3个国家农业现代化示范区、6个国家级现代农业产业园、4个国家级优势特色产业集群。"三标一品"创建工作深入推进，全区绿色食品、有机农产品、农产品地理标志保持稳步增长，"广西好好嘢"品牌体系建设进一步健全完善，全区农业品牌目录品牌总数达到411个，品牌总产值达到1 397亿元，品牌总价值超过3 200亿元。

2. 大健康产业与壮瑶医药产业融合发展

壮瑶医药是广西富有民族特色的传统优势产业，广西对于传承发展传统医药产业紧抓不放，依托丰富的壮瑶医药、中医药资源，持续推进产业示范基地和园区建设，培育壮大龙头企业，扶持培育有基础、有优势、有潜力的重点企业做大规模，遴选桂林制药、桂林三金、梧州制药、梧州中恒、柳州医药、玉林制药、万寿堂、源安堂等一批已具备一定规模，具有品牌、技术、资金等优势的医药产业核心企业，打造成全国有影响力的地方乃全国龙头企业。实施医药品牌战略，塑造"三金片""血栓通""正骨水""金嗓子""青蒿琥酯""花红片"等"桂六宝"医药知名品牌。启动一批中医药民族医药医院制剂提升工程，支持广西中医药研究所、玉林市中西医结合骨科医院、梧州市中医医院制剂研发和能力建设，通过政策支持和品种开发形成若干有竞争力的知名品牌产品。推进建设广西药用植物园、玉林中医药健康旅游示范园、梧州市藤县石表山中医药健康旅游示范基地等中医药等种植、加工、旅游一体化项目，打造原料药材基地，大力发展道地中药材种植加工，打造药材种植示范基地、濒危稀缺中药材种植养殖基地、大宗优质中药材生产基地、中药材良种繁育基地，目前已创建 25 个中药材示范基地、11 个定制药园。引导医药产业集聚发展。以特色中药民族药、海洋生物医药和医疗器械为重点，以南宁、桂林、梧州、玉林、柳州等市生物医药产业园区为载体，加快产业规模提升和产业集聚，发展南宁、桂林、梧州、玉林等五大产业集聚区，形成优势明显、差异发展、各具特色的区域发展格局，形成以创新药物研发和高端智能医疗设备制造为龙头的健康医药产业链。目前健康医药产业产值达到 1 000 亿元。同时，建立完善覆盖城乡的中医壮瑶医医疗服务体系，发展中医药壮瑶药健康养老服务，大力发展中医壮瑶医养生保健服务，鼓励中医壮瑶医师在养老机构提供中医诊疗、养生保健等服务。

3. 大健康产业与宜居康养产业融合发展

广西着眼建设国内一流、国际知名的宜居康养胜地，充分发挥资源优势完善大健康产业体系构建和布局。目前，依托优质的滨海资源，推进建设北海市银滩旅游度假区、北海金海湾红树林生态旅游示范、北海邮轮母港、防城港金滩等滨海休闲度假旅游项目；依托优美的自然山水，推进建设南宁大明山养生度假区、全州天湖旅游度假区、大新明仕田园、巴马赐福湖国际长寿养生度假小镇、红水河都安三岛湾国际度假区、玉林大容山国家森林公园、凌云浩坤湖旅游度假区等山水养生型旅游项目；依托丰富温泉资源，推进建设南丹温泉国际旅游度假区、象州县古象温泉（二期）、贺州市西溪森林温泉度假等温泉康养型旅游项目；以盘阳河流域为重点，依托巴马国际旅游区得天独厚的长寿养生资源、长寿养生文化及优越的生态环境，深入挖掘长寿养生文化内涵，开发独具特色的健康养生旅游产品，打造健康养生旅游精品路线；以世界长寿文化为特色，以休闲养生、康体健身、文化体验为主要功能，规划布局一批特色医疗休养机构，形成特色医疗休养产业群，已基本建成宜居康养 100 个特色小镇、100 个重点项目、100 个示范基地、100 个龙头企业。

4. 大健康产业与健康运动产业融合发展

广西深入挖掘资源潜力，大力拓展健康运动产业发展空间。一是大力发展绿色生态运动产业。充分利用广西山地、海河、与东盟接壤、民族聚居区等地域资源禀赋和生态气候优势，培育壮大各类市场主体，丰富产品和服务供给，打造健康运动产业链。重点发展健身休闲、山地、水上、汽车摩托车、航空体育等户外运动产业、创新发展时尚运动、传承发展民族体育运动，把健康运动产业打造成为广西经济发展新的增长点。二是加快发展体育竞赛表演业。重点办好重大体育赛事，加快培育具有广西特色的足球、羽毛球、围棋、攀岩等职业赛事体系。三是促进健康运动与其他产业融合发展。推动健康运动与旅游休闲、城市建设、现代产业、民族文化、健康医疗等融合发展，举办"体育＋"系列赛事，搭建体育会展、论坛等平台，培育健康运动龙头企业，全面创建国家体育旅游示范区。

5. 大健康产业与健康管理、数字化技术融合发展

培育发展健康管理产业是广西发展大健康产业的又一着眼点。近年来不断加强健康管理服务机构建设，鼓励和支持社会资本发展健康体检、专业护理、康复、心理健康等专业健康服务机构，加快推进专业健康体检机构向全面的健康管理机构发展，培育建设一批大型健康管理机构或企业，为人民群众提供个性化健康检测评估、体检、咨询服务、调理康复、保障促进等为主体的健康管理服务。培育发展健康管理产业，完善社会健康管理体系，大力发展以健康信息档案、健康检测、健康干预、慢病管理、家庭医生、健康咨询、健康保险等为主的健康管理产业。支持建设月子中心、母婴照料、托婴托育等机构，开展第三方妇幼健康检测评价及咨询服务。不断拓展健康保险产品和服务，鼓励和引进国内外大型商业健康保险机构，开发与健康医疗、健康养老、健康管理服务相关的健康保险产品，积极开展长期护理保险制度试点。提升居民健康风险意识，开展职工医保个人账户结余购买商业健康保险试点工作，探索形成健康管理、医疗服务、医疗费用制度化支付和管控、医疗费用补偿一体化的健康医疗保障新模式。

随着数字化技术的不断发展，大健康和文旅产业走上了智能化、智慧化和互动化的发展之路。广西正在着力推进大健康产业数字化，充分利用互联网、云计算、大数据、物联网、电子商务、区块链、人工智能、5G 等新技术的融合，开发智慧健康、3D 体检等智慧健康应用系统，提供一批主动感知人体健康的服务和产品。加快建立健全"智慧医疗"和"健康云"服务体系，丰富健康医疗产业体系，鼓励和支持建设面向未来的互联网医院，推动健康医疗、远程医疗产业后发赶超、跨越发展；组建智慧健康产业研究机构，培育一批家用健康检测、治疗智慧终端等智慧健康产品的硬件供应商，发展一批智能医用传感器、智能远程终端设备、智能远程健康监测管理平台以及智慧医疗管理系统的软件供应商，全力支持大型通信设备制造商、运营商在广西投资举办智慧医疗运营企业。

（七）创建示范基地擦亮文旅品牌

打造国际旅游目的地在经济高质量发展的背景下，健康成为旅游的核心驱动力，大健康产业和文旅产业已经进入深度融合发展阶段，建设高品质健康旅游项目，完善健康旅游配套设施，推进健康旅游向高端化、品质化、国际化发展，将文旅广西塑造成中国旅游产业中的国际知名品牌，是广西大健康产业发展的重要命题。

近年来，广西在健康旅游产业发展进程中大力推进人才培育、品牌建设、精品项目建设、乡村民宿主题建设、服务提升、国际级酒店建设、"互联网＋"工程和集群化发展。一是按照国家创建一批健康旅游示范基地、中医药健康旅游示范区（基地、项目）、旅游度假区工作部署要求，完善旅游基础设施建设，提高服务质量，打造了一批国家级健康旅游品牌，比如加快推进桂林国家健康旅游示范基地建设，支持南宁市、河池市、北海市、贺州市、巴马瑶族自治县、乐业县、浦北县等市县创建国家健康旅游示范基地；加快南宁中医药健康旅游示范区的建设，筛选一批符合条件的中医药健康旅游点申报国家中医药健康旅游示范区；推进北海涠洲岛、黄姚古镇、防城港江山半岛、钦州三娘湾等旅游度假区创建国家级旅游度假区。二是蓬勃扎实创建体育旅游示范县（市、区）及示范基地、全域旅游示范市（区）、A 级景区、旅游度假区、文化龙头企业、新上规文化企业、文化产业示范园区等品牌创建工作。三是从供给侧出发，挖掘广西区内的健康资源和文旅资源，创建符合大众文化旅游消费需求的健康文旅产品，打造一大批精品线路、精品赛事，如城市围棋联赛、"一带一路"国际帆船比赛等文化旅游及运动赛事活动等。四是全力推进"一键游广西"项目，搭建"一云一池三平台"，加速了大健康和文旅产业的转型升级。截至 2021 年底，实现上线景区 1 013 家、酒店民宿 10 525 家、文化场馆 772 家，直通车线下网点 737 个，小程序用户数 510 家。四是以开放的胸襟和国际化的思维打造国际旅游目的地的、推进大健康文旅产业国际化。2021年，自治区党委、政府成功召开广西文化旅游发展大会，明确提出了桂林建设世界级旅游城市、广西建设世界级旅游目的地的目标，对标国际水准精准发力，对本土人文资源和自然资源不断进行合理、有效整合，助力实现这一宏伟目标。五是广西大健康和文旅产业工程指挥部指导中国葛洲坝集团、北京中昊智达投资集团、广西旅游投资集团等知名企业发起成立了广西大健康和文旅产业促进会，搭建起集政策解读、行业智库、资源整合、平台招商、产业集聚于一体的政商企沟通对接平台；进一步完善文化旅游投融资对接服务平台，推动设立广西文旅产业发展基金，指导北海市创设广西首家为文化旅游行业提供专门服务的金融服务中心，助力北部湾经济区内属十一大类鼓励类产业的体育企业享受9%的企业所得税。

（八）加强与发达地区和面向东盟的大健康产业合作

广西主动服务、积极融入国内国际双循环新发展格局。作为具有丰富资源而又经济欠发达的西部地区，广西在发展大健康产业中扬长避短立足自身资源优势，加强与发达地区和东盟之间的国内国际产业合作。

在国内方面，广西聚焦"医、养、管、食、游、动"重点方向，主动对接长江经济带发展、粤港澳大湾区建设等国家重大战略，形成东西部大健康产业协商合作机制；加强与周边省市及京津冀、长三角、珠三角等地区合作，加强省际大健康产业联动，与相关省市及地市签订大健康产业协作发展框架，实现流域城市抱团发展和功能对接，充分利用发达地区人才、技术、品牌、资金为我所用，形成推进大健康产业融合发展的合力，携手推动大健康产业提质升级。

在国际方面，广西是中国唯一与东盟陆海相连的省份，加速布局辐射东盟国家、与东盟各国携手共建人类卫生健康共同体，是广西发展大健康产业的重要战略方向。为此，广西把大健康产业作为服务东盟、"一带一路"的重要举措，积极推动在中医药、旅游、农产品出口等领域的合作。以举办有国际影响力的大健康产业发展论坛为契机，升级中国—东盟中医药传统医药贸易大通道，畅通健康食品进出口渠道；依托口岸建设药材贸易加工区，打造国家中医药服务出口基地、中国—东盟农产品集散地；在南宁建设覆盖区内外面向东盟、专科特色鲜明的国际性医疗中心高端医院；建设面向东盟、辐射中南的质子治疗中心，促进广西肿瘤早期诊断和精准治疗水平提高，带动提升广西整体医疗水平；充分利用中国—东盟医疗保健合作中心、广西国际壮医医院等优质资源，举办中国—东盟卫生合作论坛、巴马世界大健康论坛、中国（玉林）中医药博览会，有力推动了广西与东盟大健康产业国际合作。在健康体育产业方面，建设中国—东盟体育产业园，持续举办中国—东盟国际汽车拉力赛等重大赛事，推动建设中国（广西）—东盟体育产业资源交易平台。在健康文旅产业方面，成功举办16届中国—东盟文化论坛、2021中国—东盟博览会旅游展、2021第二届中国—东盟（柳州）旅游装备博览会。

（九）完善政策体系推动大健康产业快速发展

近年来尤其是2019年以来，广西壮族自治区、设区市两级政府出台了一系列政策措施，鼓励、支持大健康产业的发展，形成了土地、税收、投融资、金融环境、人才支撑、体制机

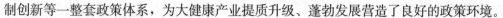

制创新等一整套政策体系，为大健康产业提质升级、蓬勃发展营造了良好的政策环境。

1. 土地相关政策

2015 年广西壮族自治区人民政府出台《关于建设养老服务业综合改革试验区的意见》，规定各市、县在制定城市总体规划、控制性详细规划时，要按照人均用地不低于 0.12 平方米的标准，确定养老服务设施布局和建设标准，分区分级规划设置养老服务设施，项目用地纳入年度建设用地供应计划。新建养老床位 800 张以上的养老服务项目，可列入自治区层面统筹推进重大项目；新建养老床位 500 张以上的养老服务项目，可列入设区市重点项目；新建养老床位 200 张以上的养老服务项目，可列入县（市、区））重点项目，按照"集中统筹、分级保障"原则，统筹保障用地。企事业单位、个人改造和利用城镇现有空置的厂房、学校、社区用房创办养老服务机构，经规划批准临时改变建筑使用功能，从事非营利性养老服务且连续经营一年以上的，5 年内可不增收土地年租金或土地收益差价，土地使用性质可暂不作变更。《广西健康医疗产业发展专项行动计划（2019—2021 年)》明确规定，贯彻落实国家支持健康医疗产业发展的政策措施，在财政支持、税费优惠、土地供给、政府购买服务、投融资渠道、项目建设，以及价格、执业政策创新等方面给予大力支持，探索设立健康医疗产业投资基金，引导健康医疗产业发展。《广西健康养老产业发展专项行动计划（2019—2021 年)》明确规定，做好健康养老产业发展与土地利用总体规划、城乡规划的联动协调，实现多规合一，强化健康养老产业发展用地保障。社会投资的健康养老产业项目，各地在供地价格上给予优惠，土地出让最低价格一般不超过出让地块所在地基准地价的 70%。建设社会养老床位达 500 张以上的项目，列为自治区层面统筹推进的重大项目，由自治区优先保障用地指标，各市人民政府要结合本地实际制订实施方案，积极开展政策创新，落实相关扶持政策。《广西健康运动产业发展专项行动计划（2019—2021 年)》明确规定，落实国家、自治区健康运动产业用符合《划拨用地目录》的非营利性体育设施用地，可采取划拨方式供应；鼓励在住宅、商业等用地中配套健康运动产业用地功能范围，充分利用农村土地流转政策、积极发展乡村健康产业，使健康运动产业成为乡村振兴的有力支撑。《南宁市进一步打造全国养老服务业综合改革试点城市实施方案》明确规定，强化用地保障，优先将养老服务设施建设纳入土地储备计划、年度土地利用储备计划、年度土地利用计划。各县区、开发区政府在本辖区内各规划一宗不低于 30 亩的养老服务建设用地，用于招商引资。加强养老机构用地指引和用地监管，指导和规范单位、个人取得建设用地及办理有关手续，保障养老机构建设用地供应。民间资本举办的非营利性养老机构按规定享受相关的土地利用政策。《广西中医药壮瑶医药健康服务发展规划（2016—2020 年)》明确提出，加强用地保障，结合城镇化建设，统筹考虑中医药壮瑶医药健康服务发展需求，扩大中医药壮瑶医药健康服务用地供给，按照"集中统筹，分级保障"的用地原则，优先保障非营利性中医药壮瑶医药健康服务机构用地。积极盘活存量土地资源，探索利用工业用地和集体建设用地发展中医药壮瑶医药健康服务的新模式。支持利用以划拨方式取得的存量房产和原有土地兴办中医药壮瑶医药健康服务，对连续经营一年以上、符合划拨用地目录的中医药壮瑶医药健康服务项目，可根据有关规定按划拨方式办理用地手续；对不符合划拨用地条件的，可采取协议出让方式办理用地手续。

2. 税收相关政策

2016年，自治区地方税务局印发《关于落实推进供给侧结构性改革若干税收政策服务措施》明确规定以下几点。第一，有效降低企业税费负担，对营业税纳税人月营业额不超过3万元（按季纳税营业额不超过9万元）的，暂免征收营业税；对年应纳税所得额低于30万元（含30万元）的符合条件的小型微利企业，其所得减按50%计入应纳税所得额，按20%的税率征收企业所得税；对纳税人月销售额或营业额不超过10万元（按季纳税的季度销售额或营业额不超过30万元）的，免征教育费附加、地方教育附加、水利建设基金。第二，对符合规定条件的企业实体，在新增加的岗位中，当年新招用持"就业创业证"人员，与其签订1年以上期限劳动合同并依法缴纳社会保险费的，3年内按实际招用人数按每人每年5 200元定额标准依次扣减营业税、城市维护建设税、教育费附加地方教育附加和企业所得税。第三，企业以《西部地区鼓励类产业目录》（国家发改委令第15号发布)）中鼓励类产业项目为主营业务，且其当年度主营业务收入占企业收入总额70%以上的，可减按15%税率缴纳企业所得税。第四，减免针对企业的相关服务性收费。免收证照类工本费；对纳税人办理税务登记证免收工本费；领取发票一律不收取工本费。《广西健康养老产业发展专项行动计划（2019—2021年)》明确规定，适时提高民办养老机构补贴标准。扶持养老服务机构品牌化、连锁化。专业化服务组织连锁运营社区居家养老服务站点（日间照料中心），由所在地政府无偿提供场所；连锁运营社区居家养老服务中心，所在地政府无偿提供场所5年；专业化服务组织利用租赁场所或自有场所开办社区居家养老服务中心的，符合条件的按规定给予建设补贴或运营补贴，对连锁经营网点达到10个以上的社区居家养老服务组织，可给予不超过2倍标准的运营补贴。提供居家和社区养老服务的运营机构同等享受养老机构用水、用气、用电、有线电视收视维护等相关优惠政策。《南宁市进一步打造全国养老服务业综合改革试点城市实施方案》明确规定：加大财政支持。将老年事业发展经费纳入财政预算，建立与人口老龄化和养老服务发展需求相适应、与财政承受能力相匹配的财政投入机制。建立事权与财权相匹配的补贴制度，界定市和城区养老服务财权与事权的关系，建立基于支出责任和服务职能的资金分担制度。自治区人民政府《关于促进乡村旅游高质量发展若干措施》明确规定，加大乡村旅游财税扶持力度。落实国家、自治区各项税费优惠政策，创新税收服务支持，进一步减轻乡村旅游企业税收负担。充分发挥财政资金杠杆作用，统筹财政涉农、交通、扶贫等项目资金，支持乡村旅游扶贫产业发展，改善乡村旅游重点村道路、停车场、厕所、污水处理等基础服务设施，提升村容村貌。各级政府部门每年预留一定额度的财政预算支持乡村旅游发展。自治区人民政府《关于加快提振文化和旅游消费若干措施的通知》明确规定，健全政策保障体系。积极应对新冠肺炎疫情影响，全面落实文化旅游企业租金减免、税收优惠等政策，允许因受疫情影响的参保企业和个人延期办理业务。充分发挥自治区文化和旅游财政专项资金引导作用，促进文化旅游消费升级，通过政府购买服务等方式，将优质文化、旅游及体育产品和服务供给项目纳入专项资金扶持范围。引导各类资金支持文化旅游基础设施建设，通过政府和社会资本合作（PPP）模式、社会领域产业企业专项债券等方式，鼓励支持社会力量参与文化、旅游、体育基础设施建设。鼓励利用老旧厂房开设文化、旅游和体育消费场所，落实土地支持政策，完善用水用电用气等方面的支持政策。自治区卫生健康委《广西基层中医药服务能力提升工程"十三五"行动计划实施方案》明确提出，落实政府对基层中医药民族医药投入补偿政策。自治区人民政府办公厅印发的《广西中医药壮瑶医药健康服务发展规划（2016—2020年）》明确提出，完善财税价格政策。加大财政对中医药壮瑶医药健康服务发展的关键领域和薄弱环节以及公共服务与创新发展项目的支持。符合条件的非公立中医壮瑶医医疗机构，可以按规定获得财政补助，其专科建设、设备购置、人员培训可由所在地人民政府给予支持。企业、个人通过公益性社会团体或者广西县级以上人民政府及其部门向非营利性中医壮瑶医医疗机的捐赠，按照税法及相关税收政策的规定在税前扣除。

3. 投融资相关政策

《广西健康运动产业发展专项行动计划（2019—2021年）》明确规定，各地根据实际需要制订促进体育投融资的具体方案，在市场化原则下，鼓励与投资集团、银行业金融机构对接合作，加大投融资力度。用好广西综合金融服务网络平台，引导体育企业通过平台发布融资需求信息，推动银企对接常态化，帮助企业解决融资对接难题。鼓励各合格投资者按市场化方式发起设立各类体育产业投资基金，各级政府出台相关配套政策或参与投资，带动社会资本、金融机构等支持我区体育产业发展。自治区财政加大体育产业资金投入，引导、撬动社会资本积极投资体育产业。南宁市人民政府印发的《南宁市进一步打造全国养老服务业综合改革试点城市实施方案》明确规定，拓宽投融资渠道。鼓励金融机构开发适合养老服务发展需求的金融保险产品和担保方式。全面推行养老机构意外责任保险。依托市重大项目投资推介平台，吸引民间资本投资养老产业。指导和支持有实力的养老服务企业发行养老产业专项债券。支持社会力量采取股份制、股份合作制、PPP（政府和民间资本合作）等模式投资养老服务业。探索非营利性养老机构按一定比例提取年度盈余收益，用于奖励投资者。自治区人民政府《关于促进乡村旅游高质量发展若干措施》明确规定，拓宽乡村旅游投融资渠道。鼓励国有投资平台采用直接投资、联合开发等方式参与乡村基础设施建设和运营，引导民间投资通过政府和社会资本合作（PPP）、公建民营等多种方式参与乡村旅游开发。优化银行信贷管理机制，把乡村旅游品牌等级纳入信用体系，与企业信用评级结合起来，优先为获得国家、自治区认定的乡村旅游品牌企业提供信用贷款，争取额度优厚、利率优惠等政策。支持经营业绩好、资信优良的中小乡村旅游企业适时发行企业信用债券融资。自治区党委、自治区人民政府印发的《关于促进中医药壮瑶医药传承创新发展的实施意见》明确提出，完善投入保障机制。建立持续稳定的中医药壮瑶医药发展多元投入机制，统筹安排中医药壮瑶医药事业发展经费并加大支持力度。建立职责明确、分级负担、财权与事权相匹配的投入机制。明确各级政府责任，逐步增加对中医药壮瑶医药事业发展的经费投入。鼓励设立政府引导、社会资本参与、市场化运作的中医药壮瑶医药发展基金。引导商业保险机构投资中医药壮瑶医药服务产业。《广西中医药壮瑶医药健康服务发展规划（2016—2020年）》明确提出，加大投融资力度。引导金融机构和社会资本发起设立各类健康服务产业投资基金，参与投资有市场前景的中医药壮瑶医药健康服务项目。制定贷款贴息、直接融资补贴、融资担保、风险补偿、再贴息和再贷款等金融扶持政策，鼓励社会资本投资和运营中医药壮瑶医药健康服务项目，新增项目优先考虑社会资本。支持符合条件的中医药壮瑶医药健康服务企业通过上市、发行企业债券等多种方式融资。结合滇桂沿边金融综合改革试验区建设，在跨境人民币业务创新等方面提升中医药壮瑶医药服务贸易通关便利化水平。鼓励各类创业投资机构和融资担保机构开发中医药壮瑶医药健康服务领域创新型新业态、开展小微企业业务。《广西大健康产业发展规划（2021—2025年）》明确提出，强化要素支撑保障。发挥政府引导作用，鼓励合格投资者按市场化方式发起设立各类大健康产业发展基金，引导金融机构、国有企业、社会资本参与投资区内大健康产业，加快形成投资主体多元化、投资方式多样化的投资机制。

4. 金融环境相关政策

广西对金融环境的建设高度重视，专门出台《广西壮族自治区人民政府关于进一步促进民营经济若干措施》，文件中对于促进民营经济健康发展、优化金融环境，特别提到加大对民营经济发展的信贷支持，农村信用合作社、城市商业银行等地方金融机构，要重点服务民营经济，不断提高对民营经济贷款的规模和比重。广西的金融环境在不断优化不断完善中，对于康养产业而言，充分发挥民营经济的活力，优化投资主体的结构是未来发展的重要方向，金融环境对于民营经济的支持和引导作用，对于民营投资主体来说是一个利好消息，同时，广西出台《开发性金融支持养老务业发展的具体措施》，构建产业良好金融环境，未来在吸引民营投资主体的过程中，不断优化的金融环境将是重要的一个环节。

5. 人才支撑政策

广西壮族自治区民政厅、发展改革委印发的《广西健康养老产业发展专项行动计划(2019—2021年)》明确规定，统筹资金支持养老服务专业院校基础设施和相关学科建设。引导和鼓励职业院校增设老年服务与管理、康复治疗技术、健康管理等养老服务相关专业。鼓励社会资本兴办养老服务类职业院校。南宁市人民政府印发的《南宁市进一步打造全国养老服务业综合改革试点城市实施方案》明确规定：加强人才培养。健全养老服务人才培养体系，加大老年护理人才培养力度，加快培育老年医学、康复、护理等方面专业人才，为养老事业提供充足的人力保障。引导和鼓励在邕职业（专业）院校增设老年服务与管理、康复治疗技术、健康管理等养老服务相关专业。鼓励建立"校企合作""校院合作"等人才培养机制。加强养老服务人才技能培训，落实养老护理员免费培训和就业补贴政策。贺州市人民政府印发的《贺州市国家医养结合试点市三年行动方案（2019—2021年)》明确规定，扩大养老服务职业教育人才培养规模，建立一支以养老护理员为主要力量的养老服务队伍。加强养老服务从业人员技能培训，对符合条件人员给予职业培训补贴。加大对养老医疗护理专业人才的培养，加快健康管理师、营养师、康复治疗师、老年护理师等专业人才的培养，推进高等院校、中等职业学校和社会办培训机构开设相关专业，加快人才培养。自治区人民政府办公厅印发的《关于促进乡村旅游高质量发展若干措施》明确规定，加快乡村旅游人才队伍建设。将乡村旅游纳入各级乡村振兴干部培训计划，加强对县（市、区）、乡镇（街道）党政领导的专题培训。加大对乡村旅游管理人员、服务人员的技能培训，改善乡村旅游人才结构。鼓励各大专院校开办文化旅游专业和乡村旅游培训班，把农民培训与发展产业、传承文化等结合起来，重点开展餐饮住宿服务、乡村旅游经营管理、乡土文化讲解、民族手工艺制作等特色实用技能培训。各设区市、县（市、区）人民政府设立"绿色通道"和乡村旅游返乡入乡创业资金，支持农民工、高校毕业生、退役军人等返乡入乡创业发展乡村旅游，为创业者提供便利服务。

附录

附录 1　中国长寿之乡大事记（2022—2023）[*]

2022 年

2 月

2 月 20—22 日，长寿之乡绿色发展区域合作联盟企业家委员会、联盟秘书处在浙江省丽水市召开了"2022 年长寿之乡绿色发展区域合作联盟企业家委员会新春座谈会"。会议听取了企业家委员会关于 2021 年的主要工作完成情况和 2022 年工作初步安排的汇报，重点围绕企业家委员会 2022 年主要工作安排以及如何加强企业家委员会及其分会建设，充分发挥其作用打响长寿之乡品牌，推进长寿之乡名产品、名企业、名产业培育等进行了交流讨论。联盟企业家委员会常务副主任郑沁彤，副主任濮爱玉、陈桂清、吴纪贤，总干事金盛标、副总干事郑福谦，联盟企业家委员会溧阳分会、柘荣分会、谯城分会、夏邑分会、封丘分会、丽水分会的负责人以及企业家委员会合作单位广东省居家养老协会、香港健商国际有限公司的代表参加了会议。

2 月 25 日福建省东山县获得"长寿之乡"称号。

3 月

长寿之乡绿色发展区域合作联盟公布长寿之乡推文制作大赛获奖名单，经联盟秘书处组织评委评审及综合推文网络传播效果，评出一等奖、二等奖和三等奖各若干名。

4 月

4 月 25 日，长寿之乡绿色发展区域合作联盟设立企业家委员会粤港澳大湾区办事处，聘任广东省居家养老服务协会适老化改造专业委员会秘书长王海波为粤港澳大湾区办事处主任。

5 月

长寿之乡绿色发展区域合作联盟开展了 2021 年度长寿之乡品牌建设"十大亮点工作"评选活动，得到全国各长寿之乡积极响应和广泛参与，共征集到亮点工作 26 项，经各长寿之乡推荐、秘书处筛选、网络投票、专家评审等程序综合评选，5 月 13 日，联盟公布2021 年度长寿之乡品牌建设"十大亮点工作"名单。其中，该活动网络投票共获得了25.3 万次的访问次数，29.9 万的累计票数。

6 月

长寿之乡蓝皮书《中国长寿之乡发展报告 2021》由中国农业出版社正式出版。

＊ 整理人：刘光烁、周星汝、李树桂，长寿之乡绿色发展区域合作联盟秘书处。

7 月

完成《长寿之乡传统特色产品认定管理办法》制定。

8 月

8 月 8 日,长寿之乡绿色发展区域合作联盟发文,拟定于 2022 年 9 月在江西省宜春市铜鼓县召开联盟二届二次会员代表大会暨"长寿之乡与特色康养产业发展"(铜鼓)高峰论坛。

8 月 9 日,由长寿之乡绿色发展区域合作联盟主办,江西省宜春市铜鼓县人民政府承办的 2022 年"绿色发展与健康长寿"主题漫画大赛共收到来自全国各地 650 余幅作品。经过初评、终评等程序,评出获奖作品 60 幅。

8 月 22 日,福建省上杭县获得"长寿之乡"称号。广西壮族自治区北海市获得"长寿市"称号。

11 月

11 月 3 日,长寿之乡绿色发展区域合作联盟公布 2021 中国长寿之乡特色服务业示范城市、康养示范基地、养生名优产品等品牌认定结果,共评出中国长寿之乡健康养生服务示范城市 1 个,中国长寿之乡乡情体验基地 2 个,中国长寿之乡乡贤人物 3 人,中国长寿之乡康养示范基地 1 个,中国长寿之乡养生名优产品 5 种(系列)。

11 月 14 日,江苏省宜兴市获得"长寿之乡"称号。

11 月 18 至 20 日,第二届长三角国际健康养老产业交易会在苏州国际博览中心隆重举行,长寿之乡绿色发展区域合作联盟受邀参展,作为协办单位,首次组织浙江云和、缙云,江苏启东、如东、东台,安徽金寨、谯城等 7 个长三角地区长寿之乡 15 家企业参加,携带长寿之乡健康养生项目、传统特色产品、保健食品以及健康老年产品亮相。

原定于 11 月 18—20 日举办的第九届中国国际老龄产业博览会,受新冠疫情影响,决定延期举办。

11 月 26 日,启动开展 2022 年中国长寿之乡特色服务业示范城市、养生名优产品、康养示范基地、传统特色产品等品牌申报。

12 月

12 月 19 日,受新冠肺炎疫情影响,经广泛征求意见和与江西铜鼓、湖北钟祥协商,并经理事会领导同意,决定将长寿之乡绿色发展区域合作联盟二届二次会员代表大会暨"长寿之乡与特色康养产业发展"(铜鼓)高峰论坛延期至 2023 年上半年召开,联盟二届三次会员代表大会顺延至 2024 年在湖北钟祥召开。

2023 年

1 月

开展 2022 年度联盟工作积极分子评选工作,评选出 2022 年度联盟信息工作先进单位 12 个、优秀通讯员 37 名。

3 月

开展 2022 中国长寿之乡养生名优产品、传统特色产品初审工作。

4月

4月4日，福建省长汀县获得"长寿之乡"称号。湖南省安乡县获得"长寿之乡"称号。广西壮族自治区平果市获得"长寿之乡"称号。

长寿之乡绿色发展区域合作联盟开展了2022年度长寿之乡品牌建设"十大亮点工作"评选活动，共征集到亮点工作28项。经各长寿之乡推荐、秘书处筛选、网络投票、专家评审等程序综合评选，4月7日，联盟公布2022年度长寿之乡品牌建设"十大亮点工作"名单，其中，该活动网络投票活动共获得了89.88万次的访问次数，25.16万的累计票数。

4月12日，长寿之乡绿色发展区域合作联盟立项开展"长寿乡镇""长寿村"两项团体标准制订工作。

启动长寿之乡蓝皮书《中国长寿之乡发展报告（2023）》编写。

5月

5月10日，长寿之乡绿色发展区域合作联盟公布2022中国长寿之乡特色服务业示范城市、康养示范基地、养生名优产品等品牌认定结果，共评出中国长寿之乡旅游文化服务示范县1个，中国长寿之乡乡情体验基地3个，中国长寿之乡乡贤人物5人，中国长寿之乡康养示范基地2个，中国长寿之乡养生名优产品8种（系列），首次评选中国长寿之乡传统特色产品3种。

5月17—19日，长寿之乡绿色发展区域合作联盟二届二次会员代表大会暨"长寿之乡与特色康养产业发展"高峰论坛在江西铜鼓顺利举行。来自全国有关部门、学会、协会、知名院校和科研机构的专家学者以及53个长寿之乡的各界代表共370余人参会。

大会总结了联盟自换届以来的工作，明确了下阶段重点工作，吸收江苏省东台市，福建省东山县、长汀县、寿宁县、上杭县；广东省遂溪县等长寿之乡加盟。复旦大学老龄研究院副院长吴玉韶、国家林草局森林康养国家创新联盟理事长刘拓、江苏师范大学敬文书院院长、江苏康养产业研究院院长沈山、中国保健协会健康养老促进分会会长刘巧玲等学者、专家在论坛上围绕"长寿之乡与特色康养产业发展"主题作主旨演讲。

大会还发布长寿之乡蓝皮书《中国长寿之乡发展报告（2021）》、2023长寿之乡"绿水青山"指数；举行长寿之乡联盟合作单位集中签约仪式，聘任顾问仪式，并对漫画大赛获奖作品、年度长寿之乡品牌建设十大亮点工作以及第六批、第七批中国长寿之乡系列品牌获评单位等进行了表彰。会议同期举行了"长寿铜鼓特色养生名优产品展示""绿色发展与健康长寿漫画大赛获奖作品展"等活动，并组织考察了铜鼓县康养产业。

6月

6月1日，湖南省汉寿县获得"长寿之乡"称号。

6月25—27日，长寿之乡绿色发展区域合作联盟专家委员会、秘书处在浙江省云和县组织召开了《中国长寿之乡发展报告2023》蓝皮书编撰工作研讨会，蓝皮书编撰有关作者以及联盟秘书处、企业家委员会等代表参会，会议就《中国长寿之乡发展报告2023》蓝皮书编撰提纲、分工以及主报告、分报告、附录等内容和时间进度等编撰要求组织了交流讨论。

7月

启动第八批中国长寿之乡特色服务业示范城市等品牌认定工作。

8月

启动"荣膺中国长寿之乡10周年"专题宣传活动稿件征集。

9月

9月16—18日，由中华中医药学会主办，浙江省中医药学会、缙云县人民政府承办的"黄帝文化 养生长寿"——2023年《黄帝内经》学术研讨会在缙云举行。来自中华中医药学会会员、浙江省中医药学会内经学会分会员、中医药相关从业人员以及安徽谯城、江西铜鼓、河南封丘、浙江永嘉等部分长寿之乡代表共220余人参加了此次研讨会。专家学者和与会代表就"黄帝内经与健康养生""黄帝文化与健康长寿"等主题进行研讨。

10月

10月11—13日，由长寿之乡绿色发展区域合作联盟秘书处、专家委员会主办，安徽省亳州市谯城区人民政府、《长寿探秘》杂志社承办的"中医药文化传承创新与健康长寿"研讨交流会在安徽省亳州市谯城区召开，来自浙江省丽水市、松阳县，贵州省赤水市，江苏省溧阳市、如皋市，山东省单县，湖北省钟祥市，福建省长汀县，河南省夏邑县，湖南省麻阳县，陕西省镇坪县等12个长寿之乡及相关县市的代表、联盟专家委员会、《长寿探秘》杂志社、江苏华瑞老龄服务产业发展研究院等有关专家学者代表60余人参会，围绕"中医药文化传承创新与健康长寿"主题开展交流研讨，为优化提升《长寿探秘》杂志办刊，深化弘扬长寿文化，不断加强长寿之乡品牌建设出谋划策。

11月

长寿之乡绿色发展区域合作联盟秘书处组织开展"长寿之乡长寿故事"主题摄影、文学作品征集活动，共征集到摄影作品4 266幅（组）、文学作品158篇。11月1日，联盟公布"长寿之乡长寿故事"主题摄影、文学作品评选结果，评出摄影类一等奖作品2幅（组）、二等奖作品10幅（组）、三等奖作品20幅（组）、优秀奖作品40幅（组），文学类一等奖作品5篇、二等奖作品10篇、三等奖作品20篇、优秀奖作品30篇。

11月17—19日，第九届中国国际老龄产业博览会在广州保利世贸博览馆举办，长寿之乡绿色发展区域合作联盟共组织了18个长寿之乡160余人参加了这次盛会，"长寿之乡特色展区"组织了3个特装馆10余个标准展位共80余家企业200多种产品参展。期间，还举行了长寿之乡专场洽谈暨供需对接会，长寿之乡联盟企业家委员会粤港澳大湾区办事处、晚安家居集团、浙江米米智康科技、佛山市医养康养产业协会、盛年大学等单位负责人分别作了主旨推介，"丽水山泉"通过视频在会上进行宣传推介。会上，长寿之乡联盟企业家委员会粤港澳大湾区办事处分别与佛山市医药集团有限公司、美好盛年中老年教育生活连锁机构等代表签约，30余家广东省的医疗机构、连锁药店、农副产品商超等专业采购商代表与长寿之乡参展政府、企业进行项目合作、采购洽谈。

12月

12月4日广东省化州市获得"长寿之乡"称号。广西壮族自治区忻城县获得"长寿之乡"称号。广西壮族自治区防城港市获得"长寿市"称号。

12月15日，长寿之乡绿色产业发展区域合作联盟在北京组织召开《长寿乡镇认定规范》《长寿村认定规范》两项团体标准专家评审会，联盟理事长王五一、联盟专家委员会主任姚远、联盟专家委员会总干事虞江萍、联盟常务副秘书长朱雪飞以及中国社会科学院人口与劳动经济研究所研究员林宝、中国农业科学院农业环境与可持续发展研究所罗良国、中国农业大学出版社席清、中国环境科学研究院生态环境部环境标准研究所李琴、中国环境监测总站张凤英、中国老龄科学研究中心研究员王莉莉等相关领域评审专家、团标工作组成员及联盟秘书处有关人员参加了会议。专家评审组对两项团体标准逐条逐项进行了评审，一致同意两项标准通过审查，并结合实际从加强标准的科学性、可操作性，以及内容规范、适用范围等方面提出了建设性的意见和建议。

　　长寿之乡绿色发展区域合作联盟二届三次会员代表大会拟定于 2024 年 4 月在湖北省钟祥市召开。12 月 25—27 日，联盟理事长王五一一行赴湖北省钟祥市对接 2024 长寿之乡联盟（钟祥）大会筹办有关事宜，就大会时间、主题、议程安排、会议组织以及长寿产业、文旅、康养展示宣传、增设《长寿探秘》长寿之乡特刊等进行深入商讨，并就有关会务筹备工作开展对接。

附录2 2022—2023 认定的长寿之乡名录*

2022 年中国老年学和老年医学学会认定的长寿之乡（4 个）

福建省漳州市东山县

中国老年学和老年医学学会依据《长寿之乡认定准则和方法》，经过规定的认定程序，通过了福建省漳州市东山县申请认定长寿之乡的报告，并于 2022 年 2 月 25 日印发了《关于授予福建省漳州市东山县"长寿之乡"称号的决定》（中老学字〔2022〕8 号）。

东山县地处台湾海峡西岸、福建省南部，位于厦门和汕头之间，交通路网发达，县域内公路里程长，公交线路覆盖所有建制村。东山县位于典型的"北回归线"黄金区域，属于南亚热带海洋性季风气候，是天然的避暑胜地，有"天然氧吧"和"天然空调"之美誉，也是全国第六、全省第二大海岛县。全县总面积 248.9 平方公里，户籍人口 22.27 万。该县历史悠久，文脉绵长，这里孕育了黄道周、戚继光等历史名人，也见证了国共最后一次陆上战役东山保卫战。这片土地不仅承载着丰富的文化遗产，更是谷文昌精神的发源地。

东山县的长寿现状。截至 2020 年底，东山县 60 周岁及以上的老年人达 4.125 9 万人，占总人口的 18.53%，其中 80 周岁及以上高龄老年人 0.650 8 万人，占老年人口的 15.77%；100 周岁及以上的老年人 31 人，达到 13.92/10 万的比例。全县人口平均预期寿命 79.8 岁，超过全国平均水平 2.5 岁。

长寿成因及其特点。东山县高度重视生态环境建设，近三年完成造林绿化 20 108 亩，全县林地约 10.37 万亩，生态公益林 7.1 万亩，森林覆盖率高达 27.86%。全岛绿化程度达 94%以上，被誉为"福建省森林县城"。在经济上，东山县发展迅速，2020 年全县生产总值达到 198.25 亿元。城镇居民人均可支配收入 39 823 元，增长 2.3%；农民人均可支配收入 24 141 元、增长 7.6%。东山县先后获评为全省县域经济发展"十佳县"、中国最具投资潜力特色示范县 200 强等。在资源上，东山县硅砂资源丰富，是制作玻璃的优质原料。作为福建省重点渔业生产县，东山县海洋生物种类繁多，盛产多种海产品。其中，"东山鲍鱼"荣获国家地理标志。此外，东山县还种植了多种健康粮食和果蔬，尤其是芦笋被誉为防癌保健食品之首。

近年来，东山县通过举办多项国内外大型活动、研讨会和国际赛事，知名度和影响力不断提升。以谷文昌书记的事迹为原型的电视连续剧《谷文昌》在央视播出后，更是让东山县的名字传遍了全国。在老龄事业方面，东山县政策健全、养老服务优质。全县共有 96 家养老机构及设施，床位 1 460 张，投资 8 060 万元。社会福利大幅改善，为老人购买

---

* 整理人：翟静娴，中国老年学和老年医学学会秘书长；张兵兵，中国老年学和老年医学学会学术部。

意外险、发放高龄补贴、免费乘坐公交车等。按照不同年龄段发放高龄补贴：80～89 周岁 50 元、90～99 周岁 100 元、100 周岁及以上 300 元的每人每月标准发放。同时，老年组织机构健全，尊老敬老的社会氛围浓厚，各级领导和民间组织慰问老年人。老年人文体活动配套服务和设施完善，全县共有老年学校 69 所，城乡均成立老年文艺志愿队，各涉老机构、志愿队常态化组织开展各种活动。东山县老人生活丰富多彩，快乐健康的心态成为长寿之源。

福建省龙岩市上杭县

中国老年学和老年医学学会依据《长寿之乡认定准则和方法》，经过规定的认定程序，通过了福建省龙岩市上杭县申请认定长寿之乡的报告，并于 2022 年 8 月 22 日印发了《关于授予福建省龙岩市上杭县"长寿之乡"称号的决定》（中老学字〔2022〕23 号）。

上杭县隶属福建省龙岩市，地处省西南部，属中亚热带季风气候，雨量充沛，四季分明。总面积 2 860 平方公里，辖 17 镇 4 乡，人口约 51.52 万。历史悠久，是"客家文化"发源地之一。地势由东北向西南倾斜，山林茂密，是南方重点林区县，闽西梅花山自然保护区内藏有珍稀动植物。主要河流有汀江及其支流。矿业发展快，主要有金、石灰石、锰、铜等矿产。近年来，上杭县经济突飞猛进，2021 年 GDP 达 466.4 亿元，增速全市居首，连续六年入选福建省"十强县"，获"中国最具发展潜力百佳县市"和"中国最美县城"称号。2022 年一季度 GDP 再创新高。同时，加强民生保障，实施防贫监测与帮扶，产业扶贫项目惠及众多脱贫户和边缘户。医疗、教育、文化事业同步发展，并获得了中国文化建设百佳县市和福建省全民运动健身模范县的荣誉。

上杭县的长寿现状。全县人口平均预期寿命高达 81.64 岁，超过全国平均水平 4.34 岁。截至 2021 年底，100 周岁及以上老人 60 人、占比为 11.65/10 万。上杭县总人口 51.52 万人，其中 60 周岁及以上的老年人达 8.769 6 万人、占总人口的 17.02%，80 周岁以上的高龄老人 1.715 2 人，80 周岁及以上老年人占 60 周岁及以上老人比例为 19.56%。

长寿成因的支撑因素。上杭县在生态环境建设方面，制定专项规划、出台相关政策和具体措施，以改善生态环境。森林覆盖率达到了 77.28%，超出全国平均水平。环境空气质量优良天数比例为 100%，符合区域内空气质量优良天数达标率 90% 及以上的标准。地表水环境质量达到控制目标要求，各断面水质达标率为 100%。2021 年，全国居民人均可支配收入为 35 128 元。相比之下，上杭县居民人均可支配收入为 31 496 元，稍低于全国均值。具体来看，该县城镇居民人均收入为 47 896 元，而农村居民为 22 458 元，显示出一定的城乡差距。尽管如此，上杭县正积极调整政策，推动经济发展，以期实现更公平的收入分配。政府还出台了多项老年人优待和补贴政策，包括高龄津贴、基础养老金、免费乘坐城市交通工具等。有该县户籍的高龄老人补贴按每人每月发放，80 周岁及以上 200 元，100 周岁及以上 300 元，60 周岁以上每月领取基础养老金。同时，为老年人提供健康支持与养老服务，包括建立电子健康档案、提供免费体检等。全县共有护理型养老床位 2 150 张，占比为 63.8%，高于国家标准。此外，还建立了"互联网＋养老"信息服务平台，形成智慧医养体系。在养老、孝老、敬老社会环境方面，上杭县积极开展敬老爱老助老活动，弘扬中华民族传统美德，营造尊敬老人、关爱老人、赡养老人的良好氛围。老年大学组织的教育学习活动参加人数达到 17 764 人次，占老年人口的 20.25%，高于认证要求。

综合表明，支撑上杭县的长寿成因是多方面的，这些因素共同作用，使得上杭县成了一个长寿之地。

广西壮族自治区北海市

中国老年学和老年医学学会依据《长寿之乡认定准则和方法》，经过规定的认定程序，通过了广西壮族自治区北海市申请命名长寿市的报告，并于 2022 年 8 月 22 日印发了《关于授予广西壮族自治区北海市"长寿市"称号的决定》（中老学字〔2022〕24 号）。

北海市地处广西最南端，南濒临北部湾。这里年平均气温 22.9 ℃，属于海洋性季风气候，具有典型的亚热带特色。全市土地面积 3 337 平方公里，下辖 4 个区、1 个县，23 个乡镇。地理位置优越、交通四通八达，是中国西部地区唯一列入全国首批 14 个进一步对外开放的沿海城市，也是中国西部唯一同时拥有深水海港、全天候机场、高速铁路和高速公路的城市。同时，还是国家历史文化名城、中国最早的对外通商口岸之一，古代"海上丝绸之路"的重要始发港。

长寿现状。2021 年末，全市 60 周岁以上的老年人 309 927 人，占全市户籍总数人口的 17%；80 周岁及以上老年人 65 320 人，占全市 60 岁以上人口 21% 人；100 周岁以上的 236 人，百岁老年人口占总人口的比例为 12.92/10 万人，2021 年全市人口平均预期寿命 80.30 岁。

长寿成因及其主要特点。北海市拥有丰富的旅游资源和优良的生态环境。林地面积 10.18 万公顷，森林覆盖率达 32.64%。优质的地下水资源，为城市提供了优质的淡水水源。三面环海的地理特点使得这里的空气质量极佳，每立方厘米空气中的负离子含量高达 2 500 至 5 000 个，享有中国最大的天然"氧吧"美誉。曾荣获"全国 10 个空气质量最好的城市""中国十大休闲城市""国家园林城市"称号，两次获中国人居环境范例奖殊荣，是享誉海内外的旅游休闲度假胜地。此外，北海市还拥有得天独厚的海洋资源。这片广阔的海域面积约 20 万公顷，海岸线长达 668.98 千米，其中大陆岸线 528.17 千米，海岛岸线 140.81 千米。这些优越的地理条件为北海市提供了建设优良港口的先天条件，使其成为国家级海洋生态文明建设示范区。在饮食方面，北海的海鲜以其鲜美和滋补特性而闻名，而独特的酒类和糖水等特色美食也让人流连忘返。这里盛产各种海鲜，饮食文化独具特色，传承疍家饮食习惯，注重原汁原味和养生之道。

五年来，北海市实现了农村居民人均可支配收入增长 9.6%，城市居民增长 6.6%。所有贫困村和贫困户已脱贫。北海市委、市政府积极应对老龄化，制定多项政策文件，建设养老服务体系。全市有 22 家养老机构、16 家医养结合机构、4 757 张养老床位和 4 015 名医养结合机构人员。还有街道综合养老服务中心、老年活动室、老年大学和康养职业院校。全市开展敬老教育，提升老年人的生活质量和幸福指数，老年人得到广泛尊重和优待。北海市体育基础设施健全，覆盖城乡，全市有 7 个街道办事处和 86 个社区已配套安装全民健身器材，排名全区第二。北海医养结合工作不断完善，全市 8 家二级以上综合医院 100% 开设了老年病科，每千名老人拥有床位数达到 38.95 张，排名全区第一。北海市文化设施建设完善，全市拥有公共图书馆 16 个，各类博物馆 30 多家，文化服务体系建设日益完善，让老年人享受更加优质、便捷的精神文化生活。

综上，这些优势条件不仅为当地居民提供了优越的生活环境，还为他们的健康长寿奠定了基础。按照创建长寿之乡的三项核心指标和八项支撑指标的要求，北海市已经达到或超过了这些标准。

江苏省宜兴市

中国老年学和老年医学学会依据《长寿之乡认定准则和方法》，经过规定的认定程序，通过了江苏省宜兴市申请认定长寿之乡的报告，并于 2022 年 11 月 14 日印发了《关于授予江苏省宜兴市"长寿之乡"称号的决定》（中老学字〔2022〕35 号）。

宜兴市，位于江苏西南、沪宁杭三角中心，与太湖、苏州及浙江长兴、安徽广德等接壤。属北亚热带季风气候，年均温 15.7 ℃，四季分明，雨量充足，农作物可年 2～3 熟。全市面积 1 996.6 平方千米，含 2 个国家级开发区、1 个国家级旅游度假区和 1 个省级开发区。2021 年底户籍人口 107.08 万，含 42 个少数民族；下分 5 街 13 镇，有 206 个行政村和 103 个社区。

宜兴市的长寿现状和成因特点，符合《长寿之乡认定准则和方法》三项前提条件，三项核心指标和八项支撑指标均已达到认定标准。

核心指标。截至 2021 年底，宜兴市 60 周岁及以上的老年人 320 209 人，占总人口的 29.90%，其中 80 周岁及以上高龄老年人 52 510 人，占老年人口的 16.40%，现有存活 100 周岁及以上的老年人 126 人，占总人口的 11.77/10 万。全市人口平均预期寿命 82.97 岁，超过全国平均水平 4.77 岁。

支撑指标。1. 宜兴市出台多项生态环境保护规划和行动方案，全面落实生态环境建设措施，符合当地政府生态环境政策要求；2. 全县林木覆盖率达 31.29%，城区绿地和人均公园绿地面积均高于全国平均水平；3. 环境空气质量优良，各项空气污染物浓度均符合标准。通过实施精准治理和走航巡测等有效措施，宜兴市成功确保了大气环境质量在无锡大市中处于领先地位；4. 地表水环境质量：宜兴市集中式饮用水水源地水质均达国家Ⅲ类标准以上，符合区域内主要河流断面水质要求；5. 经济收入及公平性：2021 年，宜兴市城镇居民和农村居民人均可支配收入均高于全国平均水平，而两者的比值 1.847 低于全国的 2.504，展现了宜兴市较高的收入公平性；6. 宜兴市对高龄老人提供生活补贴、医保缴费补贴，并制定养老服务目录，免费为 60 岁及以上老人提供多项优待，进一步完善了老年人优待政策；7. 老年人健康与养老服务：制定出一系列推动医养结合的政策，从制度层面明确规定全市高龄老人生活补贴发放标准为 80～89 周岁 50 元、90～99 周岁 100 元、100 周岁及以上 300 元，对高龄老人生活补贴达到较高水平，其次，60 岁及以上老年人参加城乡居民基本医疗保险的，其个人缴费部分由政府给予补贴，切实落实国家老年人照顾服务项目等老年人优待政策，建立了智慧养老服务平台，护理型养老床位占比与健康管理率均高于国家要求；8. 养老孝老敬老社会环境：宜兴市积极应对人口老龄化，开展多样的敬老活动，领导定期慰问老人，全市形成了尊老、爱老、养老的良好氛围，同时，投入大量资金为符合条件的老年人提供居家养老服务，并组织丰富的老年节庆祝活动与学习教育活动。

宜兴市的长寿福祉源于其综合优势。自然资源丰富、气候宜人、土地肥沃，文化底蕴深厚，经济稳健增长，产业结构优化，以及旅游康养产业兴盛。合理的医疗资源配置、完备的体育和公共文化设施，共同助力市民健康长寿，推动城市持续繁荣。

2023 年中国老年学和老年医学学会认定的长寿之乡（7 个）

福建省龙岩市长汀县

中国老年学和老年医学学会依据《长寿之乡认定准则和方法》，经过规定的认定程序，通过了福建省龙岩市长汀县申请认定长寿之乡的报告，并于 2023 年 4 月 4 日印发了《关于授予福建省龙岩市长汀县"长寿之乡"称号的决定》（中老学字〔2023〕16 号）。

长汀县，位于福建西部，武夷山南麓，是闽、粤、赣三省交通枢纽，被誉为"福建省西大门"。总面积 3 104.16 平方公里，辖 18 个乡镇 300 个村（居），现有户籍人口 54.68 万人。年平均气温 18.3 ℃，属中亚热带季风气候。这里环境优美，矿产丰富，经济发展迅猛，2021 年生产总值达 318.2 亿元。它不仅是国家历史文化名城、革命老区和红军故乡，还以众多历史遗址和自然景观闻名。近年来，长汀县全面发展，2017 年成为首批脱贫县之一，连续四年获评"福建省县域发展十佳县"，并荣获多项国家级和省级荣誉。同时，长汀县还是全国生态文明建设示范县和"绿水青山就是金山银山"实践基地，其水土流失治理经验被联合国《生物多样性公约》选为生态修复典型案例。

经对照《长寿之乡认定准则和方法》的标准，长汀县的长寿现状已达到或高于核心指标和支撑指标的认定要求。

其长寿现状。全县人口平均预期寿命高达 80.70 岁，比全国平均水平高出 2.5 岁；百岁老人的比例为 11.70/10 万，截至 2022 年 6 月底，全县有 64 位 100 周岁以上的长寿老人；截至 2021 年末，60 周岁及以上的老年人有 8.89 万，占总人口的 16.25％，其中 80 周岁及以上的高龄老年人有 1.58 万，80 周岁及以上老年人占 60 周岁及以上老年人比例为 17.80％。

长寿成因的支撑指标。1. 长汀县高度重视生态环境，制定了一系列专项规划，大力推进环境保护，使生态环境持续改善。2. 该县森林覆盖率高达 80.23％，远超全国 23.04％的水平。3. 2019—2021 年城区环境空气质量优良天数比例逐年上升，达到区域内空气质量优良天数达标率 90％及以上的标准。4. 地表水环境质量。2021 年区域内主要河流断面水质监测结果均达到或优于国家Ⅲ类水质标准，各断面水质达标率为 100％。5. 经济收入及收入公平性。2021 年长汀县人均收入虽低于全国平均，但城乡居民收入差距小，公平性高，优于全国水平。6. 深入实施国家老年人优待政策，针对不同年龄段老人发放高龄津贴：每人按月领取的标准是 80～89 周岁 50 元，90～99 周岁 100 元，100 周岁及以上 300 元。60 周岁以上每月领取基础养老金。此外，还有老年节慰问金 3 000 元。每年"敬老月"，该县都举办慰问活动，提供免费交通、健康检查等服务，并补助低收入老人医保。同时，长汀县强化健康养老服务体系，增加护理型养老床位，提升老年健康管理率，还引进智慧养老服务，构建覆盖城乡的智慧医养体系。此外，该县积极营造尊老敬老社会氛围，开展多样敬老活动，提升老年人幸福感，老年教育参与率也高于认证标准，全县上下共同缔造了一个尊老、爱老、助老的美好社会环境。

以上这些因素共同作用，有力保障了老年人的身心健康，成为长汀县老人健康长寿的重要支撑因素。

湖南省常德市安乡县

中国老年学和老年医学学会依据《长寿之乡认定准则和方法》，经过规定的认定程序，通过了湖南省常德市安乡县申请认定长寿之乡的报告，并于 2023 年 4 月 4 日印发了《关于授予湖南省常德市安乡县"长寿之乡"称号的决定》（中老学字〔2023〕17 号）。

安乡县位于湖南省的北大门，地处湘鄂交界处。气候适宜，四季分明，年平均气温 16.6 ℃，是洞庭湖生态经济区的核心地带。该县历史底蕴深厚，拥有近 7 000 年的人类文明史，自东汉建县以来历经多次行政区划调整。全县总面积 1 087 平方公里，辖 12 个乡镇，172 个村（社区），并拥有多个历史文化遗迹和享誉中外的汤家岗、划城岗和廪家岗等一批新石器时代原始社会古文化遗址。近年来，安乡县经济稳步发展，人均可支配收入持续上升。2021 年，该县 GDP 达 240.2 亿元，增长 7.9%。居民人均可支配收入 24 867 元，增长 9.0%，其中城镇居民 32 664 元，增长 7.7%，农村居民 20 024 元，增长 10.6%。并且还在安全生产和消防工作方面表现优秀，连续十年保持了省级"平安县"称号。

安乡县是县级行政区划单位，户籍人口 51.57 万人，常住人口 42.74 万人，近 10 年内在生态环境、公共卫生、养老服务等方面无重大事故符合《长寿之乡认定准则和方法》的申报要求，并县其三项核心指标和八项支撑指标均已达到认定标准。

核心指标。2021 年，安乡县人口平均预期寿命为 83.02 岁，超出全国人口平均预期寿命 4.82 岁；100 周岁及以上老人 74 人，占总人口比例达到 14.35/10 万，超过认定标准 11/10 万；60 周岁及以上老年人口 12.13 万人，其中 80 周岁及以上高龄老年人口 1.99 万人，80 周岁及以上高龄老年人口占 60 周岁及以上老年人口比例达到 16.4%，高于认证标准。

支撑指标。1. 生态环境建设。制定了七项生态环境建设相关专项规划、政策和措施。2. 森林覆盖率。县域内林地面积达 13 711.7 公顷，占总面积的 12.62%，且公路、荒地和农户周边等均已全面绿化，实现了森林全覆盖。3. 环境空气质量上。持续推进污染防治三年行动计划，2021 年全县空气质量优良天数比率为 93.7%，超过认定标准。4. 地表水环境质量。县委、县政府严格执行河长制，加强污水治理，有效保护了水资源。2021 年，县内 3 个国控河流断面均达国家 Ⅱ 类水质标准，主要流域监控断面水质达标率 100%，优于认定标准。5. 经济收入及收入公平性。2021 年，安乡居民人均可支配收入为 24 867 元，虽低于全国的 35 128 元，但其城乡居民收入比值为 1.631，远低于全国的 2.504，体现了该地区城乡经济收入的相对公平性。另外，积极落实国家老年人优待政策，结合本地实际构建并优化政策体系，对高龄、百岁老人补贴标准均高于全国平均，具体为：80～89 岁贫困老人每月 50 元，90～99 岁老人每月 100 元，百岁及以上老人每月 600 元。护理型养老床位占比达 35.18%，65 岁以上老人健康管理率高达 81.61%，智慧医养体系已初步建立。县政府和县民政局连续 11 年发布相关文件并举办表彰活动，共表彰健康长寿和敬老孝老之星。老年人教育参与率超出标准，养老孝老敬老环境不断改善。

综上所述，安乡县具备成为长寿之乡的潜力与条件，也为成为长寿之乡打下了坚实基础。

广西壮族自治区平果市

中国老年学和老年医学学会依据《长寿之乡认定准则和方法》，经过规定的认定程序，通过了广西壮族自治区平果市申请认定长寿之乡的报告，并于 2023 年 4 月 4 日印发了《关于授予广西壮族自治区平果市"长寿之乡"称号的决定》（中老学字〔2023〕18 号）。

平果市位于广西西南部，属亚热带季风区，年均气温 21.7 ℃左右，阳光充足，雨量充沛，气候温和，是我国大西南出海通道上的交通要冲和广西承接"一带一路"的重要节点城市。该市于 2019 年成功撤县设市，属自治区直管、百色市代管县级市，全市总面积 2 457 平方公里，下辖 9 镇 3 乡 183 个行政村（社区）。经济发展迅速，拥有丰富的矿产资源，尤其是铝土矿储量占全国的 17%，被誉为"南国铝都"。财政收入突破 30 亿元，GDP 达到 183.76 亿元，城区面积拓展至 34.86 平方公里，城镇化率高达 62.2%。脱贫攻坚工作取得全面胜利，54 个贫困村全部脱贫出列。工业发展取得新突破，引进多个项目，工业企业数量和工业总产值增加。特色农业实现新发展，包括特色水果、桑园、甘蔗、油茶等产业，并实施"旱改水"工程。在社会事业方面，平果市加大对民生事业的投入力度，取得了新进步。

平果市在申报"中国长寿之乡"过程中，各项指标均达到或超过国家标准。截至 2021 年 12 月，全市户籍总人口 52.436 0 万，符合申报前提条件。

三项核心指标。2021 年，平果市的人均预期寿命为 81.01 岁，超过全国人口平均预期寿命 2.81 岁；全市存活百岁及以上老人有 67 位，占总人口比例达到 12.78/10 万；高龄人口比例，60 周岁以上老年人口 80 160 人，其中 80 周岁以上老人 14 382 人，占 17.94%，均达到认定指标。

此外，八项支撑指标均达到或超过认证标准。平果市的生态环境建设良好，森林覆盖率高达 69.02%，高于全国平均水平。环境空气质量优良天数比例为 94.2%。地表水环境质量达到国家Ⅲ类水质标准。在经济收入及收入公平性方面，虽然平果市全体居民人均可支配收入低于全国平均水平，但城镇居民与农村居民人均纯收入的差距为 2.40 倍，小于全国平均水平。同时，平果市还制定了老年人优待和补贴制度，对 80～89 岁、90～99 岁和 100 岁及以上的老年人分别给予 50 元/月、100 元/月和 200 元/月的补贴。在老年人健康支持与养老服务方面，平果市出台了一系列政策措施，包括开设绿色通道、与周边医疗单位签订医疗合作协议、建立远程诊疗平台等，初步形成了智慧医养体系。此外，平果市还积极营造尊老孝老爱亲的社会环境，开展道德模范评选表彰活动。

平果市的长寿之道源于其优越的生态环境、健康饮食以及政府对老龄事业的大力支持。森林茂密、水质优良、气候宜人，为居民打造了理想的居住环境。当地人以绿色、健康饮食为主，富含粗粮、蔬菜、水果等有益于身体健康的食物。同时，政府重视老龄事业发展，积极推进养老保障体系建设，为老年人提供了优越的生活条件，共同促使平果市人均寿命延长，长寿比例提高。

湖南省常德市汉寿县

中国老年学和老年医学学会依据《长寿之乡认定准则和方法》，经过规定的认定程序，通过了湖南省常德市汉寿县申请认定长寿之乡的报告，并于2023年6月1日印发了《关于授予湖南省常德市汉寿县"长寿之乡"称号的决定》（中老学字〔2023〕24号）。

汉寿县，历史悠久，人文荟萃，因"汉朝江山，万寿无疆"而得名。位于湖南北部，总面积2 021平方公里，辖19个乡镇、4个街道、一个高新园区，全县户籍总人口79.969 3万人。属于中亚热带向北亚热带过渡的季风湿润气候区，平均气温均为18.1℃，气候宜人，季风湿润，河湖众多。交通便捷，经济发展迅速，2022年GDP达368.5亿元，增长率6.4%。吸引了中联重科等上市公司投资。城乡环境优美，宜居宜业，公园绿地众多，乡村振兴与生态保护并行，汉寿成为理想的居住之地。

根据2019年发布的《长寿之乡认定准则和方法》，对照创建长寿之乡三项核心指标、八项支撑指标的要求，均已达到或超过了标准。

核心指标。全县人口平均预期寿命达80.93岁，较全国平均的78.2岁高出2.73岁。2022年全县户籍总人口79.969 3万，其中百岁以上老人91人，占比11.38/10万，超过认定标准。截至2022年底，全县户80周岁及以上高龄老年人口2.635 7万人，60周岁及以上人口16.878 0万人，高龄老年人占60周岁及以上人口的15.62%，略高于申报标准的15%。

支撑指标。汉寿县重视生态环境建设，全面落实生态环境整改措施，并严格执行长江十年禁捕政策。该县森林覆盖率高达30.22%，超过全国平均水平6.2%。环境空气质量优良天数达标率高达97.0%，远超申报要求的90%。同时，地表水环境质量也达到或优于国家Ⅲ类水质标准，保障了居民的饮用水安全。在经济方面，虽然汉寿县人均收入水平略低于全国平均水平，但在收入公平性方面表现突出。城镇居民与农村居民的收入差距仅为1.738，远低于全国平均水平的2.448，体现了较高的收入公平性。该县针对老年人实施了一系列优待和补贴制度，包括在全县范围内设立老年人服务中心，并为高龄老人和百岁老人分别提供每月100元和600元的补贴。同时，县人民政府也致力于推进老年人健康与养老服务，建立了覆盖全县的保障制度，并实施医养结合政策。在各乡镇（街道）均设有敬老院，社区内也建立了老年人日间照料中心。此外，该县的养老机构拥有1 715张护理床位，65岁以上老年人的健康管理率高达77%，超过了国家要求，而智慧医养服务也在不断加强，为老年人提供更加便捷、高效的医疗和养老服务。

总之，汉寿县在长寿之乡创建方面具有显著优势和坚实基础。作为全国知名的甲鱼之乡，蔬菜以绿色、健康、高品质著称，销往国内外市场。其得天独厚的自然条件和旅游资源、优质高效的养老服务、科学健康的生活方式和快速发展的社会经济，共同支撑了汉寿人健康长寿。

广东省茂名市化州市

中国老年学和老年医学学会依据《长寿之乡认定准则和方法》，经过规定的认定程序，通过了广东省茂名市化州市申请认定长寿之乡的报告，并于2023年12月4日印发了《关于授予广东省茂名市化州市"长寿之乡"称号的决定》（中老学字〔2023〕55号）。

化州市是广东省辖县级市，由茂名市代管。位于广东省西南部，地处两广（广东、广西）三市（湛江、茂名、玉林）的几何交汇中心，属于南亚热带季风气候，历年平均温度为 22.9 ℃，年平均降雨量 1 890 毫米，气候宜人，是粤港澳大湾区、海南自贸港和北部湾城市群三大国家发展战略平台的重要节点城市。历史悠久，建置至今约 1 600 年，是鉴江流域最早建制的郡县，也是珠江西岸唯一一个全国一类革命老区，享有"中国化橘红之乡""中国拖罗饼之都"美誉。全市总面积 2 356 平方公里，下辖 6 个街道 33 个社区、17 个镇 334 个行政村，2022 年，全市实现地区生产总值 651.57 亿元，同比增长 1.6%。

化州市是广东省茂名市代管的县级市，2022 年末全市户籍总人口 180.1 万人。近年来，在生态环境、公共卫生、养老服务等方面没有出现过重大事故，符合申报长寿之乡的条件。并已达到《长寿之乡认定准则和方法》要求的认定标准。

核心指标。2022 年，人口平均预期寿命为 82.53 岁，超过全国平均预期寿命水平 2 岁以上；百岁老年人口占总人口的比例 12.77/10 万，超过 11/10 万的标准；高龄人口比例，全市 60 周岁及以上人口 271 878 人，80 周岁及以上人口 55 361 人，80 周岁及以上高龄老年人口占 60 周岁及以上老年人口的比例为 20.36%，高于 15% 的比例要求。

支撑指标。1. 生态环境建设：制定相关政策措施，统筹推进山水林田湖草生态保护修复，各项生态制度全面落实。2. 森林覆盖率：2022 年森林覆盖率为 47.26%，高于全国平均水平。3. 空气质量：2022 年优良天数达标率 97.2%，高于达标率 90% 的要求。4. 地表水环境质量：2022 年度主要河流罗江、鉴江国家地表水考核断面水质持续稳定达到Ⅲ类标准以上。5. 经济收入及收入公平性：2022 年全市居民人均可支配收入低于全国水平，但城乡差距为 8 975 元，低于全国平均水平。6. 老年人优待和补贴制度：全面落实高龄老年人生活补贴制度，标准为每人每年：80～89 周岁 360 元，90～99 周岁 600 元，百岁及以上老年人 4 800 元。7. 老年人健康支持与养老服务：化州市高度重视养老服务体系建设，关注老年人健康养老和康复保健工作，积极推动和开展医养结合型养老服务，制定相关制度和实施方案，初步建立了智慧医养体系，部分医院在试行开设养老服务，并已开设老年医学科。2022 年第四季度，化州市共有 5 844 张养老床位，其中护理型床位占比 53.64%。2020 至 2022 年，65 岁以上老年人健康管理率有所下降。同时，化州市积极探索和推进"互联网＋医疗健康""互联网＋养老"模式，扎实推进医共体建设，并升级改造现有的区域医疗卫生信息化系统。此外，化州市有序有力推进大健康产业发展，并重视养老孝老敬老的社会环境，开展相关活动和志愿服务。

综上，化州市具备成为"长寿之乡"的七大优势：地理气候宜人，生态环境优美，自然资源丰富，政府政策支持，医疗系统建设，文化教育事业，以及发展基础坚实。这些条件共同为化州市的持续发展提供了有力保障。

广西壮族自治区来宾市忻城县

中国老年学和老年医学学会依据《长寿之乡认定准则和方法》，经过规定的认定程序，通过了广西壮族自治区来宾市忻城县申请认定长寿之乡的报告，并于 2023 年 12 月 4 日印发了《关于授予广西壮族自治区来宾市忻城县"长寿之乡"称号的决定》（中老学字〔2023〕56 号）。

忻城县隶属于广西壮族自治区来宾市，位于广西中部，红水河下游，全县面积 2 541 平方公里，辖 6 镇 6 乡 132 个行政村（社区），总人口 42.71 万人，其中壮族占 93.4%。地形地貌以熔岩发育山区为主，森林茂密，覆盖率达 58.72%。还拥有亚洲保存最完整、规模最大的土司建筑群——被誉为"壮乡故宫"的莫土司衙署，同时，该县还是"金银花之乡""糯玉米之乡""桑蚕之乡"，并享有"西南石都""南方牛都"等多张名片。

经对照《长寿之乡认定准则和方法》的标准，忻城县的长寿现状已达到核心指标和支撑指标的认定要求。

核心指标。全县总人口 427 141 人，人口平均预期寿命 80.8 岁，高于全国平均水平 2.6 岁，其中 60 周岁及其以上老年人占总人口 16.22%，80 周岁及其以上高龄老年人占老年人口 16.81%；截至 2022 年底，全县 100 周岁及以上存活老人 68 人，占总人口比为 15.92/10 万。

支撑指标。忻城县严格执行国家和地方的生态环境保护法律法规，并根据当地的生态环境状况，制定相关政策和措施；全县森林覆盖率达 67.22%，高于全国平均水平 22.96%；2022 年忻城县环境空气质量优良天数比例为 97.3%，符合区域内环境空气质量优良天数达标率 90% 及以上；地表水环境质量也达到或优于国家 III 类水质标准。虽然，2022 年该县居民人均可支配收入 23 632 元，低于全国居民人均可支配收入 36 883 元，但城乡居民收入差距较小，体现了较高的收入公平性；忻城县还十分重视老年人的福利待遇，严格执行国家对老年人的优待和补贴政策，并根据实际情况出台了多项实施办法和通知。80 周岁以上高龄老人生活津贴标准按每人每月发放：80～89 周岁 50 元；90～99 周岁 100 元；100 周岁以上 300 元。同时，忻城县人民政府高度重视健康养老服务体系的建设，组织实施建立健全本区域养老服务保障制度，推进医养结合的有序发展。截止到 2022 年底，全县共有养老床位 1 442 张，其中护理型床位 467 张，护理型床位占比为 32.38%，高于国家 30% 的要求。到 2022 年底，忻城县 65 岁及以上老年人数 32 397 人，接收健康管理老年人为 22 988 人，健康率为 70.95%，高于国家 70% 的要求。此外，忻城县还积极营造养老、孝老、敬老的社会环境，通过多部门联合行动，提高老年人的生活质量和幸福感。到 2022 年底，全县老年人参加教育活动人数 14 716 人，60 岁以上老年人数为 65 404 人，老年人参加老年教育比例占老年人口 22.50%，高于认证要求 20% 的比例，显示出老年人在文化教育方面的积极参与度。

上述情况，均为忻城县的长寿成因打下坚实的基础，而丰富的自然资源、优良的生态环境和气候条件、特色文化优势、特色产业的发展又为长寿事业提供了有力支持，并为老年人提供了良好的生活环境和保障。

广西壮族自治区防城港市

中国老年学和老年医学学会依据《长寿之乡认定准则和方法》，经过规定的认定程序，通过了广西壮族自治区防城港市申请认定长寿市的报告，并于 2023 年 12 月 4 日印发了《关于授予广西壮族自治区防城港市"长寿市"称号的决定》（中老学字〔2023〕57 号）。

防城港市位于广西南部，属于亚热带海洋性季风气候，降水充沛，气候温和宜人。作为沿海沿边城市，它是我国与东盟的唯一海陆河相连点，也是"一带一路"和西部陆海新通道的重要门户城市和重要节点城市。防城港是该市的亿吨大港，与世界多地通商通航。全市陆地面积 6 222 平方公里，下辖上思县、东兴市、港口区、防城区，有 23 个乡镇（6 个乡，17 个镇）。拥有丰富的生态资源，包括国家级金花茶自然保护区和十万大山，森林覆盖率高，享有多项国家美誉。旅游资源丰富，形成独特旅游格局。此外，该市还拥有多个国家级开放平台和边民互市贸易区，享受多种优惠政策。

防城港市的长寿现状。2022 年末，防城港市全市户籍总人口 1 023 231 人，少数民族常住人口近 438 700 人。其中 60 周岁及以上的老人 160 192 人，占全市户籍总人口数的 15.7%；80 岁及以上的老人 29 272 人，占全市 60 周岁及以上人口数 18.3%。100 周岁以上的有 147 人，百岁老年人口占总人口的比例为 14.37/10 万人。根据第七次全国人口普查数据，防城港市 2022 年人口平均预期寿命 80.76 岁。

防城港市长寿现象背后的多重支撑因素。首先是社会和谐稳定，这得益于人际关系融洽、城乡差距小、生活成本低以及多民族的和谐共处，为居民创造了友善与安定的生活环境。其优越的地理位置和气候条件不仅带来丰富的就业机会，还确保了舒适的生活品质。自然环境方面，防城港市拥有清新空气和优质水源，其空气质量在广西地区名列前茅。美丽的自然景观和丰富的海洋资源也为居民提供了得天独厚的生活条件。在生活品质上，该市注重医养康养产业的发展，整合资源提供家庭医生服务和健康管理，同时推进养老服务中心建设。体育设施的完善和全民健身活动的推广，进一步提升了市民的身体素质。文化生活方面，公共图书馆、博物馆等设施的完善，以及与其他市的图书馆联盟合作，为市民提供了丰富的精神食粮。此外，防城港市在养老服务方面表现出色，全市共有养老机构和设施 368 个，养老总床位数为 5 814 张，每千名老年人拥有床位 40.1 张。护理型床位数占比为 65.7%，7 个街道综合养老服务中心覆盖率 100%，城乡居家社区养老服务设施覆盖率为 100%，养老、医疗机构协作比例为 100%，而且服务质量高。医疗机构对老年人的优先服务，以及家庭医生签约服务都确保了老年人的健康需求得到满足。休闲康乐场所的建设和老年人文体娱乐活动的组织也为老年人提供了丰富多彩的生活。

综上所述，这些因素都为居民提供了健康长寿的坚实基础，使防城港市成为老年人理想的居住地。

附录 3   2022 年长寿之乡品牌建设十大亮点工作、
中国长寿之乡特色服务业示范城市、
康养示范基地、乡情体验基地、乡贤人物、
养生名优产品、传统特色产品名录[*]

(一) 2022 年度长寿之乡品牌建设十大亮点工作

1. 湖北省钟祥市：弘扬长寿文化，关爱高龄老人——多措并举夯实长寿根基
2. 浙江省龙泉市：打造慈孝品牌促进长寿事业发展
3. 山东省威海市文登区：开展"全民艾灸"工程
4. 广西河池市宜州区：坚持举办刘三姐文化旅游节，打造康养文化旅游品牌
5. 广西东兰县：为百岁老人拍写真留住长寿密码好瞬间
6. 四川省资阳市雁江区：品牌＋非遗为长寿之乡产品插上飞翔的翅膀
7. 广东省大埔县：开展重阳庆寿系列活动
8. 山东省东明县：聚焦长寿优势，促进特色富硒产业提质增效
9. 广东省遂溪县：打造国际长寿养生基地
10. 陕西省镇坪县：提升文化价值，打造生态康养品牌

(二) 中国长寿之乡特色服务业示范城市 (1 个)

中国长寿之乡旅游文化服务示范县——贵州省罗甸县

(三) 中国长寿之乡康养示范基地 (2 个)

1. 永嘉县云岭乡南陈温泉小镇
2. 青州市长庚养生文化园

(四) 中国长寿之乡乡情体验基地 (3 个)

1. 福建省诏安县梅岭镇
2. 福建省诏安县红星乡
3. 江西省铜鼓县永宁镇

(五) 中国长寿之乡乡贤人物 (5 个)

1. 江苏省启东市郭中良

---

* 整理人：刘光烁、周星汝、李树桂，长寿之乡绿色发展区域合作联盟秘书处。

2. 浙江省永嘉县谢定者

3. 浙江省仙居县张金川

4. 四川省资阳市雁江区童志超

5. 陕西省镇坪县石海君

（六）中国长寿之乡养生名优产品（8个）

1. 浙江龙泉元俅农业有限公司 "元俅"牌系列产品（发芽伍米浆粉、全植物蛋白营养粉、混元春酥）

2. 浙江正德和食品有限公司 "正德和"牌黄精茯苓鸡

3. 福建省诏安福益食品有限公司 "星福益"牌青梅精丸

4. 诏安县兴港水产食品有限公司 "蚝之味"牌牡蛎

5. 福建桂岭茶业有限公司 "桂岭"牌高山白茶

6. 柘荣县锌硒农业专业合作社 "宅柘里"牌硒锌大米

7. 广西马山南华糖业有限责任公司 "金伦"牌红糖

8. 重庆市瑞远农业开发有限公司 富硒柑橘纤维精萃片

（七）中国长寿之乡传统特色产品（3个）

1. 浙江老土地食品有限公司 "老土地"牌薯类制品

2. 丽水市欣风食品有限公司 "欣风"牌缙云小烧饼

3. 缙云县山里人家农产品开发有限公司 "山川绿野"牌油焖鲜笋

附录 4　联盟成员单位 2022 年老年户籍人口基本数据

联盟成员单位 2022 年老年户籍人口基本数据

序号	联盟成员单位	总人口 （单位：万人）	60 岁以上 （单位：万人）	80 岁以上 （单位：人）	100 岁以上 （单位：人）
1	江苏省常州市溧阳市	78.20	21.98	31 681	271
2	江苏省南通市启东市	108.74	36.63	64 052	327
3	江苏省南通市如皋市	138.60	41.14	18 641	589
4	江苏省南通市如东县	97.82	36.66	66 861	217
5	江苏省盐城市东台市	104.08	35.31	58 544	167
6	浙江省杭州市桐庐县	41.93	11.23	15 096	33
7	浙江省温州市永嘉县	98.39	18.30	37 947	208
8	浙江省温州市文成县	40.40	8.07	13 898	75
9	浙江省台州市仙居县	52.00	10.22	16 536	53
10	浙江省丽水市	269.30	58.31	93 858	411
11	安徽省六安市金寨县	67.54	11.31	12 439	29
12	安徽省亳州市谯城区	172.00	23.49	5 496	146
13	福建省漳州市诏安县	68.17	11.91	17 251	95
14	福建省漳州市东山县	22.23	4.49	6 685	29
15	福建省泉州市泉港区	42.00	6.70	10 068	60
16	福建省龙岩市长汀县	54.40	9.28	17 250	68
17	福建省龙岩市上杭县	51.10	9.16	15 375	56
18	福建省宁德市寿宁县	25.77	4.87	7 647	38
19	福建省宁德市柘荣县	11.04	2.03	2 657	16
20	江西省宜春市丰城市	147.07	25.08	32 673	137
21	江西省宜春市铜鼓县	13.68	2.52	4 280	46
22	山东省烟台市莱州市	82.02	26.73	38 726	178
23	山东省潍坊市青州市	96.01	22.73	36 950	118

（续）

序号	联盟成员单位	总人口 （单位：万人）	60 岁以上 （单位：万人）	80 岁以上 （单位：人）	100 岁以上 （单位：人）
24	山东省威海市文登区	51.58	17.25	26 010	101
25	山东省威海市乳山市	52.58	19.41	20 955	89
26	山东省临沂市蒙阴县	48.53	11.00	22 000	55
27	山东省菏泽市单县	126.00	24.29	36 505	277
28	山东省菏泽市东明县	87.46	14.05	17 638	126
29	河南省新乡市封丘县	89.29	10.71	15 121	109
30	河南省焦作市修武县	24.90	4.94	25 734	50
31	河南省商丘市夏邑县	135.00	24.00	29 210	232
32	河南省周口市淮阳区	149.50	20.50	26 360	221
33	湖北省荆门市钟祥市	103.38	21.02	24 089	118
34	湖南省怀化市麻阳苗族 自治县	39.03	9.08	9 868	56
35	广东省佛山市三水区	49.15	8.86	13 097	105
36	广东省梅州市梅县区	61.67	12.35	18 681	86
37	广东省梅州市大埔县	54.41	10.18	14 566	131
38	广东省梅州市丰顺县	72.22	13.85	18 641	142
39	广东省湛江市遂溪县	112.75	21.20	33 223	306
40	广东省湛江市徐闻县	79.51	12.54	18 950	157
41	广东省茂名市信宜市	152.01	17.45	27 749	106
42	广东省清远市连州市	53.63	10.57	12 987	57
43	广西壮族自治区南宁市 马山县	56.73	8.52	13 355	116
44	广西壮族自治区南宁市 上林县	49.80	8.44	13 424	73
45	广西壮族自治区桂林市 永福县	28.85	5.65	7 478	46
46	广西壮族自治区梧州市 岑溪市	97.39	12.42	22 778	134
47	广西壮族自治区梧州市 蒙山县	22.36	3.50	6 199	38

（续）

序号	联盟成员单位	总人口 （单位：万人）	60岁以上 （单位：万人）	80岁以上 （单位：人）	100岁以上 （单位：人）
48	广西壮族自治区崇左市 龙州县	27.53	2.47	6 359	27
49	广西壮族自治区来宾市 象州县	36.58	5.65	9 837	54
50	广西壮族自治区贺州市 昭平县	45.19	6.23	11 716	68
51	广西壮族自治区贺州市 钟山县	45.86	6.05	10 879	40
52	广西壮族自治区贺州市 富川瑶族自治县	34.37	5.30	9 094	51
53	广西壮族自治区河池市 宜州区	66.73	12.17	15 559	76
54	广西壮族自治区河池市 东兰县	31.33	4.64	8 198	47
55	海南省万宁市	62.51	11.30	11 322	107
56	海南省澄迈县	57.30	9.25	15 967	205
57	重庆市江津区	146.39	36.35	59 280	175
58	四川省南充市西充县	60.00	13.91	19 980	54
59	四川省眉山市彭山区	32.71	7.57	13 314	55
60	四川省资阳市雁江区	104.93	20.22	35 123	118
61	贵州省遵义市赤水市	31.82	5.41	8 160	11
62	贵州省铜仁市石阡县	41.38	6.57	10 220	47
63	贵州省铜仁市印江 土家族苗族自治县	45.54	6.60	9 418	19
64	贵州省黔南布依族 苗族自治州罗甸县	36.66	4.43	6 633	39
65	贵州省黔西南布依族 苗族自治州兴仁市	57.33	1.82	9 555	61
66	陕西省安康市镇坪县	5.79	1.29	1 767	6

数据来源：表格中数据来源于联盟成员单位的公安、民政、统计等部门。

附录5 《长寿村认定规范》《长寿乡镇认定规范》团体标准

ICS 03.020

SXLM

团 体 标 准

T/SXLM 012—2024

长寿村认定规范

Criteria and Methods for Recognizing Longevity Village

2024-03-01发布　　　　　　　　　　　2024-03-01实施

丽水中国长寿之乡绿色产业发展联合会　　发布

目　次

前　言

本文件按照 GB/T 1.1—2020《标准化工作导则　第 1 部分：标准化文件的结构和起草规则》的规定起草。

本文件由丽水中国长寿之乡绿色产业发展联合会提出并归口。

本文件起草单位：中国科学院地理科学与资源研究所、中国人民大学、中国老龄科学研究中心、浙江省丽水市卫生健康委员会等。

本文件主要起草人：王五一、姚远、虞江萍、王莉莉、朱雪飞、刘光烁。

长寿村认定规范

1 范围

本文件规定了"长寿村"的术语、认定原则、指标及赋值、评分表、认定程序及一般要求等。

本文件适应于近两年未出现过虐待老人、不赡养老人、重大环境污染、公共卫生和养老服务事件的行政村或相当区域的认定。

2 规范性引用文件

下列文件对于本文件的应用是必不可少的。凡是注日期的引用文件,仅所注日期的版本适用于本文件。凡是不注日期的引用文件,其最新版本(包括所有的修改单)适用于本文件。

WS/T 484—2015 老年人健康管理技术规范

GB 5749—2022 生活饮用水卫生标准

3 术语和定义

下列术语和定义适用于本标准。

3.1 长寿村 longevity Village

指85岁及以上老年人占比和老年人口高龄化比例均高,老年人健康状况、人居环境状况、养老保障与服务、老年友好文化与环境建设和健康养生产业等多项指标均处于全国较高水平的行政村或相当行政区域。

4 认定原则

4.1 自愿原则

坚持自愿申报,按条件受理和认定。

4.2 公开原则

坚持标准公开,程序公开,数据公开,接受社会监督。

4.3 公正原则

坚持实事求是,维护认定工作的严肃性。

4.4 规范原则

坚持标准为本,严格按照本标准开展活动。

5 指标构成及赋值(110分)

5.1 区域长寿状况(40分)

该指标由区域85岁及以上老年人口占比和老年人口高龄化比例构成,是申报长寿村的核心指标。85 岁及以上老年人口占比应不低于 1.2%，当申报村总人数低于 500 人时，85 岁及以上老年人数量应不少于 6 人；老年人口高龄化比例即 60 岁及以上老年人口中 80 岁及以上老年人口的占比，应不小于 15%。提交的数据材料应有当地民政或公安部门的盖章确认。

5.2 老年人健康状况（15 分）

该指标由区域 65～74 岁老年人失能发生率、65 岁及以上人群老年期痴呆患病率、85 岁以上老年人生活自理率构成。降低 65～74 岁老年人失能发生率是世界卫生组织提倡的健康老龄化目标之一，也是健康中国行动的主要指标，其计算方法是：65～74 岁失能老年人数/65～74 岁老年总人数×100%，结果应不高于 18%；随着老龄化发展，老年痴呆患者绝对数量将呈上升趋势，我国老年期痴呆患病率是近年较为关注的健康问题，其计算方法是：在 65 岁及以上人群中，过去一年经诊断符合老年期痴呆标准的人数/该人群总数×100%，结果应不高于 10%。85 岁及以上老年人生活自理率指依据 WS/T 484—2015 老年人健康管理技术规范中的 C.3 表自评得分小于 9 分的 85 岁及以上老年人数占 85 岁及以上老年人总数的百分比，结果应不低于 70%。

5.3 人居环境状况（16 分）

该指标由林草覆盖率、农户卫生厕所普及率、饮用水合格率、生活垃圾分类收集的农户比例、美丽乡村建设和村民对环境状况满意度等构成。

5.4 养老保障与服务（14 分）

该指标由基本医疗保险参保率、60 岁以上老人定期健康体检率和老年人照料中心、老年活动室、村卫生室的建立状况等构成。

5.5 老年友好文化与环境建设（12 分）

该指标由敬老孝老的典型事例、老人和子女家庭和睦情况、发挥老年人余热协助村两委工作、特殊困难老人月探访率和每年组织敬老孝老活动等构成。

5.6 健康养生产业（3 分）

重视养生产业或产品培育，有养生产品或服务。

5.7 加分项目（10 分）

加分项主要是对申报村高年龄段长寿老人数量的鼓励，其中 1 名 90～94 岁老年人加 1 分，1 名 95～99 岁老年人加 2 分，1 名百岁及以上老年人加 5 分，合计最多加 10 分。

6 认定程序

6.1 成立专家组负责认定工作，专家组应由相关领域专家 3 至 5 人构成。

6.2 按照认定标准对所列指标逐项打分。所有数据及材料由申报村提供，并由上一级相关政府部门确认。专家组进行现场考察核实，如发现提供虚假材料和数据，将撤销申请，两年内不予认证。

6.3 对于需要实地核实调查的指标，需由申报方相关部门配合说明情况，提供相关材料。

6.4 最终结果基于指标验收总分和专家组考察意见共同形成，以总分 85 分以上和专家组一致同意为通过。

7 一般要求

7.1 统计数据时点：所有数据均以申报时上一年底的统计数据为准。

7.2 信息来源：有关信息均来自政府公布的最新文件或信息。

7.3 佐证材料：各项数据均需提供有翔实统计表支撑的佐证材料。

7.4 指标赋值：各指标赋值为最高分值，专家的认定应基于客观数据和实地考察判断，各指标得分应小于或等于赋值分。

附 录 A

（规范性）

长寿村认定评分表

一级指标	二级指标	指标值	指标分值	得分
区域长寿状况	85＋/总人口的比例	≥1.2％，当申报村人数少于500人时85＋应不少于6人	20	
	80＋/60＋人口的比例	≥15％	20	
老年人健康状况	65～74岁老年人失能发生率	≤18％	5	
	65岁及以上人群老年期痴呆患病率	≤10％	5	
	85岁以上老年人生活自理率	≥70％	5	
人居环境状况	林草覆盖率 山区 丘陵区 平原区	≥80％ ≥50％ ≥20％	2	
	农户卫生厕所普及率	≥90％	3	
	饮用水合格率	100％	2	
	生活垃圾分类收集的农户比例	≥80％	3	
	开展美丽乡村建设	有	3	
	村民对环境状况满意率	≥90％	3	
养老保障与服务	基本医疗保险参保率	≥90％	3	
	有老年人照料中心	有	3	
	有老年活动室	有	2	
	有村卫生室	有	3	
	60岁以上老年人定期健康体检率	≥30％，且近三年持续增加	3	
老年友好文化与环境建设	有敬老孝老的典型事例	有	2	
	老年人和子女家庭和睦率	≥80％	3	
	能发挥老年人余热，协助村两委工作	有	2	
	特殊困难老年人月探访率	≥90％	3	
	每年组织敬老孝老活动	有	2	
健康养生产业	有养生产品或养生服务活动	有	3	
加分项	有90岁及以上老年人则予以加分，合计最多加10分	1名90～94岁老年人加1分 1名95～99岁老年人加2分 1名百岁及以上老年人加5分	10	
合计			110	

ICS 03.020

SXLM

团　　体　　标　　准

T/SXLM 011—2024

长寿乡镇认定规范

Criteria and Methods for Recognizing Longevity town

2024-03-01发布　　　　　　　　　　　　2024-03-01实施

丽水中国长寿之乡绿色产业发展联合会　　发 布

目　次

前　言

本文件按照 GB/T 1.1—2020《标准化工作导则　第 1 部分：标准化文件的结构和起草规则》的规定起草。

本文件由丽水中国长寿之乡绿色产业发展联合会提出并归口。

本文件起草单位：中国科学院地理科学与资源研究所、中国人民大学、中国老龄科学研究中心、浙江省丽水市卫生健康委员会等。

本文件主要起草人：王五一、姚远、虞江萍、王莉莉、朱雪飞、刘光烁。

长寿乡镇认定规范

1 范围

本文件规定了"长寿乡镇"的术语、认定原则、指标及赋值、评分表、认定程序及一般要求等。

本文件适应于近两年未出现过生态环境、公共卫生、养老服务等方面重大责任事故的乡、镇或相当行政区域的认定。

2 规范性引用文件

下列文件对于本文件的应用是必不可少的。凡是注日期的引用文件,仅所注日期的版本适用于本文件。凡是不注日期的引用文件,其最新版本（包括所有的修改单）适用于本文件。

GB 3838 地表水环境质量标准

WS/T 484 老年人健康管理技术规范

3 术语和定义

下列术语和定义适用于本标准。

3.1 长寿乡镇 longevity town

指 90 岁及以上老年人占比和老年人口高龄化比例均较高,老年人健康状况、人居环境质量、养老保障与服务、老年友好文化与环境建设、长寿资源及产业等多项指标均处于全国较高水平的乡镇或相当行政区域。

4 认定原则

4.1 自愿原则

坚持自愿申报,按条件受理和认定。

4.2 公开原则

坚持标准公开,程序公开,数据公开,接受社会监督。

4.3 公正原则

坚持实事求是,维护认定工作的严肃性。

4.4 规范原则

坚持标准为本,严格按照本标准开展活动。

5 指标构成及赋值（110 分）

5.1 区域长寿状况（40 分）

该指标由区域 90 岁及以上老年人口占比和老年人口高龄化比例构成,是申报长寿乡镇的核心指标。90 岁及以上老年人口占比应不低于 0.36％，当申报乡镇总人数低于 5 000 人时，90 岁及以上老年人数量应不少于 18 人；老年人口高龄化比例即 60 岁及以上老年人口中 80 岁及以上老年人口的百分比，应不小于 15％。提交的数据材料应有当地民政或公安部门的盖章确认。

5.2　老年人健康状况（15 分）

该指标由区域 65～74 岁老年人失能发生率、65 岁及以上人群老年期痴呆患病率、90 岁以上老年人生活自理率构成。降低 65～74 岁老年人失能发生率是世界卫生组织提倡的健康老龄化目标之一，也是健康中国行动的主要指标，其计算方法是：65～74 岁失能老年人数/65～74 岁老年人总数×100％，结果应不高于 18％；随着老龄化发展，老年痴呆患者绝对数量将呈上升趋势，我国老年期痴呆患病率是近年较为关注的健康问题，其计算方法是：在 65 岁及以上人群中，过去一年经诊断符合老年期痴呆标准的人数/该人群总数×100％，结果应不高于 10％；90 岁及以上老年人生活自理率指依据 WS/T 484—2015 老年人健康管理技术规范中的 C.3 表自评得分小于 9 分的 90 岁及以上老年人数占 90 岁及以上老年人总数的百分比，结果应不低于 55％。

5.3　人居环境状况（15 分）

该指标由林草覆盖率、主要河流水质达到或优于 GB 3838—2002 规定的 Ⅲ 类水体情况、生活污水处理率、生活垃圾无害化处理率和建成区人均公共绿地面积等构成。

5.4　养老保障与服务（12 分）

该指标由基本医疗保险参保率、每千名老年人配备社会工作者人数、每千名老年人拥有养老床位数、有无社区居家养老服务中心、每千常住人口执业（助理）医师数和医养结合服务有效开展等构成。

5.5　老年友好文化与环境建设（10 分）

该指标由敬老孝老活动、敬老孝老的典型事例、敬老孝老的历史传承和故事、老年人和子女的家庭和睦情况、特殊困难老年人月探访率等构成。

5.6　长寿资源及产业（8 分）

该指标由是否有特色康养食品或产品、特色养生服务或体验活动、促进长寿产业的相关政策、提供长寿养生及健康服务的机构等构成。

5.7　加分项目（10 分）

加分项主要是对申报乡镇高年龄段长寿老人数量的鼓励，其中 1 名 95～99 岁老年人加 2 分，1 名百岁及以上老年人加 5 分，合计最多加 10 分。

6　认定程序

6.1　成立专家组负责认定工作，专家组由相关领域专家 3～5 人组成。

6.2　按照认定标准对所列指标逐项打分。所有数据由地方政府相关部门提供，专家组进行核实，必要时，聘请第三方核实。发现提供虚假材料和数据的，将撤销申请，不予认证。

6.3　对于需要实地核实调查的指标，需由申报方相关部门配合说明情况，提供相关材料。

6.4　最终结果基于考核指标总分和专家组考察意见共同形成，以总分 85 分以上和专家组一致同意为通过。

7 一般要求

7.1 统计数据时点：所有数据均以申报时上一年底的统计数据为准。

7.2 信息来源：有关信息均来自政府公布的最新文件或信息。

7.3 佐证材料：各项数据均需提供有翔实统计表支撑的佐证材料。

7.4 指标赋值：各指标赋值为最高分值，专家的认定应基于客观数据和实地考察判断，各指标得分应小于或等于赋值分。

附 录 A

（规范性）

长寿乡镇认定评分表

一级指标	二级指标	指标值	指标分值	得分
区域长寿状况	高龄人口占比（90＋/总人口）	≥0.36％，且当乡镇人数少于5 000人时90＋应不少于18人	20	
	老年人口高龄化比例80＋/60＋	≥15％	20	
老年人健康状况	65～74岁老年人失能发生率	≤18％	5	
	65岁及以上人群老年期痴呆患病率	≤10％	5	
	90岁以上老年人生活自理率	≥55％	5	
人居环境状况	林草覆盖率 山区 丘陵区 平原区	≥80％ ≥50％ ≥20％	3	
	主要河流水质达到或优于Ⅲ类水体	达到	3	
	生活垃圾分无害化处理率	≥90％	3	
	生活污水处理率	≥80％	3	
	建成区人均公共绿地面积	≥15平方米/人	3	
养老保障与服务	每千名老年人配备社会工作者人数	不低于1人	2	
	每千名老年人拥有养老床位数	≥6	2	
	有社区居家养老服务中心	有	2	
	基本医疗保险参保率	≥90％	2	
	每千常住人口执业（助理）医师数	≥2.5	2	
	有效开展医养结合服务	养老机构能够为入住老年人提供医疗卫生服务	2	
老年友好文化与环境建设	每年有举办敬老孝老活动	有	2	
	有敬老孝老的历史传承和故事	有	2	
	有敬老孝老典型事例	有	2	
	老年人和子女家庭和睦率	≥80％	2	
	特殊困难老年人月探访率	≥90％	2	
长寿资源及产业	有特色康养食品或产品	有	2	
	有特色养生服务或体验活动	有	2	
	有促进长寿产业的相关政策	有	2	
	有提供长寿养生及健康服务的机构	有	2	
加分项	有95岁及以上老年人则予以加分，合计最多加10分	1名95～99岁老年人加2分，1名百岁及以上老年人加5分	10	
合计			110	

附录6 中国长寿之乡绿水青山指数报告（2022）[*]

1 研究背景与意义

据联合国《2023世界社会报告》，2021年全球65岁及以上的老年人口为7.61亿，预计到2050年这一数字将增加到16亿。人口老龄化已经成为一种全球现象，需要全球范围内的应对和关注，也是国际社会所面临的共同议题。自改革开放以来，随着社会经济发展、医疗水平提高、物质生活改善。我国人均预期寿命提高，从1981年的67.9岁提高到2021年的78.2岁。截至2021年底，全国60岁及以上老年人口达2.67亿，占总人口的18.9%；65岁及以上老年人口达2亿以上，占总人口的14.2%。据《2021年我国卫生健康事业发展统计公报》测算，预计"十四五"时期，60岁及以上老年人口总量将突破3亿，占比将超过20%，进入中度老龄化阶段。2035年左右，60岁及以上老年人口将突破4亿，在总人口中的占比将超过30%，进入重度老龄化阶段。

在人口老龄化的大背景下，建设健康老龄化社会已经成为应对老龄化的重要任务。近年来，众多国内外学者针对长寿现象开展了较为丰富的研究，这些研究多集中在个体长寿的影响因素分析（岑海燕等2018；张玉静等2016；LI Y et al 2011）、局部地区长寿成因的探索（陆杰华等2004；姚尧2015；邹晓燕等2011）以及对应区域长寿水平的评价等方面（黄翌2019；毛凡等2022；萧振禹等2015）。可以发现，个体长寿水平受遗传、生活、环境、医疗以及心理等多种因素共同作用的结果；局部地区长寿现象的成因复杂，是多种因素综合作用的结果，其中地理环境和人文环境的影响非常重要；当前，区域长寿水平评价的相关研究多结合高龄人口比例、人均期望寿命等指标，从多角度开展区域长寿水平的评价与比较，在此基础上形成了一系列可用于评价区域长寿水平的复合指标。

中国老年学学会区域长寿标准专家委员会参考我国国家标准并结合我国实际情况制定了中国区域《长寿之乡认定准则和方法》。以人口平均预期寿命、百岁老年人口占总人口的比例和高龄人口比例为核心指标，结合生态环境建设、经济收入及收入公平、养老孝老敬老社会环境等支撑指标对我国区域"长寿之乡"进行评定。当前，已评定的"长寿之乡"地区，多处于海拔高度适中（1 500米以下）、气候凉爽宜人（年平均气温在20℃左右）、植被覆盖率高、河流多（河网密布）、空气清新、饮水水质良好、土壤中富含微量营养元素（硒、锌）等自然环境中。同时一个地区的社会经济发展水平对该区域内人口长寿的影响是不言而喻的，发达的医疗卫生保健、教育文化水平和较高的经济收入保障对区域人口长寿水平产生积极影响。虽然我国有些"长寿之乡"

---

* 作者：绿水青山指数研究工作组。

地区的经济水平较落后，如广西凤山县的 GDP 不到 40 亿元，但是我国更多的"长寿之乡"出现在社会经济发达的地区。可见，良好的自然环境是当前我国"长寿之乡"地区的重要支撑，但良好的社会经济发展更是维持未来"长寿之乡"高质量发展的重要推动力。只有将自然环境和社会经济有机结合在一起，才能助力"长寿之乡"的健康发展。

当前，"长寿之乡"建设工作已进入高质量发展的新阶段，推动经济社会发展绿色化、低碳化是实现高质量发展的关键环节，因此需综合评估各"长寿之乡"的生态环境质量、社会经济等要素的现状与变化，进一步发掘"长寿之乡"绿色发展的特色，以新的指标体系促发展、作"抓手"。借鉴相关专家对于转化机制、路径理论分析以及成效定性、定量分析的研究结果，结合生态质量指数（EQI）和社会经济相关数据本文建立了"长寿之乡"绿水青山指数。

2 绿水青山指数编制技术内容

2.1 研究区域

本次报告以中国 107 个"长寿之乡"所属区县（市）为研究对象，主要分布在我国南部省份，尤其是川渝、中原和东南地区以及长江三角洲、珠江三江洲聚集区，共计 17 个省份拥有"长寿之乡"。

其中，广西壮族自治区拥有最多的"长寿之乡"39 个，而上海、湖北、重庆和云南各拥有 1 个"长寿之乡"。

2.2 绿水青山指数体系

2022"长寿之乡"绿水青山指数最终选择生态环境质量综合指数和社会经济发展指数，分别作为生态环境类和社会经济类指标。

2.3 指标数据来源

本研究报告中"长寿之乡"所属区县 2020—2022 年空气质量、地表水、生态等数据来源于中国环境监测总站，社会经济发展指数相关数据来自各区县统计年鉴。

2.4 数据质量控制

绿水青山指数中生态环境监测评价数据来源于国家及地方生态环境监测网，监测数据质量保证与质量控制工作严格执行国家年度生态环境监测方案和相关标准、技术规定等要求。

3 结果

3.1 生态质量状况

3.1.1 2022 年监测结果

2022 年，"长寿之乡"生态系统质量整体良好，生态环境质量综合指数均值为 71.75；指数超过 90 分的两个"长寿之乡"分别为广西金秀县和江西铜鼓县；指数排名前 20 的"长寿之乡"广西拥有 9 个，占全省"长寿之乡"总数的 23.1%；浙江省拥有 5 个，占全省"长寿之乡"总数的 38.5%（附表 6-1）。

附表 6-1 2022 年生态环境质量综合指数排名（前 20）

排名	综合指数	"长寿之乡"	排名	综合指数	"长寿之乡"
1	92.32	广西 金秀县	11	84.54	广西 景宁县
2	91.37	江西 铜鼓县	12	84.54	福建 上杭县
3	89.66	浙江 龙泉市	13	84.27	浙江 云和县
4	88.09	浙江 遂昌县	14	83.9	广西 贺州市 八步区
5	87.36	浙江 庆元县	15	83.83	广东 蕉岭县
6	87.19	福建 长汀县	16	83.83	广西 凌云县
7	86.06	广西 乐业县	17	83.66	广西 大化县
8	85.48	广西 天峨县	18	83.62	广西 巴马县
9	85.44	广东 丰顺县	19	83.57	广西 凤山县
10	84.61	广东 大埔县	20	83.18	海南 万宁市

3.1.2 2021 年监测结果

2021 年，"长寿之乡"生态系统质量整体良好，生态环境质量综合指数均值为 71.93；指数超过 90 分的两个"长寿之乡"分别为广西金秀县和江西铜鼓县；指数排名前 20 的"长寿之乡"广西拥有 10 个，占全省"长寿之乡"总数的 25.6%；浙江省拥有 4 个，占全省"长寿之乡"总数的 30.8%（附表 6-2）。

附表 6-2 2021 年生态环境质量综合指数排名（前 20）

排名	综合指数	"长寿之乡"	排名	综合指数	"长寿之乡"
1	92.35	广西 金秀县	11	84.57	广西 大化县
2	91.39	江西 铜鼓县	12	84.57	广西 景宁县
3	89.73	浙江 龙泉市	13	84.48	广西 乐业县
4	88.16	浙江 遂昌县	14	84.38	广西 凤山县
5	87.59	福建 长汀县	15	84.33	广西 巴马县
6	87.4	浙江 庆元县	16	84.33	浙江 云和县
7	85.89	广东 丰顺县	17	84.26	广东 蕉岭县
8	85.44	广西 天峨县	18	84.13	广西 蒙山县
9	84.78	福建 上杭县	19	83.74	广西 凌云县
10	84.71	广东 大埔县	20	83.74	广西 贺州市 八步区

3.1.3 2020 年监测结果

2020 年，"长寿之乡"生态系统质量整体良好，生态环境质量综合指数均值为 71.9；

指数超过90分的两个"长寿之乡"分别为广西金秀县和江西铜鼓县；指数排名前20的"长寿之乡"广西拥有9个，占全省"长寿之乡"总数的23.1%；浙江省拥有4个，占全省"长寿之乡"总数的30.8%（附表6-3）。

附表6-3　2020年生态质量指数排名（前20）

排名	生态质量指数	"长寿之乡"	排名	生态质量指数	"长寿之乡"
1	92.44	广西 金秀县	11	84.62	广西 蒙山县
2	91.36	江西 铜鼓县	12	84.6	广西 景宁县
3	89.77	浙江 龙泉市	13	84.5	广西 乐业县
4	88.21	浙江 遂昌县	14	84.37	浙江 云和县
5	87.65	福建 长汀县	15	84.26	广西 巴马县
6	87.45	浙江 庆元县	16	84.2	广东 蕉岭县
7	86.26	广东 丰顺县	17	84.08	广西 凤山县
8	85.46	广西 天峨县	18	84.01	广西 大化县
9	84.85	福建 上杭县	19	83.38	广西 凌云县
10	84.85	广东 大埔县	20	83.31	海南 万宁市

3.2　社会经济状况

3.2.1　2022年社会经济发展指数

2022年社会经济发展指数统计结果表明各"长寿之乡"之间经济差距较大，社会经济发展指数均值为38.07；指数排名前20的"长寿之乡"广西拥有2个，占全省"长寿之乡"总数的5.1%，江苏拥有7个，占全省"长寿之乡"总数的100%，且全部达到100（附表6-4）。

附表6-4　2022年社会经济发展指数排名（前20）

排名	发展指数	"长寿之乡"	排名	发展指数	"长寿之乡"
1	100	江苏 溧阳市	11	98.6	安徽 亳州市 谯城区
2	100	江苏 宜兴市	12	96.33	山东 莱州市
3	100	广东 佛山市 三水区	13	87.89	山东 青州市
4	100	江苏 如东县	14	87.06	福建 泉州市 泉港区
5	100	重庆 江津区	15	82.66	江西 丰城市
6	100	江苏 东台市	16	80.84	山东 高密市
7	100	江苏 如皋市	17	80.02	湖北 钟祥市
8	100	江苏 启东市	18	69.91	广西 海城区
9	100	江苏 太仓市	19	69.23	广东 信宜市
10	100	河南 永城市	20	66.41	广西 北海市 铁山港区

3.2.2　社会经济发展变化指数

近3年（2020年—2022年）社会经济发展变化指数结果表明各"长寿之乡"之间经

济发展差距较小，社会经济发展变化指数均值为 83，其中广西平果市为最高值 100；指数排名前 20 的"长寿之乡"广西拥有 15 个，占全省"长寿之乡"总数的 38.5%，这也表明近几年广西地区"长寿之乡"的经济发展较其他省份更为迅速（附表 6-5）。

附表 6-5　社会经济发展变化指数排名（前 20）

排名	发展指数	"长寿之乡"	排名	发展指数	"长寿之乡"
1	100	广西 平果市	11	86.9	江苏 溧阳市
2	99.92	广西 北海市 铁山港区	12	86.9	海南 文昌市
3	98.63	广西 扶绥县	13	86.6	广西 富川县
4	89.57	广西 浦北县	14	86.52	广西 贺州市 八步区
5	89.03	广西 贺州市 平桂区	15	86.37	广西 永福县
6	88.73	广西 象州县	16	86.06	广西 龙州县
7	88.04	广西 苍梧县	17	86.06	广西 金秀县
8	87.51	广西 武宣县	18	85.99	海南 澄迈县
9	87.43	浙江 遂昌县	19	85.83	福建 东山县
10	86.98	广西 河池市 宜州区	20	85.83	广西 容县

3.3　绿水青山指数

综合上述统计结果与对应权重计算得出 2022 年"长寿之乡"绿水青山指数。结果显示"长寿之乡"绿水青山特色突出，绿水青山指数均值（69.00）远高于全国均值（58.64），质量优于全国。其中，广西壮族自治区金秀县以 83.51 的分值排名第一。

2022 年"长寿之乡"绿水青山指数存在明显的空间差异，浙江、福建、广西三省"长寿之乡"绿水青山指数高值地区存在一定的聚集特征，而河南省"长寿之乡"绿水青山指数明显低于其余省份。同时，各省所属"长寿之乡"绿水青山指数存在差异，以广西壮族自治区为例，可以发现绿水青山指数最高的金秀县（83.51）与最低的贵港市港南区（54.68）相差较大。

绿水青山指数超过 80 的"长寿之乡"仅有 6 个，分别为广西金秀县、江西铜鼓县、福建长汀县、福建上杭县、浙江龙泉市和浙江遂昌县；指数排名前 20 的"长寿之乡"广西拥有 7 个，占全省"长寿之乡"总数的 17.9%；浙江省拥有 5 个，占全省"长寿之乡"总数的 38.5%（附表 6-6）。

附表 6-6　2022 绿水青山指数排名（前 20）

排名	绿水青山指数	"长寿之乡"	排名	绿水青山指数	"长寿之乡"
1	83.51	广西 金秀县	11	77.63	广西 天峨县
2	82.78	江西 铜鼓县	12	77.3	浙江 景宁县
3	82.55	福建 长汀县	13	77.26	广西 乐业县
4	82.51	福建 上杭县	14	77.2	广东 大埔县
5	82.46	浙江 龙泉市	15	77.02	广东 信宜市

（续）

排名	绿水青山指数	"长寿之乡"	排名	绿水青山指数	"长寿之乡"
6	81.43	浙江 遂昌县	16	76.81	浙江 云和县
7	79.78	广西 贺州市八步区	17	76.61	广西 巴马县
8	79.56	浙江 庆元县	18	76.58	广东 蕉岭县
9	78.69	海南 万宁市	19	76.36	广西 蒙山县
10	78.17	广东 丰顺县	20	76.28	广西 大化县

3.4 综合分析

通过综合分析发现，前20名"长寿之乡"绿水青山指数、生态环境质量综合指数和社会经济发展变化指数高度相关，均处于高值。但社会经济发展指数存在明显差异，广东信宜市和福建上杭县其社会经济发展指数值均超过60，而广西乐业县、广西金秀县、广西天峨县和江西铜鼓县的社会经济发展指数均低于10。

4 讨论

综合上述结果显示，"长寿之乡"地区的生态环境质量是支撑当地"两山"理论实践的重要基石，近年来各"长寿之乡"地区经济有明显发展，但经济水平的差异成为制约各"长寿之乡"高质量建设的重要因素。

因此，未来"长寿之乡"需要创新绿色发展方式，依靠地区优美的自然环境作为经济发展助力，推进地区旅游业、食品轻工业和康复医疗产业的大力发展；同时，可以加强与周边经济水平较高地区之间的合作，实现资源共享与优势互补，提高地区整体的竞争力；最后，"长寿之乡"之间也需要通力合作，以科学、绿色、健康的方式高质量建设"中国长寿之乡"。

本报告以推进"两山"理论在"长寿之乡"地区的实践应用为目的，通过绿水青山指数的构建促进各"长寿之乡"的高质量发展。当然，由于多重指标数据和有效评估机制的缺乏，在指标体系构建过程中还存在不足之处，因此希望通过下述讨论对未来"长寿之乡"绿水青山指数的搭建提供些许建议。

4.1 生态环境建设与社会经济发展

本研究报告的结果显示，部分"长寿之乡"生态环境质量还有待于进一步提高，尤其我国北方地区"长寿之乡"的生态环境质量相较于南方较差，甚至部分"长寿之乡"低于全国平均水平。

社会经济的分布情况显示各"长寿之乡"经济发展存在明显差异，在推动解决"长寿之乡"地区发展不平衡方面可考虑将各"长寿之乡"划分为"经济欠发达"类型（如广西乐业县等）和"经济发达"类型（如江苏溧阳市等），在计算下一阶段绿水青山指数时可以分类讨论。

4.2 指标体系的拓展

2022年"长寿之乡"绿水青山指数从"生态状况"和"经济价值"两方面完成评价。然而，关于"长寿之乡"建设的研究也涉及多种环境要素的影响，相关学者在地理环境健康、流行病学等领域揭示了地区土壤质量、饮用水水质、空气质量对人群健康产生的重要影响，因此绿水青山指数也可以进一步选择环境质量相关的指标，从不同维度对"长寿之乡"进行考察。

本研究报告指标库建设过程中收集了"长寿之乡"所在省份和地级市地表水水质和空气质量数据。"长寿之乡"所属地级市、省份之间的空气质量、地表水水质指标与生态质量综合指数的皮尔森相关分析结果显示：生态质量综合指数与水环境质量指数在省级和市级尺度均呈显著负相关性，生态质量综合指数与空气质量指数在市级尺度也呈显著负相关性，表明地区生态质量和环境要素质量具有显著关联性，可以共同作为地区生态环境建设工作的评价指标。

最后，希望未来能够结合更多的考核指标丰富绿水青山指数指标库。其中，生态环境方面可以增加"长寿之乡"地区饮用水水质监测结果、土壤成分监测结果；社会经济方面可以增加反映地区经济水平的人均 GDP、恩格尔系数等指标。

参考文献

[1] 岑海燕，张玉琦. 长寿相关影响因素的研究进展 [J]. 广西医学，2018，40 (12)：1351-1353.
[2] 张玉静，韩布新. 影响长寿的生物、心理、行为与社会因素 [J]. 中国临床心理学杂志，2016，24 (04)：741-6+70.
[3] LI Y, YANG L, WANG W, et al. Trace element concentrations in hair of healthy Chinese centenarians [J]. Science of The Total Environment, 2011, 409 (8)：1385-1390.
[4] 陆杰华，汪洪波，潘漪. 中国县（区）人口长寿水平的影响因素分析 [J]. 人口与经济，2004，(05)：13-18.
[5] 姚尧. 山东省蒙山长寿区环境因素与健康长寿关系研究 [D]；山东大学，2015.
[6] 邹晓燕，李永华，杨林生，et al. 河南夏邑县长寿现象与土壤环境的关系 [J]. 环境科学，2011，32 (05)：1415-1421.
[7] 黄翌. 长寿地区判别方法综合评价与适用性 [J]. 中国老年学杂志，2019，39 (15)：3840-3846.
[8] 毛凡，张伟伟，周脉耕. 区域长寿水平评价研究进展 [J]. 中华流行病学杂志，2022，43 (7)：1147-1153.
[9] 萧振禹，何新华，李永华，et al. 关于构建科学合理的区域人口长寿评价指标体系的尝试 [J]. 科学决策，2015，(05)：1-14.
[10] 王五一，李永华，李海蓉，et al. 中国区域长寿的环境机制 [J]. 科学决策，2015，(01)：1-12.
[11] LV J, WANG W, LI Y. Effects of environmental factors on the longevous people in China [J]. Archives of Gerontology and Geriatrics, 2011, 53 (2)：200-205.
[12] WANG L, BINGGANWEI, LI Y, et al. A study of air pollutants influencing life expectancy and longevity from spatial perspective in China [J]. Science of The Total Environment, 2014, 487：57-64.
[13] 王金南，苏洁琼，万军. "绿水青山就是金山银山"的理论内涵及其实现机制创新 [J]. 环境保护，2017，45 (11)：13-17.
[14] 秦昌波，苏洁琼，王倩，et al. "绿水青山就是金山银山"理论实践政策机制研究 [J]. 环境科学研究，2018，31 (06)：985-990.

［15］孙崇洋，程翠云，段显明，et al. "两山"实践成效评价指标体系构建与测算［J］. 环境科学研究，2020，33（09）：2202-2209.

［16］曾贤刚，秦颖. "两山论"的发展模式及实践路径［J］. 教学与研究，2018，（10）：17-24.

［17］马中，王若师，昌敦虎，et al. 践行"绿水青山就是金山银山"就是建设生态文明［J］. 环境保护，2018，46（13）：7-10.

［18］翁智雄，马忠玉，朱斌，et al. "绿水青山就是金山银山"思想的浙江实践创新［J］. 环境保护，2018，46（09）：53-57.

［19］周宏春. "两山"重要思想是中国化的马克思主义认识论［J］. 中国生态文明，2015，（03）：22-27.

［20］刘伟江，朱云，叶维丽，et al. "绿水青山就是金山银山"的哲学基础及实践建议［J］. 环境保护，2018，46（20）：52-54.

［21］翟帅，周建华. "绿水青山就是金山银山"的实践成效评价研究［J］. 湖州师范学院学报，2017，39（09）：6-13.

［22］翟德华. 中国区域长寿现象与区域长寿标准评价体系［J］. 人口与经济，2012，（04）：71-77.

［23］ABELSOHN A，STIEB D M. Health effects of outdoor air pollution Approach to counseling patients using the Air Quality Health Index［J］. Canadian Family Physician，2011，57（8）：881-887.

［24］AGARWAL N K，SHARMA P，AGARWAL S K. Particulate matter air pollution and cardiovascular disease［J］. Medical Science，2017，21（88）：270-279.

［25］HE X D，LI P Y. Surface Water Pollution in the Middle Chinese Loess Plateau with Special Focus on Hexavalent Chromium：Occurrence，Sources and Health Risks［J］. Exposure and Health，2020，12（3）：385-401.

［26］TSANGARI H，PASCHALIDOU A K，KASSOMENOS A P，et al. Extreme weather and air pollution effects on cardiovascular and respiratory hospital admissions in Cyprus［J］. Science of the Total Environment，2016，542：247-553.

［27］USTAOGLU F，TEPE Y，TAS B. Assessment of stream quality and health risk in a subtropical Turkey river system：A combined approach using statistical analysis and water quality index［J］. Ecological Indicators，2020，113.

［28］WOLF J，HUNTER P R，FREEMAN M C，et al. Impact of drinking water, sanitation and handwashing with soap on childhood diarrhoeal disease：updated meta-analysis and meta-regression［J］. Tropical Medicine & International Health，2018，23（5）：508-525.